우리는 가난을 ——— 어떻게 외면해왔는가

KB117824

KI신서 8193

우리는 가난을 어떻게 외면해왔는가

1판 1쇄 발행 2019년 6월 10일
1판 4쇄 발행 2023년 1월 1일

엮은이 조문영
펴낸이 김영곤
펴낸곳 (주)북이십일 21세기북스
디자인 박선향
출판마케팅영업본부 본부장 민안기
출판영업팀 최명열 김다운
제작팀 이영민 권경민

출판등록 2000년 5월 6일 제406-2003-061호
주소 (10881) 경기도 파주시 회동길 201 (문발동)
대표전화 031-955-2100 **팩스** 031-955-2151 **이메일** book21@book21.co.kr

(주)북이십일 경계를 허무는 콘텐츠 리더

21세기북스 채널에서 도서 정보와 다양한 영상자료, 이벤트를 만나세요!
페이스북 facebook.com/jiinpill21   포스트 post.naver.com/21c_editors
인스타그램 instagram.com/jiinpill21   홈페이지 www.book21.com
유튜브 www.youtube.com/book21pub

서울대 **가**지 않아도 들을 수 있는 **명강**의! 〈서가명강〉
유튜브, 네이버, 팟캐스트에서 '**서가명강**'을 검색해보세요.

© 조문영, 2019

ISBN 978-89-509-8150-1 03300

우리는 가난을 ——— 어떻게 외면해왔는가

조문영 엮음

21세기북스

차 례

청년, 빈곤을 인터뷰하다

1980년대 유년 시절을 보낸 내게 잔상이 남아 있는 영화가 있다. 〈엄마 없는 하늘 아래〉라는, 제목만 들어도 대강의 줄거리가 그려지는 성장 영화다. 엄마가 막내를 낳자마자 병으로 죽고, 아버지가 교통사고로 뇌를 다쳐 집안이 무너지면서 김영출은 13세에 소년 가장이 된다. 사정을 딱하게 여긴 이웃들이 영출을 고아원에 보내주지만, 아버지와 동생들을 돌보기 위해 영출은 다시 동네로 돌아온다. 지금 와서 보면 좋게 말해 '신파'고, '구리다'는 한마디로 표현되기 딱 적절한 영화일 게다. 전 국민 교육 영화라며 정부와 학교에서 억지로 집단 관람을 시키는 일도 없을 것이다. 하지만 당시에는 눈물 콧물로 얼굴이 범벅이 된 채 부모님과 영화를 봤다. 영화가 개봉된 1977년은 대한민국이 처음으로 1인당 국민소득 1000달러를 돌파한 때였다. 나중에, 성당에서 보여준 광주의 학살과 시내를 뒤덮은 최루탄 연기가 가끔 정신을 어질하게 했지만, 적어도 나와 내 주변은 내일의 삶이 오늘보다 나을 것이란 점을 추호도 의심하지 않고 성장했다.

　이 영화를 다시 떠올리게 된 것은 작년에 개봉한 영화 〈박화영〉을 보면서였다. 엄마에게 버림받은 18세 박화영은 '엄마 없는 하늘 아래' 각종 비행을 일삼는 또래들의 엄마가 되기로 결심했다. 생물학적 엄마에게 가끔씩 뜯어낸 돈으로 근근이 꾸려가는 반지하 '보금자리'에서 '자식'들은 가래침을 뱉고, 섹스를 하고, 그가 끓여준 라면을 먹고, 다시 그를 인정사정없이 학대한다. 또래 '자식'의 살인죄를 뒤집어쓰고 교도소에 다녀온 뒤에도 박화영의 '엄마' 노릇은 계속된다. 그가 끓여준 라면 앞에 모여든 새 '자식'들에게 박화영은 자랑스럽게 외친다. "니네 나 없으면 어쩔 뻔 봤냐?"

　국민소득 3만 달러 시대에 이런 영화라니. 경제성장이 아니라 불평등과 희망 없음이 쟁점인 시대라지만 갈등을 이렇게까지 폭력적으로 보여줄 필요는 없지 않겠냐고 반문하는 사람이 나올 법하다. '정치적 올바름'을 교육받은 사람이라면 가난해도 성실한 청소년들이 얼마나 많은데 왜 이들을 쓰레기처럼 다루냐며 감독의 재현 방식을 문제 삼을 수도 있겠다. 하지만 나는 고립과 폭력의 형상에 애써 눈을 감으면서 '도덕적' 빈자만 좇는 현실이 우리 시대 빈곤의 기이한 풍경을 보여주는 게 아닌지 생각한다. 가난한 사람들을 폭력적으로만 재현하는 게 문제인가, 가난이 만든 피폐함을 외면하는 게 문제인가?

　이전에 개봉된 영화 〈똥파리〉나 〈거인〉처럼, 〈박화영〉은 극단적이긴 하나 한국 사회가 빈곤을 '우리'의 삶이라 생각했던 시대에서 '저들'의 폭력과 범죄로 몰아낸 뒤 남은 부스럼을 들춰낸다. 김영출의 가족은 우리 '사회' 안에 머물렀지만, 박화영이 만든 가족은 낯설고 두려운 침입자의 형상으로 등장한다. 박화영은 "니네 나 없으면 어쩔 뻔 봤냐?"는 말을 수시로 내뱉으며 무리 안에 속하기 위해 필사적으로 발버둥 치지만, 이 무리는 '한국 사회' 바깥을 떠돌고 있다. 최근에 난민을 둘러싼 혐오 논란에서도 보듯, 어떤 인간이 다른 '종'처럼 여겨질 때 갖는 공포와 불편함이 이미 우리 사회 빈자들에게도 겨누어지는 게 아닌가?

이 책은 빈곤에 대한 나의 문제의식을 학생들과 공유하는 과정에서 태어났다. 빈곤이라는 주제가, 가난한 사람들이, 그리고 가난의 피폐함을 외면하지 않고 사회구조에 대한 문제 제기를 대안적 연대의 방식으로 풀어내고자 고투해온 활동가들이 점점 한국 사회 공론장 바깥으로 밀려나고 있는 게 아닌지 함께 고민하고 싶었다. 물론 세상의 모든 빈곤이 우리의 관심사에서 사라진 것은 아니다. 어떤 빈곤은 살아남았고, 심지어 상당한 주목을 받고 있다. 폐강이 될까 염려하며 개설한 '빈곤의 인류학' 수업은 의외로 인기가 많았다. '어떤' 빈곤을 이야기할 것인가에 대해 나와 학생들의 의견이 다소 달랐을 뿐이다. 이 수업을 찾은 학생들은 대개 두 종류의 빈곤에 관심을 내비쳤다. 하나는 '글로벌 빈곤'이다. 지금의 청년 세대는 대한민국이 원조 수원국에서 공여국으로의 전환을 당당히 선포한 시기에 태어나 구세군 냄비보다 아프리카 아동 후원 광고를 더 많이 보며 성장했다. 특히 인터넷과 영어 몰입 교육, 교환학생, 해외여행 등으로 일찌감치 세계시민으로서의 감각을 익힌 많은 대학생들은 글로벌 빈곤 퇴치를 자신의 책무로 자임했다. '밀레니엄 개발'이든 '지속 가능 개발'이든, 정부와 기업, 대학, 비영리단체가 유엔의 각종 목표를 따라 조직한 거대한 반빈곤 산업은 젊은 국제개발 자원활동가들의 '열정' 덕분에 전 지구적 퍼포먼스로 부상했다.

하지만 이 '열정'이 보상 없이 소비되고 착취된다고 느끼는 순간, 청년들은 또 다른 빈곤을 불러낸다. 자기 자신의 빈곤, 실존의 빈곤, 아니 그냥 마음의 빈곤이라 불러도 좋겠다. 부모 세대가 습관처럼 강조해온 안정된 정규직과 성공 신화를 버릴 수도, 현실화시킬 수도 없는 21세기 저성장 한국 사회에서 제 처지의 비참함을 호소한다. 치열한 경쟁을 뚫고 이른바 명문대에 진학했지만, 학교든 가족이든 경쟁은 이제부터라고 다그친다. 온갖 공모전을 기웃거리며 과잉 접속 상태에서 살다가도, 어느 순간 관계를 절연하고 '잠수'를 타기 일쑤다. 정체불명의 불안은 미세먼지를 타고 각자의 몸 깊숙이 파고든다. 일상에선 모임을 최소화하고, 얼굴을 맞대지 않는 사이버공간에선 극단적인 방법으로 상대를 조롱하고 압살하는 경우도 다반사다. 모두가 피곤하고, 힘들고, 억울하다.

상황이 이렇다 보니 자신들이 직접 경험하지 않는 빈곤은 학생들의 시야에서 사라지고 있다. 서울역 지하보도에서 매번 마주치는 홈리스들에게 관심을 갖기를, 강제 철거나 부양의무제에 따른 수급 정지를 비관해 스스로 목숨을 끊은 사람들의 삶을 되돌아보기를, 더 나아가 집요한 항의와 집회로 이들의 '몫'소리를 전하는 사람들과 연대하기를 요구하는 게 정말 무리인 것은 아닌지 소심한 우려가 들기도 한다. '개천에서 난 용'의 시대가 저물면서 빈곤 가정에서 자란 청소년들이 일찌감치 좌초되는 현실이 주변의 빈곤을 바라볼 기회를 더욱 닫아버렸다. 기초생활수급자나 농어촌 가정을 대상으로 한 '특별

전형'으로 가까스로 대학 문턱을 넘은 학생들은 (가난을 공표해야 하는 장학금 신청이 아니라면) 중산층 이상의 소비 수준과 문화자본을 당연시하는 대학에서 스스로 투명인간이 되기를 택했다.

'빈곤의 인류학' 수업이 한동안 대다수 학생들의 관심사를 좇아 '글로벌 빈곤'과 '청년 빈곤' 주제를 오가던 중, 작년 가을학기가 되어서야 방향을 바꿔보기로 작정했다. 주변에서 가시적으로 드러나지 않고, 미디어에서 이따금 불쌍한 타자로, 범죄자로, 주검으로 등장하는 사람들을 나와 내 학생들이 새롭게 대면하고 이해하기 위한 자리를 마련했다. 직접적인 마주침보다는 대학생 청년과 반빈곤 활동가의 만남이라는 우회적인 방식을 택했는데, 몇 가지 이유가 있다. 우선은 한 학기 수업이라는 시간의 제약이 컸다. 활동가들의 단체에서 어설프게 봉사하면서 '가난한 사람들'을 관찰하는 일종의 단기 현지 조사를 학생들에게 요구하는 것은 인류학자로서 저어되는 일이었다.

또 하나는 반빈곤 활동가와 대학생 청년이 각자의 자리를 돌아보는 계기를 제공하고 싶었다. 그동안 내가 만나온 다수의 청년들은 '활동가'라는 단어를 부담스러워했다. "자신과 직접 상관이 없는 일에 기꺼이 나선" 사람이라며 모종의 존경을 내비치기도 했지만, 희생과 헌신의 서사가 개인의 가치를 압도하는 것은 아닌지 반문했다. 특정 조직을 일반화하면서 "운동권", "꼰대", "아재" 문화를 떠올리기도 하고, '액티비스트(activist)'란 영어로 표현을 바꾸며 자신의 "의미 있고 유쾌한 활동"을 구분 짓기도 했다. 내가 만나온 활동가들 역시 '청년'에 대해 할 말이 많았다. 오래된 운동 단체에서 젊은 활동가가 충원되지 않는 현실을 안타까워하며 조직 문화를 되돌아보기도 했지만,

'진정성'을 내다버린 사회에 대해, 반빈곤 활동조차 '스펙화'하는 세대에 대해 절망하는 목소리들이 새어 나왔다. 하지만 어떤 오해는 만남을 통해 풀리고, 만남은 새로운 자극을 낳는다. 공적으로 재현된 '청년', '활동가'라는 단일한 형상을 비집고 서로의 다양성과 공통성을 발견할 수 있다는 기대는 인류학의 인터뷰가 어설픈 방법처럼 보이는 빅데이터 시대에도 내가 여전히 견지하고 싶은 믿음이다.

'빈곤의 인류학' 수업 전반부에서는 자본주의 역사 및 빈곤 통치와 관련된 쟁점들을 중심으로 강의를 진행했다. 수업 중반부터 복지 수급자, 홈리스, 철거민, 장애인, 영세 상인, 노점상, 쪽방촌과 저소득층 밀집 지역 주민과 함께 해온 반빈곤 활동가 10인을 선정하여 '청년, 빈곤을 인터뷰하다' 프로젝트를 시작했다. 특정 노선이나 조직의 역사보다는 연령과 성별, 활동 대상, 운동 궤적의 다양성을 염두에 두고 활동가들을 접촉했다. 열 팀으로 나뉜 학생들이 활동가와 그가 속한 단체의 활동을 이해하기 위한 공부를 한 뒤 나와 동행하여 인터뷰를 진행했다. 단체 활동의 배경이 되는 한국 사회 역사, 단체의 역사, 활동가의 삶을 간단히 요약한 1부, 질문지와 현장 인터뷰 내용을 수록한 2부, '우리, 청년'이 바라본 빈곤을 중심으로 인터뷰 내용을 분석한 3부로 나누어 팀별 보고서를 작성했다. 보고서를 대중적인 책으로 편집하는 과정에서 분량을 절반 가까이 줄였다.

인터뷰를 모아놓고 보니 한국 사회 빈곤의 쟁점들이 부분적으로나마 엿보인다. 2009년 경찰의 과잉 진압으로 다수의 사상자를 낸 용산참사에서 보듯, 평범한 일상을 살던 사람들이 "'민주'적이고 '합리'적인 국가 시스템을 통해 뿌리 뽑히는" 국가 폭력도 현재 진행형이

다.[*] 하지만 1990년대 이후 선거를 통한 제도적 민주주의가 정착하면서 과거 가난한 사람들을 대책 없이 쫓아내고 강제로 시설에 가두는 상황이 줄어들긴 했다. 주거권, 이동권, 복지권, 수급권 등 민중·시민운동이 빈자들을 권리의 주체로 호명하고 권리들 일부가 법과 정책으로 제도화되었다. 정부와의 적대 관계가 당사자 권리 수호를 위한 조정과 협상, 심지어 협치 관계로 이동하는 경우도 많아졌다. 수시로 발생하는 국가 폭력에 맞서 거리 시위를 조직하는 시간 못지않게, 기초생활보장 맞춤형 급여, 탈시설 장애인 지원, 청년과 저소득층을 대상으로 한 매입임대주택 등 활동가들이 다양한 정책 변화에 대응해 문서를 학습하고 행정을 둘러싼 갑론을박에 참여하는 일도 잦아졌다.

'자립' 논의가 이 책에서 빈번히 등장하는 것은 이 같은 배경에서다. '자립'은 그 다면성 때문에 도처에서 오해와 모순을 낳는다. 보수·진보를 막론하고 (임금)노동을 신화화한 한국 사회에서 정부가 여전히 지원의 명분으로 삼는 정당성의 언어이자, 개인들에게 자발적 책무를 부과하는 통치 전략이며, 가난한 사람들이 삶의 주인이 되는 세상을 바라는 활동가들의 바람의 언어이기 때문이다. 이 책에서 학생 저자들은 인터뷰 내용을 복기하면서 빈곤정책을 관통하는 '자립' 프레임의 문제점을 분석하고, 동시에 '자립'의 의미를 새롭게 재해석하고 있다. 빈곤이 총체적·장기적 박탈의 경험인데도, 정부는 단기 자활 프로그램이나 캠페인을 남발하면서 가난한 사람들을 기계처럼

---

[*] 최예륜, 2019, 「용산참사 10년, 여기 사람이 있다」, 『황해문화』 102권, p.236.

바로 고쳐 쓰면 되는 존재인 양 취급한다. 동자동 쪽방촌 주민들 간의 소액금융대출은 미디어에서는 주민들의 경제적 자활사업으로 주로 소개되지만, 사실은 서로 의지하고 협동할 수 있는 공동체를 만들어가는 과정의 일부다. "이 세계에서 의존하지 않고 살아갈 수 있는 사람은 그 누구도 없다"는 점에서, '의존'은 '자립'의 반대말이 아니라 서로의 자리와 역할을 챙겨주는 과정이다. 치매를 앓는 쪽방촌 주민이 소식지에 흑백으로 인쇄된 세월호 추모 리본을 노란색으로 덧칠하는 작업에서 우리는 '자립'이자 '상호 의존'의 사례를 본다.

'자립'에 관한 활동가와의 대화는 극단적인 경쟁이 일상이 되면서 손익계산에 민감해진 청년들 자신을 돌아보는 계기를 마련하기도 했다. 철거민 세입자 출신으로, 철거민들이 만든 논골신협을 운영 중인 유영우 이사장이 학생들의 질문을 이해하지 못해 고개를 갸우뚱한 적이 있다. "무임승차" 문제를 언급하며 출자금을 내지 않고 협동조합을 이용하는 사람들이 없는지 여쭤봤는데, 정작 본인은 "무임승차"가 무슨 말인지 몰랐던 것이다. "이타심이 작동하지 않으면 협동조합은 운영이 안 된다."는 그의 대답은 "타인의 '무임승차'를 노여워하며 빗장을 걸어 잠그는" 자신을, 우리 사회를 돌아보는 기회를 터주었다. 빈곤을 '우리'의 문제로 여기지 않게 된 배경을 곱씹으며, 학생 저자들은 '노력'을 공정함의 기준으로 삼아버린 청년들이 '의존하는 인간'에 대한 혐오를 증폭시킨 게 아닌지 되물었다. "노동력 상품으로서 인정받기 위해 시간과 자원을 쏟아붓는 과정에서 '노력'은 윤리와 신념에 가까운 것이 되어버렸다. 노력하지 않는 자에 대한 비난은 마치 인간성에 대한 심문처럼 되어버렸다."

'당사자' 프레임의 문제도 이 책 곳곳에서 등장한다. 청년(청소년), 여성, 장애인 권리운동 등에서 봐왔듯 스스로를 어떤 사안의 '당사자'로 표명하면서 몫을 주장하는 행위는 민주주의 사회에서 강력한 힘을 행사한다. 그러나 용산참사의 경우 이 프레임은 '당사자'와 '비당사자'를 구분하는 잣대로 악용되었다. 공권력과 미디어는 용산 상가 세입자들을 도왔던 전국철거민연합 회원들을 '당사자'도 아닌 주제에 끼어든 "외부 세력"이자 "전문 시위꾼"으로 연일 매도했다. 이 "외부 세력"이야말로 철거를 경험했고, 살면서 자신이 겪은 폭력이 반복되지 않기를 바라는 '당사자'의 입장에서 연대했음에도 말이다.

'당사자'가 아님에도 여러 종류의 시위에 발 벗고 나설 수 있었던 동력이 무엇인지 질문받자, 공기 활동가는 그것이야말로 "위험한 프레임"이라며 반박했다. 밀양의 송전탑을 막지 못하면, 한진중공업의 정리 해고를 막지 못하면, 언젠가 똑같은 문제가 나와 우리의 현장에서 반복될 수밖에 없다는 것이다. 우리가 만난 활동가들은 당사자 운동이 '당사자'와 '비당사자'를 가르는 프레임을 넘어 공생과 연대의 가치를 실현하는 방향으로 확산되기를 기대했다. 장애인들의 이동권 투쟁으로 '우리' 모두에게 유용한 거리 보행로가 생겼듯 말이다. 청(소)년, 여성, 장애인, 노인, 홈리스, 수급자, 철거민 '당사자'가 살 만한 사회가 '우리 당사자' 모두가 살 만한 세상인 것이다.

이 책의 독자들은 각자의 관심사에 따라 한국 사회 빈곤, 반빈곤 활동, 대학생 청년 중 하나를 더 자세히 들여다볼 수 있을 것이다. 홈리스, 장애인 등 특정 집단을 중심으로 한 교육 활동과 지역을 기반으로 한 공동체 활동, 빈곤 관련 정책이나 사건에 대응하는 의제 중심 활동을 비교해보는 것도 흥미로울 것이다. 개인적으로는, '20세기 청년' 최인기 씨와 '21세기 청년' 공기 씨가 한국 사회에서 함께 가고 달리 가는 흔적을 더듬어보는 즐거움이 컸다. 둘 다 대학을 가지 않았지만 대학생 친구들과 시위와 공부를 함께 했다. 공장에서 일했고, 예술에도 관심이 많아 문화운동과 사회운동의 결합을 바랐다. 그리고 도시에서 쫓겨나지 않고 맘 편히 장사할 권리를 위해 싸워왔다.

다른 점도 눈에 띈다. 1980년대 최인기 활동가에게 공장이란 노동조합을 조직하기 위해 잠입한 투쟁의 현장이었다면, 20대 중반 공기 활동가는 의미 있고 즐겁게 운동을 조직할 서울 거리의 '활동 공간'과 생계를 위해 잠시 머무는 경남 공장의 '일 공간'을 확실히 구분했다. 임차상인의 권리를 수호하는 집회에서는 '공기'라는 별명을 썼고, 에어컨 모터를 조립할 때는 실명을 썼다. 최인기 활동가는 '계급'에 대해, 공기 활동가는 빈곤 '청소년'과 '여성'에 대해 더 할 말이 많았다. 인터뷰를 마치고 최인기 활동가는 학생들을 데리고 호프집으로 갔고, 공기 활동가는 만화 수업이 있다며 쿨하게 자리를 떴다. 시대는 다르지만 자신과 '또 다른' 청년을 만난 낯선 경험은 두 경우 모두 대학생들에게 깊은 인상을 남겼다.

수업이라는 제한된 형식 때문에 더 많은 주제와 지역을 다루지 못한 게 아쉬움으로 남는다. 반빈곤 활동가와의 인터뷰가 서울에서만 이루어졌는데, 언젠가 한국 사회 다양한 지역에서 묵묵히 활동해온 분들의 서사를 담을 수 있는 별도의 기회가 생기길 바란다. 인터뷰에 참여한 학생들이 최선을 다했지만, 빈곤 문제에 대한 이해 정도가 다르고 관심도 다양하다 보니 작업의 한계를 절감하기도 했다. 다양한 분과 학문의 연구자들이 부족함이 많은 이 책을 마중물 삼아 한국 사회 빈곤과 운동에 관한 문제의식을 심화시킬 수 있기를 기대한다. 빈곤이라는 주제를 매개로 청년(대학생), 학계 안팎의 연구자, 반빈곤 활동가가 다양한 방식으로 연결되고, 쓸모로 인격을 구획하는 자본주의사회에서 거듭 박탈을 경험하는 사람들과 더 끈끈한 연대를 맺기를 바란다.

이 책의 토대가 된 '빈곤의 인류학' 수업은 2018년도 2학기 연세대학교 '사회혁신역량 기초과목'으로 선정되어 인터뷰 작업에서 출판에 이르기까지 적잖은 지원을 받았다. 군더더기 행정 절차를 최소화하면서 학생과 선생이 자유롭게 작업할 기회를 마련해준 연세대학교 고등교육혁신원에 감사한다. 들쭉날쭉한 학생들의 보고서가 세상에 내놓을 만한 책이 되기까지 세심하게 챙겨주신 북이십일에도 고마움을 전한다. 정택진 조교는 인터뷰가 원만히 진행될 수 있도록 묵묵히 제 역할을 다해줬고, 최예륜 조교는 반빈곤 활동가 선정에서 윤문 작업에 이르기까지, 본인의 오랜 활동가 경험과 작가로서의 역량을 아낌없이 발휘해주었다.

무엇보다 이 책은 40명 학생들의 적극적인 협업 덕택에 가능했다. 반빈곤 운동단체 자원활동가에서 중국에서 온 유학생까지, 삶의 궤적이 다양한 학생들이 각자의 지식과 열정을 품앗이하며 작업에 동행했다. "한국 사회가 거쳐온 신자유주의 구조 조정의 환부를 들여다볼 최적의 장소"가 된* '청년'이라는 표상을 부담스러워하면서도, 자

---

* 조문영, 2018, 「청년자본의 유통과 밀레니얼 세대-하기」, 『한국문화인류학』, p.311.

신의 아픔 때문에 무심히 지나쳤던 낯선 타인의 환부를 기꺼이 대면
하고자 했다. 수업 막바지에 화마로 일곱 명의 목숨을 앗아간 서울시
종로구 국일고시원 참사 희생자들을 위한 49재와 추모문화제가 열렸
다. 지난겨울 가장 추웠던 밤, 몇몇 학생들이 찾아와 함께 촛불을 밝
혔다. 망자를 위한 송경동 시인의 애도가 꽁꽁 언 아스팔트 바닥에
온기를 입혔다.

> 고시생이 아닌 만년 고시생이 되어
> 이 세상의 모든 고난과 눈물과 아픔을 밑줄 그으며 읽어야 하지
> 이 세상의 모든 가난과 차별과 멸시와 모멸을 견뎌야 하지
> 부디 굶어 죽지 말고 얼어 죽지 말고 타 죽지 말고 목매달지 말고 탄불
> 을 켜지 말고
> 부디 버려진 인간들에게도 건투가 있기를

2019월 5월
조 문 영

1.
끝나지 않은 참사,
여기 사람이 있다

용산참사 진상규명위원회 이원호

용산참사로 본 한국 사회 빈곤

불도저식 개발이 부른 용산참사

풍경이 풍경을 반성하지 않는 것처럼
곰팡이 곰팡을 반성하지 않는 것처럼
여름이 여름을 반성하지 않는 것처럼
속도가 속도를 반성하지 않는 것처럼
졸렬과 수치가 그들 자신을 반성하지 않는 것처럼
바람은 딴 데에서 오고
구원은 예기치 않은 순간에 오고
절망은 끝까지 그 자신을 반성하지 않는다

– 김수영, 「절망」

하늘 향해 높이 솟은 주상복합건물, 이국적인 음식점과 세련된 카페들, 아이들이 뛰노는 푸른 잔디와 새들이 지저귀는 공원, 이 풍경을 따라 도도히 흐르는 한강과 이 모든 걸 연결하는 잘 닦인 도로. 멋진 도시의 모습이다. 개발 사업의 이름과 방식은 바뀌지만 개발의 깃발 아래 모인 이들이 말하는 도시의 청사진은 항상 아름답다.

이 개발의 풍경에는 그곳에서 삶을 일궈가던 사람들, 특히 가난한 사람들이 집도 절도 없이 쫓겨나야 한다는 불편한 이야기는 담겨 있지 않다. 개발에 묶인 땅은 '투자'의 대상으로 거듭나며 몸값을 올리지만 그곳에 살던 가난한 사람들은 쌓여 있던 먼지처럼 청소되어 버린다.

한강에서 이어지는 대로변 용산역 인근 용산 센트럴파크 해링턴스퀘어 공사장에서는 공사가 한창이다. 10년 전 그곳에 사람들이 목숨을 잃은 참사의 터, 남일당 건물이 있었음을 기억하는 사람들은 얼마나 될까? 불도저식 개발에 밀려 하루아침에 오갈 데 없어진 이들은 망루에 올랐다. 경찰이 이를 진압하는 과정에서 큰 화재가 발생하는 참사가 일어났지만, 초고층 주상복합건물과 문화공원을 짓는 공사는 무심히 이어지고 있다.

용산참사가 발생한 지 10년이 지난 지금도 사건의 진상은 제대로 밝혀지지 않았지만, 오늘도 서울시는 '도시재생 사업'을 추진하느라 여념이 없다. 21세기 한국 사회를 살아가는 20대 청년인 우리는 용산참사가 제기하고 있는 빈곤의 문제와 사회적 함의를 살피고자 한다.

용산참사는 2009년 1월 20일 서울 용산역 앞 남일당 건물에서 발생한 화재로 시민 다섯 명, 경찰특공대원 한 명이 사망한 사건이다.

영화 〈공동정범〉은 도입부에서 사건 배경을 다음과 같이 설명했다.

2007년 8월, 오세훈 전 서울특별시장은 용산 국제업무지구 특별계획구역 개발 방안을 확정 발표한다. 곧 강제 철거가 시작되었고, 용산 지역 철거민들은 이주 대책과 보상을 요구하며 2009년 1월 19일, 한강로 변 건물 옥상에 망루를 짓고 점거 농성을 시작한다. 망루 농성에는 용산 지역 철거민뿐만 아니라 전국 15개 재개발지역의 철거민들도 연대 참여했다. 그러나 경찰은 이례적으로 농성 25시간 만에 경찰특공대를 투입, 강제 진압을 실시했고 이 과정에서 화재가 발생, 철거민 5명과 경찰관 1명이 사망한다. 명확한 증거가 없음에도 검찰은 망루 화재 원인을 화염병으로 단정하고, 농성 책임자 이충연 용산 4구역 철거민대책위원장을 비롯, 망루에 남아 있던 모든 철거민을 공동정범으로 기소한다. 수감 4년 후인 2013년 1월 31일, 철거민들은 모두 특별사면으로 출소했다.

사건을 각기 다르게 진단하는 갑론을박 속에서 10년이 지났다. 분명한 사실은 용산참사는 아직 진상 규명이 되지 않은 현재 진행형 사건이라는 것이다. 용산참사가 일어난 2009년 1월로부터 시간을 거슬러 올라가보면, 두 서울특별시장 이명박과 오세훈의 도시개발 정책이 있다.

"1970~1980년대 판자촌 철거에서부터 1990년대 달동네 아파트 건설과 신도시 건설 그리고 2000년대 뉴타운 건설로 이어지며 오랫동안 경제발전이라는 이름으로 지속"되어온 개발 사업의 속도는 점점 빨라졌다.[1] 2002년 서울시장 이명박은 뉴타운 개발 사업을 본격화했고, 2006년 서울시장 오세훈은 '한강르네상스 프로젝트'를 내세웠다.

그들의 계획에 따르면 용산은 대한민국 최고 높이의 620미터 마천루가 들어서고 거대한 문화공원이 조성되며 중국으로 향하는 국제 선착장이 들어설 한강과 도심을 잇는 거점이 되고 서울역에서부터 한강에 이르는 용산 한강로 일대는 서울의 '신부도심'이 될 예정이었다. 삼성물산이 대표컨소시엄을 맡고 26개의 금융·건설 기업들이 총출동해 재무, 전략, 건설 부문 투자자로 나서며 사업비 50조에 달하는 대규모 개발 프로젝트를 추진했다.

끝나지 않은 용산참사의 진상 규명을 요구한다!

2007년 용산 국제업무지구 개발에 관해 서울시와 한국철도공사가 최종 합의에 도달하면서 용산은 세간의 이목이 쏠리는 곳이 되었다. 그 중심에 31조 규모의 '단군 이래 최대의 개발'이라고 불린 용산 국제업무지구 개발 사업이 있었다. 초대형 개발 사업이 발표되면서 용산4구역 땅값이 무려 10배가 치솟았다.

참사가 일어난 남일당 건물은 한강대로 변에 위치해 있었다. 용산4구역은 '국제빌딩 주변 제4구역 도시환경정비사업' 지구로 지정된 재개발지역이었다. 당시 총사업비 2조 원 규모로 26~40층 주상복합 6개 동이 건설될 예정이었다. 삼성물산, 대림건설, 포스코건설 3개사가 컨소시엄을 구성해 시공을 맡았고, 삼성물산이 대표컨소시엄을 담당했다.

용산4구역의 개발은 용산 일대의 대규모 개발 사업의 영향으로 이례적으로 급하게 추진되었다. 이명박, 오세훈 시장으로 이어지는 서울 도심의 광역개발 사업 '속도전'이 용산참사의 배경이 된 것이다. 개발 속도전 속에서 83퍼센트를 차지하던 지역의 세입자들이 대책 없이 쫓겨나게 되었다. 오갈 데 없는 이들이 남일당 건물 망루에 올랐고, 경찰의 진압 작전 과정에서 철거민 다섯 명, 경찰관 한 명이 사망하는 참사가 발생했다.

참사 직후 '이명박정권 용산철거민 살인진압 범국민대책위원회(용산범대위)'가 구성되었다. 용산범대위는 "무자비한 경찰의 과잉 진압, 탐욕스런 건설자본의 강제 철거, 뉴타운 광풍의 서울시장 오세훈과 용산구청장 박장규, 가진 자만 비호하고 없는 자는 짓누르는 이명박 정권"(용산범대위, 1차 범국민대회 대국민 호소문)을 비판하며 대응 활동을 펼쳤다. 연일 시민들의 추모가 이어졌고 각계각층에서 애도를 표했다.

참사의 진상을 밝히고 책임자를 처벌해야 한다는 목소리가 이어졌지만 청와대, 서울시, 용산구 등 정부 관계자는 침묵했고, 경찰특공대를 투입해 무리한 진압을 지시한 김석기 전 서울지방경찰청장을 비롯, 경찰 관계자는 아무도 책임지지 않았으며, 언론은 사건의 진상을 규명하기보다 '과격 시위'만을 강조했다. 세입자의 권리를 외치기 위해 망루에 올랐던 사람들은 죽거나 다치거나 참사에 대한 모든 책임을 뒤집어쓰고 '공동정범'이란 이름으로 구속되었다.

용산범대위는 유가족, 용산4구역 철거민 등과 함께 1년에 가까운 지난한 활동을 벌였다. 국무총리의 사과와 유가족에 대한 피해 배상과 보상, 상가 세입자 보상 관련 제도 보완 등의 합의를 이끌어내면서 참사 발생 355일이 지나서야 다섯 명 희생자의 장례가 치러졌다. 이후 용산범대위는 '용산참사 진상규명 및 재개발제도 개선위원회'로 전환되었고 공동정범으로 구속되었던 철거민들은 4~5년의 긴 수감생활을 마치고 돌아왔다. 용산참사의 진상은 아직까지 규명되지 않고 있다.

진압과 개발 사업 책임자들의 침묵 속에서 용산참사가 10년이라는 시간 동안 희석되지 않고 공론화될 수 있었던 데에는 〈마이 스윗 홈-국가는 폭력이다〉(2010), 〈두개의 문〉(2012), 〈공동정범〉(2016) 등과 같은 재현 작업과 '두리반', '우장창창 리쌍사건', '궁중족발' 등 상가 세입자가 겪는 개발의 문제점에 대응해온 사회운동이 있었기 때문일 것이다.

용산참사 진상규명위와
이원호 활동가

|

2018년 11월 23일 금요일 오후,
서울특별시 동작구 상도4동 행복슈퍼마켓(철거된 채 개발이 멈춰 방치된 곳)에서
권현의, 김수빈, 류수현 그리고 조문영이 묻고,
용산참사 진상규명위원회 이원호 활동가(남, 40대 초반)와
상도4동 철거민대책위원장이자 당시 공동정범으로 구속되었던 용산참사
천주석 생존자(남, 50대 중반)가 답한 내용을 기록했다.
본문에서 괄호 안의 내용은 독자의 이해를 위해 필자가 보충 삽입한 부분이다.

개발의 '진짜' 수혜자는 누구인가

용산참사 문제에 천착해온 이원호 활동가는 용산참사를 기억하는 활동들의 중심에 있다 해도 과언이 아닐 것이다. 탄광 노동자들의 저항이었던 사북항쟁의 자장 속에서 자라난 이원호 활동가는 신학대학교를 다니며 도시빈민선교회 활동을 통해 철거민운동을 접하게 되었다고 한다.[2] 선배에게서 "달동네에서 담벼락 무너지면 담 쌓아주는 데"라고 듣고 동아리 활동을 시작한 그는 철거민들의 주거권운동에 연대하면서 구속까지 경험하는 등, 도시 빈민의 권리를 함께 제기하는 활동에 꾸준히 참여해왔다.

대학 졸업 후 기독교환경운동연대 활동을 하며 대학원에서 학업도

이어갔다. 2006년 '주거권실현을위한국민연합' 활동을 시작으로 본격적으로 반빈곤 활동가로서의 길을 걷게 된 그는 2009년 1월 20일 이후 용산참사와 떼려야 뗄 수 없는 삶을 살게 되었다.

그는 자신이 해왔던 주거권운동이 달라진 개발 상황 속에서 급증한 상가 세입자 문제를 간과해왔음을 성찰했다. 또한 반빈곤운동의 의제가 고립 상태를 넘어 연대로 나아가기 어려운 지점에 대해 고민하고 있었다.

용산참사 직후 용산범대위 상황실 활동가로 현장에 상주했던 그는 용산진상규명위 사무국장이 되어 참사의 진실을 밝히는 활동을 이어가는 한편, 반빈곤 활동가로서 빈곤사회연대 집행위원장, 한국도시연구소 책임연구원 등을 맡아 철거민과의 연대 활동이나 개발, 주거 문제에 관한 정책 활동 등을 이어오고 있다.

뉴타운 개발 등 개발 사업을 뒷받침하는 법 제도는 끊임없이 변화해왔지만 대체로 '주거환경 개선'을 명분으로 삼는다. 그러나 개발 사업의 수혜자는 개발지역 주민일 수도 아닐 수도 있다. 개발 사업은 정치권과 지방정부를 중심으로 추진되므로, 개발지역에 속한 주민 당사자들보다도 사업추진 세력의 이해관계에 따라 그 방식과 성격이 달라질 여지가 크다.

개발로 인해 발생하는 주거권과 생계의 위협은 누구에게나 닥칠 수 있는 문제이며 용산참사는 그것을 비극적인 방식으로 드러냈지만 평범한 '세입자'와 '철거민'을 바라보는 시선 사이에는 괴리가 여전하다.

상도4동 재개발구역

용산이 아니라 여기 상도4동을 인터뷰 장소로 선택하신 이유가 무엇인가요?

대체 누구를 위한 개발이지? 하고 묻는 근본적인 질문이 필요해요. 용산참사가 발생한 용산4구역도 그렇지만, 이곳 상도4동은 '도대체 누구를 위한 개발이냐'를 보여주는 상징적인 동네라고 생각해요. 이 동네(상도4동) 그야말로 달동네 같은 데잖아요. 가난한 사람들이 모여 사는 저렴한 주거지인데, 여기를 개발해서 아파트를 지으면 이 사람들이 들어올 수 없는 동네로 만들어진다는 게 너무나 뻔하거든요. 그렇게 개발한다고 마을의 대부분을 (폭력적으로) 철거해놓고 지금까지 이렇게 폐허처럼 방치하고 있어요. 개발 비리와 토지주들 간의 분쟁으로 결국 개발구역에서 취소돼서, 법적으로는 개발구역도 아니에요. 지난 10년 동안 동네 대부분이 허물어진 상태로 방치를 해놓은 거예요. 가난한 동네를 고급 아파트단지로 만들기 위해 폭력적으로 철거하며 공동체를 파괴해놓고서는, 지주들끼리 싸우며 10년간 방치하다가 다시 개발한다고 하고 있거든요. 용산참사 현장도 7년간 공터로 방치하다가 이제는 주상복합건물이 들어서 참사의 흔적과 개발의 문제가 지워지고 있는 곳이라면, 이곳 상도4동은 여전히 한국 사회 개발 문제의 단면을 보여주는 지역이라고 생각해서 여기에서 만나자고 했어요.

[천주석] 그니까 참 무서운 게 가족의 꿈도, 조그마한 꿈도 말살시키고 그리고 본인들의 목숨도 제대로 담보하지 못하고. 그래서 무식하다는 거예요. 국민을 그렇게 죽음으로 내모는 게……. 사람보다 공원(재개발로 새롭게 지어질 시설)이 중요한 나라니까.

개발은 모두를 위한 것이라는 전제로 정부가 정책을 세워 추진하잖아요. 개발의 수혜가 모두에게 돌아가고 있는 건가요? 개발의 진짜 수혜자는 누구인가요?

한국의 도시 개발 역사를 보더라도 그동안 부수고 짓고 부수고 짓는 역사를 반복하면서, 주택 공급을 통해 집 없는 사람들이 집을 갖게 해주겠다고 했는데, 주택 소유율은 별로 변동이 없어요. 새로 공급된 그 집들이 도대체 어떻게 된 거냐, 소수의 다주택자들이 집을 독점하는 방식이 된 거예요. 집 없는 사람이 서울에서 아파트를 사려면 13년인가 14년인가를 한 푼도 안 쓰고 모아야 살 수 있다는데, 그건 (집을) 못 산다는 얘기잖아요? 그런데 집이 열 채 있는 사람이 다섯 채 더 사기는 너무나 쉬운 구조예요. 대한민국에서 가장 많은 집을 갖고 있는 사람이 2017년 기준으로 604채 갖고 있다는데, 집을 100채 이상 가진 사람이 전국에 3000가구라고 해요. 계속 개발을 하고 부수고 짓고 하면서, 계속 아파트를 쌓아 올렸는데, 그 집들이 집 없는 사람들에게 가는 게 아니라 집 있는 사람들에게 가고, 그러다 보니까 계속 집값이 오르고 전·월셋값이 오르고, 결국 우리들 모두 집에 대한 고민이나 걱정, 근심들을 하고 있죠. 통계적으로는 56퍼센트가 집을 소유하고 있고 44퍼센트가 집을 소유하지 못한 사람들인데, 집 걱정이 집을 소유하지 못한 사람들만 또 문제냐? 그런 게 아니라 집을 소유하고 있는 사람들도 다 빚내서, 다 한 거잖아요? 그래서 이자 감당하려고 허리가 휘고, 그게 뭐 자기 집이에요? 우리은행 집이고, 국민은행 집이고 그런 건데……. 그래서 사실은 보편적으로 집 때문에 고민을 하고 걱정을 하고 힘들어하고 있는데, 이런 주거권의 박탈이 바로 지난 부동산 욕망을 부추기며 소수가 독점하도록 한 도시 개발의 결과라고 생각해요.

 개발지역에서 특히 세입자들이 저항하는 모습이 많이 드러나는데 좋지 않은 외부적 시선도 많은 것 같아요. 용산참사의 경우도 그랬나요?

 당사자들은 당해보지 않으면 모른다는 말을 하곤 해요. 철거민들의 투쟁을 보면 완전히 다른 세계 사람들로 보이는 거잖아요. '개발이라는 게 법적 절차대로 진행되는데, 뭔가를 더 요구하려고 보상을 바라고 저러는구나.'라고 여기기도 하고, 실제로 보상이 쟁점이 되는 경우가 많기 때문에 그런 시각으로 보이기도 하죠. 용산참사 이후로도 개발지역에서 쫓겨나게 된 세입자들이 상담하러 오시면서 하시는 말씀이, 자기도 용산참사 때는 돈 더 달라고 떼법 쓰는 사람들이라고 욕했는데, 당해보니 알겠다며 죄송하다고 이야기를 시작하시곤 했어요. 또 한국에서 세입자들의 권리라는 게 워낙 미약하다 보니까, 건물주가 나가라면 나가는 게 당연한 것처럼 되었잖아요. 그러다 보니 개발로 인해 나가라는데도 순순히 나가지 않고 버티는 사람들을 바라보는 시선이 좋지는 않은 것 같아요.

당시 용산구청이 철거민들을 바라보는 시각이 대표적이었죠. 용산 일대의 개발이 많다 보니까, 당시 용산구청 앞에 철거민들 집회가 많았거든요. 그러니까 용산구청에서 구청 입구 담벼락에 크게 입간판을 해서 '구청에 와서 생떼거리를 쓰는 사람들은 민주시민의 대우를 받을 수 없습니다.' 이런 걸 붙여놨는데 이게 철거민들 보라고 붙여놓은 거거든요. 여기서 떼쓰지 마라……. 참사 당일에도 용산구청장이던 박장규 구청장이 외부행사 강연 중이었는데, 참사 소식을 듣고 하는 말이 "오늘 아침 우리 구역에서 사고가 발생했는데, 그 사람들 세입자들 아니고 전국을 쫓아다니면서 개발하는 데마다 돈 내라고……. 이래서 떼잡이들이에요."라고 했어요. 지역주민들의 고통을 살펴야 할 공공기관인 구청이, 관내 개발지역 세입자들을 주민으로조차 취급하지 않고 떼잡이로 몰았죠.

 언론이나 다른 매체가 용산참사를 어떤 방식으로 보도하고 있다고 보시나요? 그에 대한 통제도 있었나요?

 참사 당일과 직후의 언론 보도는 '경찰의 성급하고 무리한 진압으로 발생한 참사'라고 보도했는데, 며칠 후부터 보도 방향이 철거민들의 폭력성을 부각하는 방식으로 바뀌기 시작했어요. 이게 나중에 밝혀졌지만 당시 청와대에서 강호순 연쇄살인 사건을 활용해 용산 사건을 덮으라는 보도 지침이 있기도 했고, 국정원과 경찰의 조직적인 여론 조작과 방송 통제가 있었어요. 기자들이 취재를 해도 엄청 많이 잘리거나 보도되지 않는 경우가 많았어요. 취재해도 안 나가니까 유가족들이 (기자들에게) "뭐 하러 찍냐고, 방송도 안 내보내면서."라며 뭐라고 했는데, 기자들은 또 저한테 와서 하는 말이 "데스크에서 다 잘린다. 어쨌든 자기들은 최대한 보도하기 위해서 계속 찍고 올리는데."라는 거예요. 조선일보 같은 경우는 용산참사 당시에 '용산참사'라는 표현을 잘 안 썼거든요. 용산 사태, 용산철거민 화재사건 뭐 이렇게 쓰고. 그런데 용산 역세권 개발 사업 최종 부도 처리가 났을 때 그걸 '용산참사'라고 표현하더라고요. 자본의 입장에서 보면 사람 뭐 대여섯 명 죽은 것보다 단군 이래 최대의 개발 사업이 무너진 게 더 참사인 거죠, 그들에게는…….

쫓겨나는 사람들의 삐걱대는 연대

쫓겨나는 사람들은 미약한 힘을 모아 연대하여 싸우기도 한다. 용산참사로 목숨을 잃거나 '공동정범'이 된 사람들은 해당 지역 및 타 지역 연대, 주거 세입자 및 상가 세입자 등 다른 조건에서 연대를 하던 사람들이었고 그 과정에서 쟁점과 갈등이 불거지게 되었다고 한다.

Q 영화 〈공동정범〉을 보며 마음이 참 아팠습니다. 갈등의 실제 원인이 무엇일까요?

A [천주석] (집에서) 잠을 못 자고 투쟁하는 사람들이 있는 반면에, 잠을 자고 투쟁하는 사람들이 있어요. 이게 상가 세입자와 주거 세입자, 요 차이야. 그러니까 어떻게 보면은…… 그, 철거민이라는 자체도 아하 (한숨) 쫌, 뭐라고 해야 해? 약간 빈부 격차가 있다고 해야 하나?

A 물론 상가 세입자와 주거 세입자의 차이도 존재하고, 보이지 않는 갈등의 하나이기도 하죠. 상인들은 (생계 터전 문제라) 상권 좋은 데에 빨리 자리 잡고 장사하는 것을 사실 더 원하시죠. 개인과 가족의 생계 문제가 중요하니까요. 그런 면에서 주거는 확실히 다른 점이 있는 것 같아요. 어쨌든 집을 매개로 해서, 특히 가난한 사람들의 경우 더욱 집과 동네를 중심으로 한 사회관계를 잃는 게 중요한 문제죠. 개발지역 주거 세입자 문제가 저소득층의 문제였다면, 상가 세입자 문제로 넘어가면서는 중산층 자영업자의 문제로 확대되면서 발생하는 차이도 있고요.

개발 제도의 변화와 어떤 관련이 있는 건가요?

 용산참사 이전까지 개발 문제에 대응한 사회운동이나 정책들은 주거와 관련되어서만 얘기를 했고, 법 제도 개선도 주거와 관련된 내용만을 다뤘어요. 예전에는 철거 싸움이 주로 주거 세입자들이나 무허가 가옥주들의 싸움이었고, 그들의 희생과 투쟁을 통해서 (주거권) 제도들이 조금씩 바뀌어왔던 거거든요. 상가 세입자 관련해서는 그런 싸움의 역사도, 제도적인 요구도 없었던 거죠. 아무런 제도적인 기반이나 대책이 없는 상황에서 2000년대 이후부터 뉴타운이라는 대규모의 서울 광역 개발을 하니까 상가 세입자 문제가 터지기 시작했던 거예요. 상가 세입자 정책은 없는데, 가족의 생계를 완전히 잃어버리는 상황에 직면하다 보니까, 사실은 상가 세입자들의 싸움이 약간 더 극단적인 싸움으로 갈 수밖에 없는 이유도 있는 것 같아요.

(주거권운동을 하면서) 그야말로 뉴타운 대응을 제대로 못했구나, 하는 반성이 들었어요. 개발의 양상이 바뀐 거거든요. 개발은 전혀 달라지지 않았다고 하지만, 굉장히 또 치밀하게 달라졌어요. 압박해오는 방식도 달라졌고요. 1990년대 중후반까지 서울 도심지의 개발이 어느 정도 마무리되면서, 1990년대 후반부터 2000년대 초반까지는 '신도시 개발' 중심이었어요. 물론 그때도 철거민 문제가 없는 건 아닌데, 신도시 개발이라는 게 나대지를 개발하는 것이다 보니까, 넓은 개발구역에 비해 이해 당사자들이 별로 없는 곳이에요. 그러다 보니 철거민들의 싸움도 잘 드러나지 않고 더 고립되었죠. 그런데 2002년에 이명박 서울시장이 뉴타운 개발을 발표를 하면서, 서울 도심을 대규모로 광

역 개발하다 보니까, 다시 개발 문제가 드러나기 시작한 건데, 이때 서울은 예전처럼 달동네나 판자촌이 즐비한 서울이 아니라 상권을 중심으로 발달된 서울인 거잖아요. 그러니까 상가 세입자들 문제가 부각된 건데, 그동안 주거권운동이나 관련된 연구자들도 상가 세입자 권리에 관련되어서는 거의 목소리를 내본 적이 없거든요. 상가 세입자 문제는 주거와 달리 보상 문제와 결부되다 보니 우리가 운동적으로 개입하는 것에 대해서 토론조차 거의 안 해본 거죠. 사실 권리의 영역으로 생각을 못 하기도 했던 거고요.

진상 규명이 되지 않고 있는 상황이 힘들어서 갈등이 더 풀리기 쉽지 않을 것 같아요.

뭉쳐서 같이 싸울 때는 적이 분명하니까, 분명한 적을 상대로 싸워서 뭉치는데, 이게 어느 정도 시간이 흘렀음에도 책임져야 할 국가가 꿈쩍도 안 하잖아요. 잘못된 개발을 추진한 개발조합이나 삼성물산 그 누구도 책임지지 않고, 무리하고 성급한 진압을 지휘한 당시 서울경찰청장 김석기는 책임 인정은커녕, 지금은 자유한국당 국회의원이 되어서 오히려 용산참사 희생자들을 모독하고 있고요. '참사'라고 표현하는 큰 사건에, 자신들 외에 아무도 책임을 안 지는 상황이 장기화되면서, 이제 자신과 가까운 곳에서부터 책임을 찾는 방식이 되는 거예요. 그게 "쟤 때문에", 심지어는 "나 때문에", 나에게 책임을 돌리는 방식도 되는데, 그게 용산참사 당사자들뿐만 아니라 일반적으로 국가폭력 피해자들한테 나오는 갈등의 모습이라고도 하더라고요. 용산이 사실 또 그런 갈등이 발생하기 쉬운 구조를 갖고 있어요. 용산4구역 철거민들과 연대지역 철거민들로 나뉘고, 용산4구역 철거민들보다 연대지역 철거민들이 더 많이 구속되었고, 더 많이 돌아가셨고요. 그러다 보니까 2009년 당시에도 그런 갈등이 있었어요. 하지만 그 갈등에 앞서서 싸워야 될 목표가 더 분명했으니까 넘겨왔던 거죠. 그런 시간들이 지나고 감옥에 있던 분들도 출소하면서, 공동정범으로 억울한 옥살이를 했던 분들은 출소하면 똘똘 뭉쳐서 싸울 수 있을 거라고 생각했던 거예요. 그런데 함께 투쟁하고 연대했던 다른 철거지역 동지들도 시간이 지나니까 해결되어 떠나거나 해서 바뀌었고, 이제 예전에 자기들과 함께 싸우던 사람도 거의 없고, 그런 데다 여전히 국가나 책임져야 할 그 누구도 책임지지 않고 있고……. 그러면서 유가족과 유가족 간의 갈등, 유가족과 다른 생존자들 간의 갈등, 생존자들 내부에서 4구역과 다른 지역 철거민의 갈등, 여러 갈등이 중첩적으로 터져 나오기 시작했어요. '공동정범' 프레임은 그런 면에서 국가폭력이 어떻게 내밀하게 작동하는지를 보여준다고 생각해요.

그런 갈등을 조장하는 바깥의 시선이 있다는 생각이 들었어요. 어떻게 생각하세요?

참사 초기부터 (내부 외부를 가르는) 딱 그 프레임이었던 거잖아요. '용산에서 죽은 사람 중에 용산 세입자는 둘밖에 없다. 나머지는 전철연이라고 하는 전문적인 시위꾼, 외부 세력들이다.'라는 프레임이었죠. 연대자들은 전문 시위꾼, 외부 세력이 되어버리는 거죠. 초기에 정부는 용산지역 희생자 2명만 장례 치르면 이 싸움 끝난다고 판단해서, 경찰들이 그런 식으로 접근을 엄청 해왔어요. 용산 유가족 일가친척에게 접촉해서 흔들어대고, 연대지역 희생자 유가족들과 분리시키려 했죠. 외부 세력 프레임을 씌우는 건데, 그러면 도대체 누가 당사자고 누가 외부 세력이냐라는 것을 생각해봐야 해요. 용산 철거민분들이 (불쌍하고) 안돼서 (외부에서) 연대하는 게 아니거든요. 용산 철거민들의 문제를 자신들의 문제라고 생각해서 연대하는 거거든요. 이건 연대한 철거민들만이 아니라, 우리들의 연대도 마찬가지고요. 개발의 문제는 내가 속한 사회가 잘못된 방향으로 가는 문제이기도 하고 주거권의 관점에서도 개발이 나의 주거권에 미치는 영향이 큰, 내 문제라고 인식하고 있고, 용산참사와 같은 상황이 어떻게 해결되느냐에 따라서 이 사회가 어떤 방향으로 가느냐가 정해지는 거라고 생각해요. 그래서 이건 앞으로 내 삶에서 굉장히 중요한 일이거든요. 그래서 저는 당사자로만 한정해서 호명하는 방식이 운동에서 전혀 도움이 되지 않는다고 생각해요.

용산참사에 대한 세간의 관심을 돌리기 위해 연쇄살인범 '강호순 사건'이 활용되기도 했다던데요?

이명박 정권에서 용산참사를 덮기 위해 당시 군포 연쇄살인 사건으로 검거된 강호순 사건을 적극 활용하라는 지침이 청와대에서 내려온 것이 밝혀졌어요. 용산참사가 2009년 1월 20일에 발생했고, 그 직전인 2008년에 한미FTA 반대 촛불집회가 크게 있었죠. 이명박 정권이 촛불을 간신히 잠재웠는데, 바로 2009년 새해 벽두부터 용산참사가 발생했잖아요. 그래서 청와대에서는 용산참사가 촛불로 번지는 것을 차단하기 위해, 온갖 여론 조작을 펼쳤던 거죠. 용산참사 관련 초기 투쟁에 주요하게 참여했던 사람들이 2008년 촛불(에 참여했던) 네티즌들이기도 했거든요. 반이명박 정서가 있었고, 폭력 진압을 당했던 것을 스스로 경험한 지 얼마 안 된 상태에서 용산의 경찰 진압 과정에서 사람이 죽었다는 것에 분노한 네티즌들이 엄청나게 (용산에) 왔었어요. 그러니까 정권 차원에서 촛불의 재현을 막기 위한 다각도의 여론 조작과 탄압이 있었던 거고요.

용산참사 10년, 앞으로의 연대

용산참사가 발생한 지 10년이 다 되어간다. 정권도 두 번이나 바뀌었고 세상도 달라졌다. 10년이 지난 오늘날의 연대, 앞으로의 연대의 가능성에 대해 물었다.

용산참사 진상 규명 활동 10년의 성과는 무엇인가요?

용산참사에 대한 기억을 강하게 갖고 계신 분들이 사실은 많거든요. 지난 10년의 투쟁이 성과가 없었다고 생각하지는 않아요. 용산을 통해서 한국 사회를 바라보는 관점들이 새롭게 생긴 게 분명히 있다고 보고, 개발에 대해서 바라보는 관점들도 달라졌다고 봐요. 사람들은 여전히 부동산 욕망에 갇혀 있기도 하지만, 한편으로 부동산 개발의 문제를 이야기할 때 용산참사를 떠올리기도 하잖아요. 지난 10년 동안 그래도 한국 사회를 조금씩 바꿔오는 데에 용산참사가 역할을 했다고 생각해요. '국가란 무엇인가?'라는 근본적인 질문을 묻게 한 계기가 되었다고도 생각하고요. 그 기억을 10주기에 잘 모아냈으면 좋겠다고 생각해요.

가난한 사람들의 연대는 어떤 방향이 되어야 할까요?

박근혜 탄핵 촛불이 있기 전에 민중총궐기라는 게 있었어요. 노동자·농민·빈민이 주체가 되어서 박근혜 퇴진을 요구하는 민중총궐기가 있었고, 그 과정에서 백남기 농민 사망 사건을 겪고, 탄핵 촛불로 이어지는 과정들이 있었죠. 그래서 (빈민 주체들은) 자신이 촛불을 먼저 들었다고 생각하기도 하고 노점상도 철거민도 촛불을 열심히 들었죠. 그때는 촛불 시민으로서 촛불을 들고 함께 권리를 외쳤던 거잖아요. 수많은 사람들과. 그런데 촛불이 끝나고 이분들은 다시 일상으로 돌아가 또 고립된 투쟁을 하는 상황이 되어버리고, 빈민들의 요구나 목소리는 다른 시민들과 단절되어 버려요. 그래서 그 상황이 고민되더라고요. '강제 철거 중단하라', '주거권을 보장하라', 이런 요구들이 어떻게 촛불 시민들이 얘기하는 (보편적인) 권리와 만나거나 접점을 찾을 수 있을까? 당면한 우리의 요구뿐만 아니라 뭔가 좀 확장된 권리로 우리의 얘기를 하고 만나가는 기획들도 필요하다는 생각이 많이 들어요. 가난한 사람들끼리의 연대만이 아니라, 빈곤이 확대되는 과정에서 우리의 보편적 문제가 빈곤의 문제와 만날 수밖에 없는데, 그것을 어떻게 운동으로 만들어낼 것인지, 어떤 식으로 가능할지 고민을 하고 있어요.

'연대'란 무엇일까요? 진정한 연대란 정말 가능할까요?

용산참사 후 현장에 찾아오시는 시민이 많았죠, 학생들도 많이 왔었고요. 그때 이런 이야기를 하는 분들이 많았어요. "아아, 철거민들이 이런 상황인지 그동안 몰랐다. 지금 내가 뭘 하면 좋겠느냐." 제가 생각하는 연대란, 결국은 자기 문제가 되어야 하는 것이라고 생각하거든요. (참사 당시) 그때도 철거민들의 문제가 고립된 개발구역의 소수의 문제가 아니다, 힘겹게 싸우는 사람들에게 단지 힘을 보태주는 것뿐만 아니라고 생각했어요. 이들이 처한 문제가 결국은 나의 문제와 어떻게 만나고 연결이 되는지, 이런 지점을 고민하고 그런 요구들을 해나가는 게 제가 생각하는 연대인 것 같아요. 자신의 주거권에 대한 문제를 돌아보고 이야기 나누고 권리의 목소리를 내는 데서 시작해야 해요. 저는 그게 철거민 투쟁에 연대하는 거다, 그렇게 지금도 생각하거든요.

저희와 같은 20대 청년들에게 기대하거나 해주고 싶은 말씀이 있으신가요?

 [천주석] 다들 말씀하시길 (여러분은) 용산참사 때 어렸다고 했잖아요. 그런데도 지금 누군가는 생각을 하고 있잖아요, 용산참사에 대해서. 어리든 나이가 많든 말이죠. 지금 여기 와주신 것만으로도, 그리고 제 얘기를 들어주신 것만으로도 저는 감사하게 생각해요. 계속 알릴 수 있으니까, 그리고 알아야 되고 이런 참사는 더 이상 발생하지 않아야 하니까요. 그래서 또 나중에 본인들 말고 다른 학생들, 또 후손이 알 수도 있는 거 아닌가요. 전부 다 전해져서, 이렇게. 그래서 너무 감사해요.

 저는 용산참사가 2009년 1월 20일에 있었던 어떤 하나의 사건으로만 기억되어서는 절대 안 된다는 이야기를 하고 싶어요. 용산참사라는 것이 나의 삶에서 어떤 방식으로든 재현되거나 반복될 수 있는 일이고, 그게 개발과 철거라는 상황이 아니어도 말이죠. 그래서 저는 나와 용산참사를 연결해서 고민하는 시간들도 가져봤으면 좋겠다는 이야기를 해주고 싶어요. 청년들의 주거권 문제와 용산참사를 연결해서 이야기해보는 것도 좋을 것 같고요.

청년의 눈으로 본 용산참사와 빈곤

재개발의 블랙박스와 용산참사

자본주의사회에서 돈을 투자하여 더 많은 돈을 버는 것은 당연한 것으로 여겨진다. 자본가들과 투자자들이 돈을 투자하여 더 많은 돈을 버는 과정의 중간에는 가상의 장치가 있는데, 리처드 로빈스에 따르면 시스템공학자들은 이것을 '블랙박스'라고 부른다. 이윤의 창출 과정이 "돈이 더 많은 돈으로 바뀌는 것을 장려하거나 억제하는 사회, 정치, 경제, 이념적 삶의 행태"[3]라는 블랙박스를 경유하면서 많은 부분이 가려지게 된다. 이 과정에서 사람들은 자신들의 행위의 의미를 정확히 파악할 수 없게 된다.

투자 전문가들은 자신들이 부동산을 통해 막대한 이득을 보았음

을 자랑하며 재개발구역이 얼마나 효율적인 투자 대상인지에 대해 역설한다. 이들은 지가가 상승할 지역, 재개발 예정 지역 등을 예상하여 족집게 강의를 열거나 책을 출판하고, 언론 매체는 이들의 이야기를 대중에게 전달한다. 일부 건설사들은 아파트를 분양할 때 주거 공간으로서의 이점보다는 투자 대상으로서의 이점을 강조하여 '시세 차익'을 공공연하게 선전하기도 한다. 주거 공간이나 일상생활을 영위하는 도시 공간은 삶의 터전보다는 투자의 대상으로 변모하는 것이다.

이런 과정에서 재개발로 피해를 입는 사람들의 존재는 지워진다. 이들의 존재를 보이지 않도록 하여 재개발의 블랙박스를 문제없이 작동시키려는 힘이 작동하기 때문이다. 언론과 공권력은 이들의 문제를 비가시화하는 데에 큰 역할을 한다. 철거민들이 자신들의 문제를 알리고 주거권을 주장하며 저항하면 공권력은 이를 물리적으로 제압한다.

언론은 이들의 주장을 약화시킴으로써 대중의 관심으로부터 멀어지게 만들거나 부정적인 인식을 조장하기도 한다. 언론에서는 특히 철거민들이 '전국철거민연합'의 도움을 받았다는 이유로 철거민운동이 순수하지 않다고 주장한다. 이들의 운동이 배후 세력이자 비당사자인 전철연에 의해 선동되어 변질되었다는 것이다. 철거민들이 불순한 배후 세력에 의해 선동된 과격한 집단으로 비춰지게 되면서 대중은 등을 돌리게 되는 것이다.

용산참사와 관련하여 아직 밝혀지지 않은 의혹들이 검은 베일에 가려져 있다. 특히 '어떻게 용산4구역 개발이 이례적으로 신속하게 진행되었나?' 하는 문제에 대해 "시공사인 삼성물산과 조합, 정비 업체와 철거 용역의 커넥션, 삼성물산과 철거 용역 업체인 호람건설 간의 관계, 전직 용산구의원이 ㈜파크앤시티의 회장이 되어서 조합을 컨설팅하는 정비 업체가 된 점, 용산참사 당시 현장을 누비며 경찰로 오인되었던 'POLICIA'라고 적혀 있는 방패를 들고 있던 철거 용역들 등"[5]과 같이 직접적인 '돈의 흐름'은 여전히 가려져 있다.

경찰의 과잉 진압 논란과 대중의 관심을 잠재우기 위한 여론 조작이 이루어졌다. 정치인들과 언론은 망루 농성을 '순수한' 철거민이 아니라 전철연 등 외부 세력이 주도한 것이라 선전했고 개발 과정에서 발생한 철거민들의 권리 침해 사실은 제대로 보도하지 않았다. 경찰은 직접 온라인 여론전에 나섰고, 청와대는 '군포 연쇄살인 사건'에 대한 보도로 용산참사 관련 보도를 덮으라는 지시를 내렸다.[6]

용산참사 유가족을 돕는 행사는 대관처를 구하기 어려운 상황에 처했고, 용산참사를 주제로 한 영화의 개봉이 한동안 가로막히기도 했다. 재개발의 블랙박스 안에서는 집, 상가 등 삶의 공간들이 투자의 대상으로 취급되는 분위기가 조성되고, 재개발로 인해 피해를 입은 철거민들의 목소리는 지워진다. 공권력과 언론은 용산참사의 진상을 대중들에게 제대로 전달하지 않았다. 진상 규명의 노력이나 부동산 투기에 대한 성찰도 많았지만 그렇다고 지금 재개발의 블랙박스가 해체된 것은 아니다.

연대 불협화음이라는 안타까운 현실

연대란 사람들이 긴밀하게 연결되어 함께 무언가를 도모하는 것을 뜻한다. 국가와 같이 거대한 권력에 맞설 때, 사람들 간의 연대는 구성원들이 서로 의지할 수 있는 든든한 버팀목이 될 수 있다. 하지만 〈공동정범〉을 보고 나서, 또 이원호 활동가와의 인터뷰 이후, 다양한 사람들의 '연대'란 복잡한 갈등 지점을 지닌다는 점을 알게 되었다.

용산4구역 개발에 대응하기 위해 망루 농성에 함께 나섰던 사람들은 용산4구역 철거민뿐만 아니라 다양한 지역에서 온 연대자들이었으며 그 안에는 주거 세입자, 상가 세입자가 모두 포함되어 있었다. 권력이 자행하는 개발 때문에 밀려난다는 공통점 하나로 이들은 뭉쳤지만, 단순히 세입자라는 이름으로 외친 연대란 이들을 하나로 엮기에 역부족이었다. 상가 세입자와 주거 세입자가 강제 철거에 대한 저항의식 하나로 뭉쳤다 해도, 그 저항의 단면에는 각각의 이해관계가 개입되기 때문이다.

상가 세입자의 경우 상가 운영에 본인의 생계 문제가 달린 만큼, 적절한 보상을 빠르게 받는 것이 우선시된다. 이들에게는 상권을 찾아 본인의 생계를 유지해야 하는 것이 중요한 문제가 된다. 그러나 주거 세입자의 경우 철거 문제는 일정 기간 동안 살아온 자신의 터전을 떠나는 문제와 직결된다. 철거 문제가 자신에게 다가오는 방식의 결이 너무나도 다른 만큼, 주거 세입자와 상가 세입자는 상이한 이해관계를 가질 수밖에 없다.

농성 참여자들에게 부여된 '공동정범'이라는 죄목은 철거민 간의 연대를 완전히 어긋나게 만들었다. '공동정범'은 2명 이상이 공동으로 동일한 범죄의 요건을 충족시키며 공모한 범행을 가리킨다. 형식상 철거민들에게 법적 책임을 나눠 갖게 한 것이었다. 연대의 마음으로 타 지역에서 온 철거민들과, 용산 철거 문제와 직접적으로 관련된 철거민들의 마음가짐은 다를 수밖에 없고 서로의 조건도 달랐다.

하지만 용산참사로 형사처벌을 받은 많은 사람들 중 상당수는 연대 지역 철거민들이었다. 용산 이외의 다른 지역 출신 연대자들은 자신이 더 큰 피해를 입었다는 생각을 갖게 되었다. 자신의 지역이 아닌 곳에서 싸우다 감옥에 갔던 연대 철거민들은 다시 세상으로 나와 변하지 않은 일상과 마주해야 했다. 용산에서 이루어진 연대는 상흔으로 남아 '누가 더 피해가 큰가'를 두고 상호 원망으로 이어졌다.

용산참사는 국가폭력과 재개발의 문제점을 수면 위로 드러낸 계기였지만 권력은 피해자를 '떼잡이'로 매도하는 프레임을 씌우며 외부적 지지를 차단했다. 그들이 그 근거로 내세운 것 중 하나가 용산 지역 사람이냐 아니냐를 가르는 당사자, 비당사자 기준이다. 사망에 이른 피해자 다섯 명에 대해서도 용산 철거민과 전철연 세력을 나누고 외부 지역에서 온 연대자가 많다는 점을 근거로 들어 용산 망루 농성을 당사자들의 정당한 항의가 아닌 전철연의 불순한 폭력시위라고 비난했다.

이렇게 권리운동의 당사자와 비당사자를 엄격하게 구분하여 비당사자의 발언권을 박탈하려는 태도는 매우 위험하다. 직접적인 피해를 보는 사람만을 당사자로 취급하고 나머지를 비당사자로 구분하는 것은, 직접적인 피해자가 아닌 사람을 해당 문제와 관련이 없는 자로 치부하고 그 피해가 사회 전체와 구조의 문제라는 점을 은폐하기 때문이다.

또한 이른바 '순수한 운동'은 당사자들만의 권리운동이라고 말하지만 실상 당사자들에게는 관련 법이나, 제도, 대응 방법에 대한 정보가 부족한 경우가 많다. '순수한 당사자들의 운동'만을 제대로 된 권리운동으로 인정해주겠다고 하는 것은 부당한 일일 수밖에 없다.

용산참사 피해자들을 향한 부당한 구별과 분절은 이런 현실을 외면한 채 마구잡이로 행해졌다. 외부로부터의 폭력적 재현에 난도질당하고 '공동정범'들 간의 원망과 자책이 뒤엉키면서, 용산참사의 연대는 위태로우면서 비극적인 모습을 보여줄 수밖에 없었다.

"여기, 사람이 있다."라는 외침

이 문장은 용산참사에 관한 자료를 수립하는 과정에서 우리가 가장 처음 만난 문장이었다. 우리는 이 말이 너무나도 상식적이라고 생각한 나머지 특별히 주목하지 않았지만 공부를 진행할수록, 이 말이 얼마나 중요한 함의를 지니고 있는지 깨닫게 되었다.

"여기, 사람이 있다."는 용산참사 발생 당시 남일당 망루의 불구덩

이 속에서 경찰 진압을 당해야 했던 '가난한 사람들의 절규'로부터 태어난 말이다. '재개발 사업의 이익'에 눈이 멀어서, 마치 진공청소기로 먼지를 밀어버리듯 국가는 가난한 사람들을 밀어냈다. "여기, 사람이 있다."는 외침은 이들에게 쏘아대던 국가의 물대포 소리에서 태어난 말이고, 그 이후에는 용산참사에 대한 진실 규명을 하지 않은 채 가난한 사람들에게 공권력을 오남용하고 있는 국가폭력에 대한 '고발의 수사'로 거듭났다. 그리고 오늘날 이 말은 가난한 사람들이 국가폭력에 대항할 수 있는 '저항의 언어'로 자리를 잡아가고 있는 중이다.

용산참사는 말 그대로 '억' 소리 나는 이익을 위해 기획된 '재개발 사업'에서 가난한 사람들이 어떻게 배제되는가를 여실히 보여줬다고 할 수 있다. 한국 사회 자본주의 시스템하에서 인간이라면 누구든 누릴 수 있다고 공공연하게 믿어왔던 공간이 실질적으로는 '부자'에게만 허용되고, '빈자'에게는 일체 허용되지 않는 방식으로 작동한 결과가 바로 용산참사이기 때문이다.

특히 법과 제도는 가난한 사람들의 주거권과 생활권을 보장해주기는커녕 이러한 작동 방식을 공고화하는 수단으로 작동했는데, 한국 재개발 사업의 법 제도 변천사는 이를 증명한다. 데이비드 하비가 지적한 바, "토지가 미래의 지대에 대한 기대에서 파생된 자본의 의제적 형태로, 지대 수익을 최대화하려는 시도는 가난한 사람들을 맨해튼과 런던의 중심부에서 몰아내며 계급 격차는 커지고 주민은 아무 특권도 누리지 못하게" 된 현실이 한국 용산에서도 반복된 셈이다.

"저희도 경찰이나 용역을 미워하는 게 아니에요. 싸우려는 것도 아니에요. 중요한 건 건설사인 삼성이나 이명박 정부예요. 경찰이나 용역을 이용해서 국민들을 속이고 우리를 힘들게 만드는 그들하고 싸우려는 거예요."[8]라고 철거민들은 말한다. "여기 사람이 있다."는 외침은 국가가 은닉하거나 투명인간 취급을 하는 '가난한 사람들의 절규'에서 '국가폭력에 대한 고발'로 그 외연을 사회적인 것으로 확장시킨다. 그리하여 "여기, 사람이 있다."는 문장은 어떤 의미로는 '희망적인 선언'이 될 수 있다.

한나 아렌트에 따르면 공론 영역은 궁극적으로 인간의 행위와 말에 의존하므로, "말과 행위가 일치하는 곳에서 말이 공허하지 않고, 행위가 야만적이지 않은 곳에서 말이 의도를 숨기지 않고, 행위가 실재를 현시하는 곳에서 권력은 실현될 수 있다."[9] 이 말을 상기해본다면, "여기, 사람이 있다."는 용산참사의 절규란 국가권력의 흐름에 균열을 낼 수 있는 하나의 말이자 행위를 통한 '힘'이다.

그러나 이 '힘'은 여전히 위태롭다. 국가가 법과 제도를 통해 가난한 사람들을 '제거'하거나 '박제화'하는 것은 역사 속에서 공공연하게 일어났던 일이며, 가난한 사람들의 목소리가 커질수록 국가 역시 보다 은밀하고 세련된 방식으로 '폭력'을 구축해내지 않으리라는 법은 없기 때문이다.

게다가 국가폭력이 일어나는 와중에 그것을 이용해서 조용히 '사적 이익'을 취하는 사람들 역시 적지 않다. 용산 지역구 4선 국회의원인 진영의 배우자는 2014년 사업이 재개되기 불과 2년 전에 용산 재개발구역의 핵심적인 땅을 매입했다.[10] 8년 동안 재개발 사업이 중단됐던 지역이기 때문에 사업이 재개된 2016년에 비해 부동산 가격이 절반 수준이었을 시점에 구매한 것이다. 결국 진영 의원은 '적절한' 시기에 현금 5억 원을 투자하여 총 32억 5000만 원 상당의 아파트와 상가를 갖게 되었다. 이렇게 진영 의원의 재산이 6배 이상 늘어난 것은 그의 말처럼 정말 우연일까?

현재 박원순 서울시장은 취임 이후 용산참사에 대해 공식적으로 사과했을 뿐 아니라, 시 차원에서 '용산참사백서'를 제작하며 용산참사와 같은 일이 다시는 일어나지 않아야 한다고 입장을 밝힌 바 있다. 그러나 '도시재생사업'은 '주택재개발사업'에서 이름만 바뀌었을 뿐 여전히 모호하고 정책은 좌충우돌하고 있다.[11]

"빈곤의 공간과 공간의 빈곤은 다시금 우리 사회를 흔들 만한 이슈가 되었고 지금도 여전한 이슈"[12]라고 하지만, 과연 어떻게 해야 더 나은 방향으로 나아갈 수 있을지는 숙제로 남은 듯하다. "여기, 사람이 있다."는 외침이 희망'적'인 선언에서 끝나지 않고 희망'의' 선언이 되기 위해서는, 그 외연을 사회적으로 더더욱 확장할 수 있도록 연대와 공감의 '사회적 망'을 구축해야 하지 않을까?

하지만 고백컨대, 한국 사회를 살아가고 있는 20대 대학생인 우리가 용산참사에 대해서 어떻게 연대와 공감의 망을 형성할 수 있을지에 대해서는 아직은 잘 모르겠다. 우리는 "21세기 한국의 대학에서 만남이란 전략적 커뮤니티가 생성과 소멸을 부지런히 왕복하는 형태"[13]로부터 자유로울 수 없음을 고백할 수밖에 없다.

그럼에도 이원호 활동가는 지금도 어딘가에서 "여기, 사람이 있다."는 말을 건네고 있을 것만 같다. 우리가 서 있는 바로 이 자리, 2018년 한국 사회를 살아가는 20대 대학생이라는 이 위치에서, 용산참사와 어떻게 연대를 시작하고 만들어볼 수 있을까? 우선 10주기 해시태그[14](#용산참사_그리고_나)부터 달아보아야겠다.

인터뷰와 조사를 함께 했던 우리들의 목소리를 남긴다.

용산참사가 발생했을 때 나는 중학생이었다. 이번에 이원호 활동가의 인터뷰를 준비하면서 용산참사라는 사건에 대해 처음 알게 되었다. 자료 조사를 하면서 〈공동정범〉, 〈두 개의 문〉 등의 다큐멘터리 영화를 보았고, 영화를 통해 용산참사 피해자들의 이야기를 들으며 그들의 아픔과 억울함에 깊게 공감하게 되었다. 한편으로는 이런 사건에 대해 지금에서야 알게 된 나 자신에 대해 반성하기도 했고, 용산참사 같은 사건이 내 또래의 20대에게 제대로 알려지지 않은 이유가 궁금하기도 했다.

-류수현

용산참사는 한강르네상스를 이루겠다는 정치인의 야심찬 계획에서 시작됐다. 그러나 그 찬란한 계획 속에 사람의 목소리는 담기지 않고, 자본의 목소리와 이윤의 논리만이 존재하게 됐다. 사람을 위한 개발과 개선이 사람을 가려버리는 역설이다. (중략) 용산참사는 모순으로 얼룩진 하나의 비극이다. 그 모순은 여전히 용산참사 피해자들을 가두고 그릇된 이해를 낳는다. 용산참사와 나를 직접적으로 잇는 통찰이 지속되어야 할 것이다.

-김수빈

자본주의 체제의 국민국가 시스템하에서 국가가 더 이상은 국민들을 보호하지 않는 가운데에서 발생하는 폭력이 '가난한 사람들이 있는 현장'에 만연하다는 것을 새삼 깨달을 수밖에 없었다. 부디 본고가 용산참사와 관계자분들에게 힘은 보탤 수 없을지라도 그들에게 방해되지는 않는 기록으로 남길 바라본다. 그리고 10주기를 맞은 용산참사의 진실이 반드시 규명되기를, 우선 나는 "여기, 사람이 있다."는 말을 계속해서 응원할 참이다. 말보다 행동으로.

-권현의

글: 권현의, 김수빈, 류수현

1. 이원호, 2012, 「끝나지 않은 용산의 외침, 강제퇴거금지법 제정하자」, 『월간복지동향』, p.160.

2. 강원도 정선군 사북읍에서 어린 시절을 보낸 이원호 활동가는, "집회 참석을 안 하는 집에는 대문에 빨간색 래커로 엑스 표가 쳐"져 있는 모습을 보거나 "운동가요를 동요처럼 부르고 다녔다"는 기억을 갖고 있었다. 1980년 4월 탄광 노동자와 가족들이 열악한 노동환경과 어용 노조에 항의해 총파업을 벌인 사북항쟁이 그곳에서 벌어졌다.

3. 리처드 로빈스, 김병순 역, 『세계 문제와 자본주의 문화』, 돌베개, p.90.

4. 위의 책, p.92.

5. 이원호, 2015, 「용산참사 6주기, 다시 진실: 기억하고 밝혀야 할 진상규명의 과제」, 『정세와 노동』, p.109.

6. "용산참사 당시 청와대, '강호순 사건으로 촛불 차단' 지시", 국민일보, 2018. 9. 5.

7. 데이비드 하비, 한상연 역, 2012, 『반란의 도시』, 에이도스.

8. 조혜원 외, 2009, 『여기 사람이 있다: 대한민국 개발 잔혹사, 철거민의 삶』, 삶창.

9. 한나 아렌트, 이진우 역, 2017, 『인간의 조건』, 한길사.

10. "용산 4선의원 진영, 용산 땅 10억에 사 32억 분양권", 중앙일보, 2018. 4. 13.

11. "집값 치솟자 놀란 박원순 '여의도·용산 통개발 보류'", 한겨레, 2018. 8. 26.

12. 조은, 2018(2012), 『사당동 더하기 25: 가난에 대한 스물다섯 해의 기록』, 또하나의문화.

13. 조문영, 2017, 「국제개발의 문법을 넘어 사회의 빈곤과 대면하기」, 『헬조선 인 앤 아웃』, 눌민, p.213.

14. 본 글이 쓰여진 시점에는 용산참사 10주기 추모위원을 모집하면서 '#용산참사_그리고_나'라는 해시태그 달기 운동이 추진되고 있었다.

2.
보이지 않는, 지금 여기의 빈곤에 맞서다

빈곤사회연대 김윤영

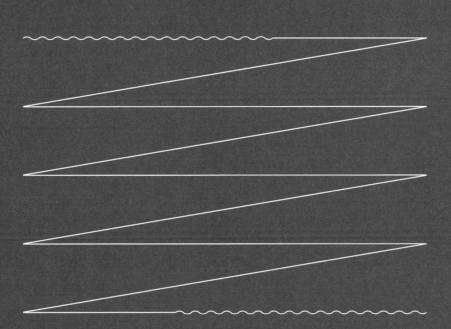

빈곤 철폐를 위한 사회 연대 활동

반빈곤운동의 연대, 빈곤사회연대

1997년 IMF 외환위기 이후 한국 사회 빈곤의 양상도 달라졌다. 구조
조정으로 인한 대량 해고, 실직, 비정규직화가 첨예한 현안으로 등장
했다. '사회적 빈곤', '노동 빈곤' 등이 화두가 되고, 빈곤에 관한 다각
도의 조명과 대응이 요구되었다. 이전에는 빈곤층 일부의 의제로 치
부되어온 '복지' 담론이 인권 및 사회운동의 주요 의제로 부상하기도
했다.

　1999년 제정된 국민기초생활보장법은 기존의 생활보호제도에서
진일보한 것으로, '모든 가난한 국민에게 최저 생계를 보장한다'는 것
을 법의 이념으로 삼고 있다. 그러나 부양의무자 기준을 비롯한 수급

자격 제한으로 법 취지를 실현하지 못하고 있다는 지적이 끊이지 않았다.

기초생활 수급자이자 노점상, 장애인이었으며 한 아이의 엄마였던 최옥란 씨는 기초생활보장제도의 문제점을 온몸으로 증명한 사람이었다. 빈곤을 벗어나기 위해 청계천에서 노점을 하면서도 수급 자격을 유지해야만 의료급여 지원을 받는 모순적 상황에 처했고, 이혼 후 아이의 양육권을 되찾기 위해 돈을 모아야 했지만, 자산이 있다는 이유로 수급 자격 탈락 위기에 놓였다.

그녀는 수급권을 선택했지만 생활비에 미치지 못하는 생계급여 28만 원을 받고 분노하여 국무총리에게 반납하겠다고 나섰다. 2001년 12월 명동성당 '민중생존권 쟁취와 최저생계비 현실화' 농성에 참여하며 헌법 소원을 제출하는 등 행동에 나섰으나 끝내 절망 속에 목숨을 잃었다.

최옥란 씨의 투쟁이 기폭제가 되어 기초생활보장제도를 둘러싼 빈곤 정책의 문제점에 대응하고자 '기초법 연석회의'가 꾸려졌다. 2004년 3월 3일 빈곤사회연대의 모태가 된 '빈곤해결을 위한 사회연대(준)'가 이 회의를 기반으로 탄생했다. 2008년 '빈곤철폐를 위한 사회연대'로 명칭을 변경, 출범한 이래 지금까지 반빈곤운동을 전개하고 있다.

빈곤사회연대는 한국 사회에서 심화되고 있는 빈곤은 개인의 책임이 아니라 빈곤을 확산하는 신자유주의 세계화 정책에 따른 구조적인 문제라는 점을 강조하며 반신자유주의 반빈곤 연대운동을 지향한다. 사회구성원으로서 누구나 누려야 할 기본생활소득, 노동권, 공적 사회서비스 확보가 '민중의 기본생활권' 쟁취를 위한 주요 과제임을 강조하고 있다.

빈곤사회연대는 노점상, 철거민, 홈리스, 장애인 단체, 노동조합이나 인권·시민·사회운동 단체 등 42개 단체가 참여하는 연대 조직으로, 크게 분류하면 생활소득 쟁취를 위한 활동, 주거권·생활권 쟁취를 위한 활동, 공적 사회서비스 확보를 위한 활동, 연대 활동, 정책·교육 사업, 기획·일상 사업을 진행한다.

빈곤 없는 세상, 인간답게 사는 세상을 위해

폭넓은 범위와 의제 가운데서 최근 주로 집중하고 있는 활동은 기초생활보장제도(기초법) 현실화를 위한 활동이다. 2016년 만들어진 '기초법바로세우기공동행동(기초법공동행동)'의 제도 개선안 발의, 정책 변화 감시 활동, 조사·상담 활동 과정에서 빈곤사회연대가 해온 역할은 상당하다.

장애인과 빈민 단체들과 함께 '장애등급제·부양의무제 폐지 공동행동'을 조직해 5년 가까이 싸웠고, 이 농성의 성과를 발판으로 제도 개선을 촉구하기 위해 '장애인과 가난한 이들의 3대 적폐 폐지행동'을 함께 이끌어가고 있다. 빈곤사회연대는 기초법 부양의무자 기준이 빈곤의 책임을 개인과 가족에게 떠넘기는 '적폐'라 보고 폐지를 줄곧 주장해왔다.

정부와 국회는 부양의무자 기준의 단계적 폐지 입장을 내놓았지만, 2018년 현재 주거급여 선정 과정에서만 폐지된 상태여서 생계급여, 의료급여 등 모든 급여 선정 기준에서 부양의무자 기준을 조속히 폐지할 것을 촉구하는 활동은 지속되고 있다. 이 외에도 단체는 최저생계비 현실화를 위한 활동에 동참하고, 매년 발간하는 '복지권리 안내수첩'이나 찾아가는 상담 활동 등을 매개로 기초생활 수급권자의 권리 보장을 위해 힘쓰고 있다.

도시개발 과정에서 주거권, 생존권을 박탈당하는 이들과 연대하면서 가난한 이들의 주거권 보장을 외치는 것도 빈곤사회연대의 주요 과제이다. 전월세 상한제 및 계약갱신 청구권 등 세입자 보호를 위한 임대차보호법 개정에 나서거나 임대주택 확충을 요구하고 매입임대주택 등 주거취약계층의 주거지원 확대를 촉구하고 있다.

관련해서 노점상, 철거민, 홈리스 대중운동을 지지·지원하는 역할을 꾸준히 해오고 있는데, 2009년 벌어진 용산참사 진상 규명 활동에도 지속적으로 동참하고 있다. 최근에는 서울 국일고시원 화재 참사에 대응하며 가난한 사람들이 처한 열악하고 위험한 주거의 현실을 알렸고, 서울 아현동 재건축 개발사업 과정에서 사망한 철거민 박준경 씨의 장례와 대책 마련을 위한 비상대책위원회 활동에도 적극 참여했다.

이 밖에도 빈곤사회연대는 매년 빈곤철폐의 날, 주거의 날 행사를 조직하거나 장애인차별 철폐투쟁을 비롯해 여러 의제에 연대하면서 반빈곤 연대운동을 주도하고 있다. 2016~2017년 촛불집회 등 전 사회적 사안에도 결합해 반빈곤 의제를 알리는 것도 빈곤사회연대의 주요 업무 중 하나이다.

빈곤사회연대는 지금도 빈곤 없는 세상, 누구나 인간답게 사는 사회, 살기 위해 죽음을 떠올리는 사람이 없는 세상을 만들기 위해서 빈곤에 대한 사회적인 책임을 물으며 연대의 큰 길을 만들어나가고 있다.

빈곤사회연대와 김윤영 활동가

I

2018년 11월 22일 저녁, 서울특별시 용산구 빈곤사회연대 사무실에서
박민아, 박에녹, 유혜림, 이은기, 이채윤 그리고 조문영이 묻고,
빈곤사회연대의 김윤영 활동가(여, 30대 중반)가 답한 내용을 기록한 것이다.

'보수적' 고교생이 반빈곤 활동가가 되기까지

빈곤사회연대에서 주최하는 반빈곤 연대 활동은 대학생, 노점상, 철거민, 홈리스, 노동사회단체 등이 함께하며 다양한 빈곤 의제를 현장에서 이야기하고 실천하는 계기를 마련해주었다. 대학에서 사회복지학을 전공한 김윤영 활동가는 학생으로서 반빈곤 연대 활동에 참여하면서 빈곤사회연대를 처음 접하게 되었고 '노실사'[1]의 노숙인 거리상담 활동에 참여하면서 빈곤 문제에 관한 고민을 키워나갔다. 2010년 빈곤사회연대에서 상근 활동을 시작한 후 지금까지 다양한 활동을 이어오고 있다.

스스로 '보수적인' 고등학생이었다고 말하는 김윤영 활동가는 대학

에서 페미니즘 세미나에 참여하고 각종 투쟁의 현장을 접하면서 큰 변화를 겪었다고 했다. '전국학생행진'이라는 학생운동 단체에서 활동하며 비정규직 노동자 투쟁이나 반전평화운동에 열심히 참여했는데, KTX여승무원 투쟁, 기륭전자 해고 노동자 투쟁, 경찰 고용직 노동조합 투쟁, 쌍용자동차 해고노동자 투쟁, 이라크전쟁 파병 반대 활동, 용산참사 진상규명 활동 등을 손꼽았다.

다양한 활동에 참여하는 과정에서 페미니즘의 문제의식을 놓치지 않으려고 노력했다고 한다. 여성주의 교지 활동에서 학내 총여학생회 연대에 이르기까지 성차별, 성폭력 문제로부터 자유롭지 않은 학생운동, 민중운동의 활동 방식을 변화시키기 위해 노력을 기울였던 일은 지금껏 중요한 원칙으로 남아 있다고 말했다.

현재 김윤영 활동가는 빈곤사회연대 사무국장으로 바쁜 나날을 보내고 있다. 빈곤이 가시적인 현상으로 드러나기 이전 개개인이 겪어온 반복된 실패나 무력감은 복합적인 사회구조적 환경이 중첩된 결과라는 메시지를 전하기 위해 노력한다는 그녀는 2014년 송파 세 모녀 사건에 관한 책 『죄송합니다, 죄송합니다』를 펴내기도 했다.[2] 기초법의 문제점과 빈곤층의 현실을 드러내면서 빈곤화 과정이 가난한 이들에게 남기는 복합적인 상흔을 사회문제화하기 위해 힘쓰고 있다.

연대운동으로서의 반빈곤운동

빈곤사회연대는 홈리스행동을 비롯한 여러 반빈곤운동 단체들과 사무실을 공유하고 있다. 낡은 주택의 방 하나를 사용하는 빈곤사회연대 사무 공간은 예상과 달리 아주 작고 활동가 수도 많지 않았다. 사전 조사를 통해 살펴본 대외적 이미지가 뚜렷한 주관과 강인함이었다면, 실제로 만나본 김윤영 활동가는 친근하고 따뜻했고, 자신의 이야기를 차분히 전달하는 사람이었다.

 빈곤사회연대는 다양한 반빈곤 의제를 다루는 연대체라고 들었습니다. 홈리스, 장애인 등 당사자를 중심으로 한 대중운동 단체나 특정 사안에 대응하는 사회운동 단체와 또 다를 것 같은데 어떤 역할을 하고 계신가요?

 빈곤사회연대는 어떻게 보면 연대체이고, 어떻고 보면 사회단체예요. 빈곤운동의 여러 의제를 모아서 함께 제기하거나 특정한 사건이나 사안에 대해 철거민, 장애인, 홈리스 등의 주체들과 함께 공동 집회를 하면서 사회적 발언과 요구안을 모아내는 코디네이터 같은 역할을 하기도 하죠. 한편으로는 기초법을 비롯해 여러 빈곤 문제에 대해 직접 자기 목소리를 내기도 하니 사회단체로 인식되는 경향도 있어요. 부양의무자 기준이나 기초연금 문제 등의 입장을 다룰 때는 사회단체처럼 활동하고, 청량리 철거 문제나 노량진 수산시장 문제 등에 대해서는 관련 단체들과 논의해서 함께하기도 해요. 성격이 다소 중층적이고 굉장히 다양한 사람들이 모여서 반빈곤의 관점에서 함께 이야기한다는 점이 빈곤사회연대의 특징이에요. 공동의 입장을 만들기 위해서 빈곤사회연대의 입장을 전달하기도 하죠. 판단이 어려운 문제들에 대해 시기마다 계속 고민하고 사무국 활동가나 관련 전문가, 활동가들과 토론하면서 입장을 예리하게 만들려고 노력해요. 부양의무자 기준 폐지에 대해서도 사실 시민사회단체들 간의 합의가 잘 이뤄지지 않기도 했는데, 그런 문제들을 중재해왔어요. 매번 하나의 입장으로 모아지는 것은 아니지만 접점을 찾으면서 합의를 만들어나가기 위해 노력하고 있어요.

 그런 합의를 만드는 과정에서 참가 단체를 더 늘리려고 하나요?

 참가 단체를 늘리려는 의식적인 노력을 하지는 않아요. 현재의 참가 단체들도 오랜 역사를 거쳐 서로의 쟁점을 갈고닦아 지금까지 온 것이기 때문에, 참가 단체가 느는 게 빈곤사회연대 역량 증대로 직결되는 문제는 아니에요. 함께할 계기가 있으면 모이고, 지속적으로 연대하는 것이 더 효율적이라고 판단되면 연대 단체로서 만나는 거죠. 예를 들어, 청년 주거권운동을 하는 '민달팽이 유니온' 같은 단체가 빈곤사회연대의 참가 단체는 아닌데 함께 연대하는 사안은 많거든요.

 국가에서는 복지제도를 통해 빈곤을 완화하겠다면서도 노동을 강요하고 자활을 강제한다거나, 복지 수급자에 대한 '열등 처우의 원칙'을 내세우잖아요. 빈곤과 복지의 관계 자체가 고민되는 지점인데요, 빈곤사회연대는 '기초법공동행동'을 운영하거나 부양의무제 폐지를 위한 활동을 펼쳐오시면서 어떤 고민을 갖고 계시나요? 또 '반빈곤'이란 상당히 포괄적인 개념인 것 같은데, 어떤 사안에 주목하고 계시는지요?

 빈곤사회연대는 복지운동 단체가 아니라 반빈곤운동 단체예요. 복지를 더 나은 수준으로 만들면 빈곤을 완전히 해결할 수 있다고 생각하지는 않아요. 빈곤 철폐라는 것은 빈곤을 발생시키는 사회구조의 변화가 있어야 하니까요. 예전에 이런 말을 하는 사람도 있었어요. "너네는 빈곤을 만드는 사회구조를 다 바꾸자고 하면서, 혁명사회연대라 그러지 굳이 빈곤사회연대라고 그러냐." 그래서 "그럴 수도 있겠네요." 했죠. 1997년 외환위기 이후에 등장한 새로운 빈곤 문제에 대한 대응과 고민에서 빈곤사회연대가 시작된 흐름이 있잖아요. 이전에는 빈곤 문제를 단일한 주체의 운동으로 고려하지 않았고, 빈민이라는 주체를 빈곤과 함께 묶어서 고려하지 않았지만, 이제는 '반빈곤운동'이라는 범주로 구조 안에서 개인들이 겪고 있는 목소리를 더 크게 들리게 해야 한다는 고민이 같이 있었던 거죠. 그래서 스스로를 복지 단체로 보지는 않아요. 복지에 관한 문제를 다루기도 하지만, 그것이 복지국가를 건설하기 위한 것이 아니라, 빈곤을 철폐하기 위한 '과정'인 셈이에요.

'반빈곤'이 뭐냐는 질문을 많이 받기도 해요. 저희는 '자본주의사회에서 필연적으로 발생하는 빈곤을 어쩔 수 없는 것으로 받아들이는 것이 아니라 맞서서 저항해야 한다.'고 정의해요. 경쟁이 심화되는 신자유주의 체제하에서 빈곤이 확산되고 있는데, 이에 맞서 어떻게 싸울지, 빈곤의 당사자들은 자신의 목소리를 어떻게 낼지, 누구와 함께 연대할지, 어떻게 빈곤 문제를 해결하고 세상을 바꿔나갈 것인지 고민해야 한다는 생각이 '반빈곤'에 담겨 있어요.

반빈곤운동의 과제로 최근에 가장 주목하는 사안은 무엇인가요?

 최근에는 주거문제에 대해 많이 이야기하려고 해요. 공공임대주택 확대를 비롯해서 시장을 통제할 수 있는 정책들에 제안을 내놓고 있어요. 부동산이 한국의 빈곤 문제를 가로지르는 굉장히 중요한 문제임에도 빈곤 문제와 결부되어 제대로 된 문제 제기가 이루어지지 못하고 있어요. 불평등한 소유 구조와 그로 인해 박탈당하는 주거권의 문제를 어떻게 함께 해결할 수 있을지가 최근 빈곤사회연대의 중요한 화두 중 하나예요. 주거권이 이윤을 위한 도시 개발과 왜 양립할 수 없는지 이야기하려 노력하고 있어요.

'지금 여기'의 보이지 않는 빈곤

우리 사회에서 빈곤은 소수의 문제로 다뤄지고 있다. 미디어에서 빈곤은 '극빈'과 '불쌍한 사람'으로 그려지기도 하며, 동시에 '자활'을 위해 노력하지 않는 '의존적 인간'으로 그려지기도 한다. 빈곤사회연대는 이러한 빈곤의 재현에 맞서서 빈곤에 처한 사람들의 직접적인 목소리를 조직하거나 사회구조나 제도상의 문제점을 알리기 위해 노력해오고 있다.

 우리 사회가 가난한 사람들을 대하거나 그리는 방식에 문제가 많은데요, 왜 그런 시각이 생겨나는 걸까요? 또 빈곤에 대한 재현 문제는 어떻게 이루어져야 한다고 생각하세요?

 약자성이라는 게 그렇잖아요. 이 사람이 가진 개인적인 특질을 집단 전체로 덮어씌울 수 있는 것처럼 여겨지는 것 자체가 약자에 대한 사회의 태도예요. 예를 들어 서울역에 다양한 노숙인들이 있지만 그중 한 명만 술에 취해 있어도 "역시 노숙인들은 다 술을 먹는다."라고 하거나, 한 명만 싸워도 "저 사람들 저래서 안 돼."라고 이야기하죠. 그런 인식들은 아쉽지만 그렇다고 인식개선 캠페인을 해서 바꿀 문제는 아니에요. 빈곤 상황에 대한 이해가 넓어지는 건 중요하지만, 그건 캠페인으로 되는 문제가 아니라 빈민들이 사회 구성원으로서 살아갈 수 있게 될 때 가능한 거라고 생각해요. 많은 경우 빈곤층을 빈곤한 상황에 따른 결과로만 간주하죠. 사실 가난한 사람들의 현재 모습만을 보고 그 사람 전체를 알 수는 없어요. 이 사람이 지금까지 어떤 일들을 겪어 왔는지, 어떤 실패와 성공을 경험했는지, 무엇이 이 사람의 장점이고 욕구인지 이런 것들을 알 수가 없잖아요.

실제로 제도가 빈민의 상황을 가려요. 기초생활수급자 내에서 근로능력 유무를 갈라 근로능력이 있다고 판단되는 수급자에게는 주어진 일자리에 참여해야 급여를 주겠다고 하죠. 일자리를 주고 난 뒤에도, 이 일에 의존할 가능성이 크다고 생각해서 3년 이상은 참여하지 못하게 해요. 그런데 수급자 개인들의 사정을 들여다보면, 현재 그 일을 하기 적당한 상황이 아닌데 특정 일자리를 강요받는 경우도 있고, 반대로 그 일을 계속하고 싶은데 '이 특정 일자리에만 의존하고 있으니 문제라며 무조건 (제도 밖으로) 나가야 한다'고 통보받는 경우도 있어요. 그러면서 전자는 일하기 싫어한다, 후자는 주어진 일에만 의존한다는 혐의를 받는 거예요. 그러니 사람들의 인식 때문만이 아니라 제도가 가난한 사람들에 대한 편견을 적극적으로 만들고 있는 셈이에요. 부양의무자 기준도 마찬가지예요. 우리들은 가족을 얼마나 책임질 수 있나요? 부양의무자가 자기 소득의 30퍼센트 수준의 부양을 책임져야 한다고 법으로 강제하고 있는데 이건 말이 안 되죠. 평균임금을 받는 노동자나 중산층 다수도 이렇게 할 수 없잖아요. 이 역시 '빈곤층은 사회에 의존한다'는 인식이 깔려 있는 거예요. 이런 제도를 변화시키는 과정이 필요해요.

빈곤에 처한 사람들과 빈곤 당사자들의 요구를 모아내는 것이 중요하다고 말씀하셨어요. 홈리스야학에서 빈곤 당사자인 학생분들을 만나면 당신이 처한 상황이 당신 개인의 무능에서 비롯된 문제가 아니라는 것을 얘기하고 싶어도 그렇게 받아들이기를 어려워하시는 것 같아요. 빈곤사회연대에서 빈곤 당사자를 만나는 방식은 어떤가요?

예를 들면 저는 장애운동과 빈곤운동이 차이가 있다는 생각이 들어요. 장애운동은 '장애인'이라는 부정적인 자기 정체성에 대한 인식이 운동을 통해서 긍정적으로 변화하는 과정이잖아요. '온전한 나'로 인식하고, 나 자신을 부정적으로 인식하게 만드는 사회에 대한 비판으로 이어져요. 그런데 빈곤운동의 경우에는 그게 어려워요. 우리 사회가 자본주의사회이기 때문에 '빈곤'이라는 건 총체적인 박탈의 상황을 의미하고, 그런 상황에서 긍정적인 자기 인식이나 '긍정적인 빈곤층'으로서의 귀속감을 가지기는 어려운 것 같아요. 사회를 향한 몇 가지 선언이나 서로에 대한 약속만으로 가능하진 않고요. 그럼에도 불구하고 사람들은 자신을 사람대접한다는 게 뭔지는 알아요. 어떤 공간이 자신을 환영하는지에 대한 감각은 우리 모두 다 살아 있는 것이기 때문에, 힘들고 괴로울 때 같이 옆에 있는 거죠.

활동하시면서 빈곤 상태에 놓인 사람들의 삶을 계속 마주하시잖아요. 불평등한 구조에 대해 분노하고 분노가 활동 의지로 이어질 수도 있겠지만 무력감이 들기도 할 것 같아요.

맞아요. 무력감을 느끼기도 하죠. 그래도 '아, 여기서 활동해서 좋다.'고 생각하는 이유 중 하나는, 자신의 문제를 스스로 해결하려는 사람들과 함께한다는 점이에요. 여기서 싸움을 하는 사람들은 사회구조적인 문제를 삶의 현장 안에서 적극적으로 이해하고, 자기주장을 통해서 사회와 대결하는 사람들이에요. 돌부리가 계속 튀어나오고 뭐 하나 쉽게 이루어지지는 않지만, 구조적 문제들을 자신의 것으로 붙잡고 삶 가운데로 가져가는 사람들을 보는 건, 그런 이들과 함께할 수 있다는 건 좋은 일이에요.

정말 힘들었던 순간은 2010년에 통합전산망이 도입되고 나서였어요.[3] 일제조사가 시작되고 하루 걸러 하루씩 자살하는 수급자의 소식이 들려왔어요. 그때는 정말 아무것도 할 수 없다는 게 암담했어요. 2012년에 광화문에서 농성⁴을 시작하고 나서 좋았던 것은 싸우는 사람들이 눈앞에 생겼다는 거예요. 그 전엔 기초생활수급자들은 개별로 흩어져 있고 목소리가 모일 수 있는 공간이 없이 각자의 방 안에서 혼자 죽어갈 수밖에 없는 상황이었어요. 하지만 '광화문 농성장'이라는 물리적인 공간이 만들어짐으로써 '여기에 싸우는 사람들이 있다'는 사실이 싸움을 지속시키는 동력이 되었어요. 몇 년씩 싸우다 보니 할아버지, 할머니들이 사무실로 전화를 하는 경우도 있었어요. "거기 부양의무……폐지 협회죠?", "부양자 폐지 모임이죠?" 등 다양한 이름으로 연락을 하시는데, 싸움을 하는 사람들이 있다는 게 알려진 효과였어요. 정책이 잘못됐다는 인식이 확산되면 빈곤에 처한 당사자들이 자신을 탓하면서 홀로 죽음을 선택하는 가능성에서 멀어질 수 있다고 생각해요. 그래서 농성장이 생겼을 때 힘들기도 했지만 정말 좋았어요. 우리가 '존재하지 않는 사람'이라고 더 이상 아무도 얘기할 수 없으니까요. 그 싸움의 성과에 기뻐할 수도 있었고요. 최근에 주거급여법이 개정되면서 부양의무자 기준이 법률안 전체에서 삭제됐어요. '이까짓 게 뭐라고!'라는 생각이 들면서도, 부양의무자라는 말이 법안 전체에서 사라진 것을 봤을 때 정말 기분이 좋았어요.

활동가의 동력은 나쁜 세상에 대한 분노

김윤영 활동가는 활동을 지속하게 만드는 동력의 70퍼센트는 분노라고 말했다. '이놈의 세상 너무 나쁘기 때문에 가만두면 안 돼!'라든지 '너무 화가 나고, 너무 말이 안 된다!'는 식의 분노가 스스로를 계속 활동하도록 만든다는 것이다. 또 하나의 동력은 활동을 같이하는 사람들이라고 했다. 함께 어떤 문제를 발견하고, 해결하기 위해 함께 노력하는 과정이 중요하다는 것이다. 그녀는 좋은 사람들을 많이 만난 자신이 운이 좋았다고 말했다. 활동비를 어느 정도 살 만한 수준으로 현실화하고, 휴가나 안식월 제도를 도입하는 등 활동가가 재생산할 수 있는 구조를 만드는 것이 활동을 이어나갈 수 있게 하는 중요한 힘이라는 이야기도 덧붙였다.

 여성 활동가로서 겪는 어려움은 없으셨는지 궁금해요. 거리상담 활동 같은 때 불편하거나 난처했던 적은 없었나요?

 사실 좀 전에도 아저씨들이랑 엄청 싸웠어요. ('아랫마을'에서는 빈곤사회연대, 홈리스행동 등의 활동가뿐만 아니라 홈리스야학 학생이 함께 식사를 한다) 같이 저녁을 먹고선 세 명이서 한 언니한테 설거지를 몰아준 거예요. 아저씨들한테 뭐라고 하고 성찰하라고 했어요. 저는 활동가이다 보니 약간의 위계가 있어요. 권력이 없다고 하면 거짓말인 거죠. 제가 단체를 운영하고 결정을 하는 사람이라는 걸 당사자분들이 은연중에 알 수밖에 없고, 자원 활동가나 다른 동료 여성들에게 대하는 것처럼 똑같이 저를 대하지 않아요. 그렇다고 해서 이게 바람직한 건 아니니까, 예민하게 잘 생각을 해야죠.

처음에는 이 공간을 같이 쓰면서 당사자분들과 거리를 두고 '내가 활동하는 공간을 침범당하지 않아야겠다.'는 생각을 했어요. 저 하나 편하자고 했지만 좋은 방식은 아니에요. 그래서 공동체 룰을 만드는 게 중요해요. 활동하면서 여러 가지 일들이 있고 문제도 끊임없이 발생하겠지만, '당신이 어떤 사람이건 이곳은 이런 공간이다.'라는 점을 합의하고 인식시키는 게 필요해요. 이 사람에게도 공동체의 규칙이 받아들여질 수 있도록 끊임없이 노력해야 하고요. 원래 아랫마을을 처음 만들었을 때는 여기 활동가들과 교사와 학생들 전원이 인권교실 강좌를 다 같이 들었어요. 반성폭력 내규안이라든지 여성주의 교육 관련해서도 항상 같이 교육받고 토론하니까 서로 합의할 기회들이 많이 있었어요. 그런데 최근 몇 년 동안은 구체적인 노력을 많이 하지 못하고 있어요.

예전에 거리 상담하러 다닐 때는 거리에 계신 분들과 (술) 한 잔씩 했어요. 그냥 가능했던 것은 아니고 '여성 활동가를 아가씨라고 부르면 안 된다.' 등으로 규칙을 세우고 저뿐만 아니라 함께하는 모든 활동가들이 함께 이야기했어요. 만약 저 혼자라면 그렇게 하기 힘들었을 거예요. 사실 쉽지 않은 일이죠.

김윤영 활동가님이 지향하고 꿈꾸는 세계를 표현한다면요?

꿈꾸는 세계…… 잘 모르겠어요. 빈곤사회연대는 '빈곤 없는 세상'이라고 이야기를 하는데요. '이런 세계 정도면 받아들일 만하다.'고는 생각해본 적이 없어요. '임금 격차 있을 수 있어, 근데 이렇게나 많이 나야

해? 1000배씩이나 진짜 나야 해?'라는 생각이 들면 '줄여야겠다!'고 생각하게 되는 거죠. 그러니까 '이런 세계면 될 것 같아.'라기보다, '지금 현재 이런 것들은 잘못되지 않았나?'라는 생각을 해요. 예를 들어 전장연(전국장애인차별철폐연대)에서 탈시설을 계속 얘기하고 있지만, 탈시설화된 세계가 어떤 세계인지에 대해 확실하게 말을 하긴 어렵잖아요. 지금의 세계가 아니기 때문에 완벽하게 설명하긴 어려운 거예요. '빈곤 없는 세상'도 비슷해요. 빈곤이 철폐된 세상이 무엇인지에 대해서 긍정형으로 문장을 만들어 이야기하기는 너무 어렵고, "그것을 향해서 계속 나아간다."고 이야기하면서 과정을 통해 다가가는 거죠. (우리가 살아가는 사회가) 최소한 사람들이 가난하다는 이유로 죽음을 결심하는 사회는 아니었으면 좋겠어요. 최근 건강 관련 설문조사에서 암이 발생했을 때 어떤 점이 가장 걱정되냐고 물어보면, '죽을까 봐 걱정된다.'는 대답보다 '가족들이 가난에 빠질까 봐 걱정된다.'는 대답이 더 높게 나온다고 해요. 적어도 그런 상황은 잘못되었다고 봐요.

빈곤 없는 사회를 꿈꾸며

보이지 않는 빈곤, 연대가 어려운 이유

빈곤에 대한 사회적 인식은 빈민의 약자성을 반영한다. 사회적 소수자의 경우, 한 사람의 개인적인 특질이 집단을 대표하는 특성으로 일반화된다. 김윤영 활동가는 빈곤한 상황에 처한 사람들에 대한 혐오와 부정적인 프레임이 "인식 수준에 그치는 것이 아니라 제도에서도 적극적으로 재현되고 있다."고 지적했다. 소득 인정액, 부양의무자 기준, 근로능력의 유무 등 국가가 만든 엄격한 기준에 따르지 않으면 '국가에 의존적'이라거나 '노력하지 않는 사람'으로 낙인찍는 것이 이를 증명한다.

한편 빈곤의 재현이 빈민의 비극적인 모습만을 조명하거나 대상화할 때도 편견은 강화된다. 가난한 이의 삶과 신체는 빈곤이라는 무대에 배치되어 소품처럼 활용되기도 한다. 심지어 '빈곤 포르노'라는 말까지 나온다. '무기력한', '베풂이 필요한' 자극적인 이미지 또한 문제적이다. 제도가 낳는 낙인과 차별, 왜곡된 빈곤 재현이 만들어내는 편견은 빈곤을 '보이지 않게' 하고 연대를 가로막는다.

왜 빈곤을 '우리'의 문제로 여기지 않을까? 김윤영 활동가는 '의존하는 인간'에 대한 혐오가 빈곤과 일상을 분리하는 요인으로 작동한다고 지적했다. 임금노동을 하지 않는 자에게 시민으로서의 권리를 부여하지 않는 자본주의경제 시스템은 빈민에게 자립을 요구하며 경쟁 질서로의 편입을 강제했다. 근대 자본주의 체제에서 낙오된 소수의 시민들은 복지제도와 공동체에 의존함으로써 생존을 유지할 수 있었다.

이러한 맥락에서 '의존'은 노동의 '의무'를 다하지 않은 이들에 대한 비난의 언어와 등치되었다. '의존', '자립' 이분법의 시작이었다. 근대 자본주의 체제의 배제가 노동력 과잉에서 비롯되었다면, 신자유주의 체제는 '효율'이라는 미명 아래 저임금 노동자와 실직자를 양산해나갔다. 파편화되고 잉여화된 시민들은 경쟁과 불안을 업으로 삼으며 서로를 감시하기 바쁘다.

청년들은 이런 현실에서 자유롭지 못하다. 2018년 8월 기준 대졸 실업자는 50만 명을 넘었으며 그중 3분의 2가 청년이다.[5] 경쟁과 불안을 체화하며 자라온 청년 세대들은 안정된 직장을 찾는 데 몰두한다. 노동력 상품으로서 인정받기 위해 시간과 자원을 쏟아붓는 과정에서 '노력'은 윤리와 신념에 가까운 것이 되어버렸다. 노력하지 않는 자에 대한 비난은 마치 인간성에 대한 심문처럼 되어버렸다.

TV에 등장하는 기구한 사연의 약자는 불쌍하지만, 구조적 불평등을 비판하며 자신의 권리를 외치는 사회적 약자들은 '생떼'를 쓰는 존재다. 그들이 경험한 삶의 맥락과 조건은 중요하지 않다. 내 삶의 고단함에 대한 분노는 약자에게 향한다. 하청 비정규직 노동자를 죽음으로 내모는 신자유주의보다 소수자의 의존성을 무임승차라 일컬으며 분노한다.

"'의존'은 일종의 속박, 굴레의 형태로 여겨지며, 자유와는 완전히 상반되는 것"이라는 제임스 퍼거슨의 지적은 이러한 현실을 간파한 것이다.[6] 의존하고 연대하는 공동체의 부재가 당연한 사회에서는 차별과 고통은 구조의 문제가 아니라 개인의 책임으로 환원된다. 어떻게든 적응하고 노력하는 것만이 능사인 것이다.

'지금 여기'의 빈곤에 어떻게 연대할 것인가

김윤영 활동가는 "힘들고 괴로울 때 같이 옆에 있는" 것의 가치를 언급했다. 단지 '착한 사람'의 발언이 아니라 빈곤 당사자와의 동지적 입장을 강조하는 게 아닐까? 오랜 반빈곤운동 과정과 "싸우는 사람들이 눈앞에 보였다."고 말한 광화문 농성의 경험 등이 그런 인식을 뒷받침하고 있다.

"이제는 '반빈곤운동'이라는 범주로 구조 안에서 개인들이 겪고 있는 목소리를 모으고 있거든요. 빈곤사회연대라는 단체가 마이크의 역할을 해서 빈곤 당사자들의 목소리를 더 크게 들리게 해야 한다는 고민이 같이 있었던 거죠."

청년이자 대학생인 우리에게 빈곤의 마주침은 그녀와 사뭇 다른 것일 수 있다. '빈민'은 지속적인 관계 맺음보다는 스펙 쌓기의 봉사 활동, '사회공헌'적 기업 활동의 일부로 초대되며 단편적인 만남에 머물 가능성이 높기 때문이다. 우리가 강의실에서 접하는 빈곤은 막연하고, 빈곤 당사자는 모호한 집단처럼 느껴졌다. 단편적이고 피상적인 이해로는 사회복지와 빈곤의 관계를 넘어서는 상상에 다다르기 힘들 것이다. 따라서 우리는 '지금, 여기의 빈곤'을 제대로 보고 만나야 한다.

조반나 프로카치는 '사회적 빈곤' 담론의 목표를 "불평등의 제거가 아니라 차이의 제거"라고 이야기했다.[7] 각종 제도, 정책, 기관이 사회적 빈곤을 '발명'함으로써 구조적 폭력과 불평등에 대한 저항과 문제 제기는 지워지고, '빈민'을 집단화, 범주화하면서 통치 권력을 강화한다는 지적이다.

오늘날 빈곤 통치의 주 매개는 사회복지다. 빈곤사회연대는 상술하였듯 반신자유주의운동을 지향하며, 스스로를 '반빈곤운동 단체'로 규정한다. 이들이 외치는 '빈곤 철폐'는 어느 가난한 개인이 빈곤한 상태에서 벗어나는 것뿐만 아니라 '빈곤을 발생시키는 사회구조의 변화'를 목적으로 한다. 빈곤사회연대의 반빈곤운동은 개인을 빈민이라는 특정 인구 집단, 사회보장의 수혜자로 환원하는 사회적 빈곤 담론에 반대한다.

동시에 이들은, 복지제도가 없으면 생존을 영위할 수 없고, 제도의 한계에 부딪혀 유명을 달리하는 숱한 가난한 사람들의 현재적 삶을 이야기하고 있다. 반빈곤운동이 제기하는 복지에 대한 권리란 복지 국가 그 자체를 목적으로 하지 않으며, 빈곤을 양산하는 구조를 철폐하는 과정의 일부로 인식한다. 구조의 모순으로 인해 가난으로 내몰린 삶이 지금 어딘가 실존하고 있기 때문이다.

그럼에도 빈곤이 철폐된 세상을 향해 꿈꾸고 운동하는 과정에서, 사회복지란 어떤 위치를 점하고 어떻게 기능하고 있는지는 끊임없이 되물어져야 할 것이다. 반빈곤운동은 빈곤이 없는 사회를 향해가는 운동인 한편, '지금, 여기' 빈곤 상태에 놓인 개인의 삶의 권리를 위한 투쟁이다.

차이를 넘어서(여성 X 운동)

"당시에 페미니즘운동을 열심히 하려고 노력했어요. (중략) 민중운동과 페미니즘운동이 교차가 되는 거예요. 페미니즘 세미나에서 총여학생회 언니들이 이야기했던 문제들, 그러니까 민중운동이나 학생운동 진영은 성폭력과 성차별 문제가 많고, 젠더 감수성이 부재하고, 대표자는 전부 남성이라는 등의 비판점이 저와 비슷했어요. 하지만 저는 민중운동이라고 할 수 있는 학생운동 진영 안에서 그렇지 않은 방식으로 제 활동을 만들어가려고 노력했고 그게 중요한 부분이라고 생각했어요."

김윤영 활동가의 삶의 궤적은 "성차별과 그에 근거한 착취와 억압을 종식시키려는 운동"으로서의 페미니즘과[8] 민중운동이 교차되는 현실을 보여준다. 민중운동을 하면서도 페미니즘운동에 꾸준히 참여해온 그는 페미니즘을 통해 처음으로 구조적으로 세상을 바라보기 시작했다고 답했다. 실제로 수많은 페미니스트들은 운동 현장에서 성차별과 계급 착취의 문제를 함께 목도하며 차별이 교차되는 현실을 폭로해왔다.

인터뷰를 진행하기 전에 설거지 문제로 아저씨들과 싸웠다는 활동가의 얘기는 빈곤 당사자 사이에서도 일상적인 젠더 위계가 존재할 수 있음을 시사한다. 실제로 반빈곤운동과 페미니즘운동은 다른 차원의 의제를 다루는 것이 아니다. 같은 빈곤층이라도 젠더, 나이, 인종, 장애 여부 등에 따라 생애 경험이 다르기 때문이다. 이상을 꿈꾸는 운동은 약자의 목소리를 제한하는 차별 구조가 구체적으로 어떤 조건에서 시작하고 있는지 질문해야 한다.[9]

자본주의사회에서 차별이 계급 구조와 연계돼서 발생하는 것과 마찬가지로, 가부장제 사회는 젠더라는 의미 체계를 경유할 수밖에 없다. 따라서 반빈곤운동의 현장에서 어떤 사람들이 어머니, 아내, 딸의 역할을 수행하는지, 돌봄과 감정노동 영역에서 섬세한 역량이란 어떻게 학습되는지 주의를 기울여야 한다.

"룰을 만들었죠. '여성 활동가를 아가씨라고 부르면 안 된다' 등의 규칙이 있는데 나 혼자 주장하면 안 되고, (중략) 제가 만약에 혼자 있었으면 못했을 거예요." 윤영 활동가는 남성 중심적 활동의 경계에서 다시금 '저항'과 '연대'의 중요성을 강조했다. 동료와 함께 부대끼면서 차이를 기반으로 현장을 섬세하고 치열하게 바꿔나가야 한다는 것이다.

우리는 모든 인간이 단일한 범주로 환원되지 않으며, 반빈곤운동이 포괄할 수 없는 삶의 지형이 있다는 사실을 기억해야 한다. 한 범주의 집단이 동일한 행동, 경험, 관점을 공유할 수 있다는 믿음은 특정한 자원과 규범을 갖추지 못한 이들을 배제함으로써 또 다른 차별을 양산할 수 있기 때문이다. 페미니즘 운동의 역사가 '차이'와 '평등'의 언어로 인간 범주의 경계를 확장시켜온 것처럼, 반빈곤운동 또한 차이를 넘어서 서로에게 가닿을 수 있는 운동이 될 수 있길 바라본다.

글: 박민아, 박예늑, 유혜림, 이은기, 이채윤

1. 홈리스행동의 전신. 7장 참조.

2. 2014년 2월 26일 서울 송파구 석촌동에서 세 모녀가 사망하였다. 어머니의 식당 노동과 작은딸의 아르바이트로 생계를 이어오던 중 어머니가 팔을 다친 뒤 일을 하지 못하게 되자 지병을 앓아오던 두 딸은 병원치료도 포기하고 일가족은 생활고에 시달렸다. '소득인 정액'이 최저생계비보다 많고 '근로능력'이 있다는 이유로 기초생활수급자로 선정되기 어려운 조건이었던 이들에게 접근 가능한 복지제도는 없었다. 이들은 월세가 담긴 봉투와 "죄송합니다"라는 말을 남긴 채 번개탄을 피워놓고 목숨을 끊었다. 이후 국회에서 기초생활보장법 개정안 등 일명 '송파 세모녀법'이 발의되어 통과되었으나 제도의 보완점은 여전히 남아 있다(김윤영·정환봉, 2014, 『죄송합니다, 죄송합니다』, 북콤마).

3. '행복e음' 제도를 가리킨다. 2010년 2월 이명박 정부가 도입한 사회복지통합전산망으로, 복지 수급자 관리를 목적으로 이들에 대한 일제조사를 시행했다. 이 제도가 도입된 후 2년간 41만 명의 기초수급자가 지원 대상에서 탈락했다.

4. 2012년 8월 12일부터 1831일간 광화문 지하 역사에서 진행된 '장애등급제·부양의무제 폐지 공동행동' 농성을 가리킨다. 장애등급제, 부양의무제, 장애인 수용시설 정책 폐지 약속을 정부로부터 받아내는 성과를 이루었다.

5. "강자 아닌 약자 향해⋯ 거꾸로 흐르는 분노", 경향신문, 2017. 10. 8.

6. 제임스 퍼거슨, 조문영 역, 2017, 『분배정치의 시대』, 여문책, p.256.

7. 조반나 프로카치, 이승철 외 역, 2014, 「사회경제학과 빈곤의 통치」, 콜린 고든 외, 『푸코 효과』, 난장.

8. 벨 훅스, 박경애 역, 2002, 『행복한 페미니즘』, 백년글사랑, p.9.

9. 벨 훅스, 이경아 역, 2008, 『벨 훅스, 계급에 대해 말하지 않기』, 모티브북, p.149.

3.
마을에서 일군 또 하나의 사회
논골신용협동조합 유영우

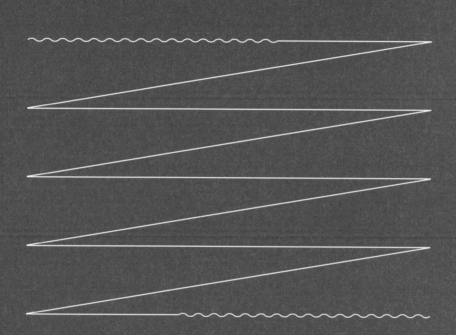

재개발 철거반대 투쟁에서
피어난 주민활동

서울시 도시계획이 양산한 수많은 철거민

서울의 대표적인 '달동네' 중 하나였던 성동구 행당동의 철거민 투쟁사를 담은 다큐멘터리 〈행당동 사람들〉(1994)은 '개발'이라는 이름으로 행해진 폭력을 적나라하게 고발했다. 철거용역의 강제 철거에 맞서 절규하는 주민들의 모습은 개발의 어두운 그림자를 드러냈다.

그로부터 5년 뒤 발표된 〈또 하나의 세상: 행당동 사람들2〉(1999)에는 개발 이후 변화한 동네를 지키며 지역공동체 회복을 위해 힘쓰는 주민들의 모습이 담겼다. 오늘날의 한국 사회에서 당시 철거민 투쟁의 흔적을 찾기는 어렵지만, 도시 곳곳에서 태동했던 지역주민운동은 여전히 남아 있다.

서울에는 1960년대 이후 수많은 사람들이 몰려들었다. 일자리를 찾아 도시로 스며든 이농민들은 서울의 강변이나 산등성이에 얼기설기 집을 짓고 살기 시작했다. 급속한 산업화와 도시화 과정에는 무허가 거주지에서 살며 피땀 흘려 노동한 가난한 사람들이 있었다.

1967년 3월 서울시는 '불량건물 정리계획'을 발표했고, 1970년까지 3년에 걸쳐 서울의 판자촌을 비롯한 무허가 거주단지를 철거했다. 당초 서울시는 집 잃은 철거민들에게 서울 또는 수도권 주변부에 새로운 주거지를 제공할 계획이었지만, 단기간의 졸속 행정은 수많은 문제를 야기했다. 부동산 전매와 각종 투기, 부실 공사가 난무했고, 이 과정에서 1970년 와우아파트 붕괴사건[1]이 발생하기도 했다.

가난한 철거민들을 이주시키는 과정에서 갈등이 극적으로 드러난 계기는 1971년 광주 대단지 사건[2]이었다. 광주 대단지 사건은 한국의 산업화 과정에서 일어난 최초의 집단적인 도시빈민 저항운동으로 일컬어지곤 한다. 1970년 전태일의 죽음과 함께 한국의 사회운동이 노동자와 도시빈민, 농민을 포함하는 '민중'운동으로 규정되는 데 중요한 기점이 되는 사건이다.

1980년대 들어 정부와 서울시의 개발 정책이 '공영재개발'에서 '합동재개발' 방식으로 전환되면서 상황은 더 악화됐다. 합동재개발은 개발 과정 전반을 민간 건설사와 주택조합(소유자)이 주도하는 방식으로, 철거와 개발, 건설, 분양 과정에서 정부 책임을 축소하는 것이다 보니 문제는 더 심각해졌다.

이런 가운데 1986년 아시안게임과 1988년 올림픽이 가까워지면서 정부는 도시 미관을 저해한다는 이유로 목동, 상계동, 신정동, 사당동 등 서울시 내에서만 200여 개에 달하는 무허가 거주단지를 강제로 철거하기 시작했다. 대책 없이 쫓겨나는 철거민이 대거 양산되었으며 저항도 끊이지 않았다.

1983년 4월부터 서울시는 목동에 신시가지를 조성하면서 저렴한 주거지를 약속했지만 올림픽을 앞두고 중산층 이상을 대상으로 한 아파트단지를 조성하기 시작했고, 무허가주택 소유주와 세입자들에게 일체의 보상이나 대책 없이 퇴거를 종용했다. 세입자들에게는 아무런 대책이 없는 상태에서 목동 철거민 투쟁이 2년여에 걸쳐 계속되었고, 그 결과 임대아파트 입주권 보장 등 세입자의 주거권 보장을 위한 방안이 마련되었다.

목동 철거민 투쟁을 시작으로 1985년 사당동, 1986년 신당동, 1987년 상계동, 1993년 행당동에 이르기까지 1980년대 이후 도시빈민운동사는 재개발사업에 대응한 철거반대 투쟁의 역사라고 해도 과언이 아니다. 이 시기를 거치며 도시빈민운동은 민중운동, 민주화운동 세력과 결합하거나 도시빈민이 주체가 되는 자치조직을 형성하고 강화하는 등 조직된 도시빈민운동을 형성해나가기 시작했다. 1988년 건설된 도시빈민 공동투쟁위원회 등이 그 예라 할 수 있다.

철거반대 투쟁 속 공동체운동 일군 행당동 사람들

어떤 뚱뚱한 사람이 집을 부수러 오고서는 깡패처럼 우리에게 대하는 것이었다. 말다툼을 하며 싸웠다. 세대위(세입자대책위원회)에서도 화나고 그쪽 깡패도 아주 화나 있었다. 우리는 물을 뿌리고 똥탄을 던졌다. 깡패는 연탄을 던져서 부상자가 세대위 쪽에서 많이 나왔다……. 나는 제발 철거가 들어오지 말라고 기원하며 기도할게요. 철거는 제발 하지 마세요.

   – 행당동 철거반대 투쟁 당시 초등학교 4학년 학생의 일기[3]

가난한 사람들이 판자촌을 이뤄 살고 있던 행당동, 하왕동, 금호동 일대에도 개발의 바람은 불어왔다. 산등성이에 빽빽하게 모여 살던 수만 명 주민들은 오갈 데 없는 상황이 되었다. 이윤을 좇는 합동재개발 방식의 개발사업을 통해서는 세입자는 물론, '무허가' 주택의 소유주 대다수도 머물 곳을 찾기 어려웠다. '행당동 배움터' 등 지역 공부방을 비롯해 소박한 마을공동체가 모두 사라질 위기에 놓였다.

1993년 주민들은 세입자대책위원회를 구성해 철거반대 투쟁을 시작했다. 세대위는 주민들이 개발 이후에도 공공임대주택에 입주할 수 있도록 할 것, 개발 기간에도 머물 수 있는 가이주단지를 건립할 것을 요구하며 싸움을 시작했다.

철거 용역을 앞세운 개발 폭력에 충돌과 부상이 이어졌고 지난한 천막 농성 등 싸움이 지속된 끝에 1995년 행당동 주민 102세대가 가이주단지에 입주하게 되었다. 눈물겨운 결실이었다. 행당동 주민들의 가이주단지 입주는 다른 지역의 철거민운동에도 영향을 미쳤으며, 1990년대 들어 속속 생겨난 주거권운동 단체들은 이 성과를 발판으로 주거권을 법제화하려는 운동을 전개했다.

행당동 지역의 주민들에게 마을이란 일자리에 대한 정보를 얻거나

(좌) 1996년 서울 금호동 달동네의 모습 (출처: 성동구 포토갤러리)
(우) 현재 금호동 일대에 아파트가 들어선 모습 (출처: 성동구 포토갤러리)

소규모 신용거래가 이루어지는 생활공동체이기도 했다. 1995년 만들어진 '주민협동공동체 실현을 위한 금호·행당·하왕 지역 기획단'은 가이주단지 입주를 계기로 경제협동 주민공동체, 생산협동 주민공동체, 사회복지 주민공동체, 생활협동 주민공동체 4개의 분과를 만들어 주민자치 활동을 펼쳐나갔다.

당시 세입자대책위원회 위원장이었던 유영우 주민지도자는 송학마을이라 불린 가이주단지를 중심으로 다양한 마을 행사를 조직했다. 개발 이전부터 이어오던 단오한마당도 이어갔다. 주민 참여와 연대를 강화하기 위한 모색 과정에서 협동조합운동이 제안되었다. 기획단의 생산협동 주민공동체가 1995년 송학마을 입주와 함께 봉제공동작업장을 운영한 것이 대표적이다.

다양한 시행착오 끝에 공동작업장은 1997년 '논골 의류생산 협동조합'으로 재탄생했다. 사회복지 주민공동체 역시 공공임대아파트 안에 건설될 사회복지관을 위탁 운영할 계획을 세우는 등 적극적인 활동을 펼쳤다. 행당동 지역의 주민운동은 이처럼 철거반대 투쟁에서 주거권운동으로, 그리고 다양한 협동조합과 공동체운동의 형식으로 발전했다.

행당동에는 지금까지도 그 흔적들이 곳곳에 남아 있다. 특히 논골 신협은 협동조합운동에 있어서 고무적인 사례로 여전히 남아 있다. 주민들이 철거운동을 통해 함께 자신들의 권리를 주체적으로 자각하고, 공동체의 힘을 경험한 것이 공동체운동으로의 발전을 가능케 한 셈이다.

논골신협, 사회적 경제의 발견

1997년 금융 위기로 구조화된 실업문제, 고용 불안, 빈부 격차 등 다양한 사회문제들이 심화되면서 도시빈민운동에서 실험해온 다양한 주민자치 활동이 주목받기 시작했다. 서울의 도시빈민운동 과정에서 탄생한 자활공동체, 사회적 기업, 마을기업, 협동조합 등의 주민자치 활동이 재조명되기도 했다.

주민 스스로의 자립을 목표로 조직된 활동들이 제도권으로 편입되면서 자활센터가 전국에 설립되기 시작했고, 2007년에 '사회적기업 육성법'[4], 2011년에 '협동조합기본법'[5]이 제정되면서 '사회적 경제'에 관한 논의가 본격화되었다. 사회적 경제공동체의 육성과 지원을 구체화하는 '사회적경제기본법안'은 2018년 국회 발의 중이다.

정부 정책은 기존에 비공식으로 활동하고 있던 마을기업이나 자활공동체, 협동조합 등을 수면 위로 끌어올렸지만, 이 과정에서 국가의 무분별한 경제개발에 저항하고 시장경제의 모순을 해결하기 위한 대안을 모색해온 주민자치공동체의 정치·경제적 성격과 역할은 점차 옅어졌다. 주민자치공동체는 주민들 간의 상호 협동을 통해 지역사회공동체를 활성화하는 것에 중점을 뒀지만, 정부 개입 과정에서 이윤 논리가 우세를 점하기 시작했다.

오늘날 '사회적 경제'라는 용어로 불릴 만한 사례들은 1970~1990년대 도시빈민운동 과정에서 종종 발견된다. 개발과 철거에 대한 저항뿐만 아니라 빈곤과 고립 상태를 벗어나기 위한 끊임없는 모색이 이루어져왔던 것이다. 금융협동조합이나 주민기업, 생산공동체 등 주민자치 활동으로서의 경제협동공동체를 만들기 위한 다양한 시도가 있었다.

논골신협은 사회경제적 빈곤에 처한 주민들이 공동체운동을 통해 금융협동조합을 만들고 유지해온 눈에 띄는 사례다. 경제협동 주민공동체 활동을 바탕으로 주민들은 신용협동조합을 추진하면서 관련 자료를 검토하고, 전문가에게 교육을 의뢰하고, 타 지역의 모범 신협을 방문하는 등 다양한 준비 활동을 진행했다. 1996년부터는 신협 인가를 받기 위한 출자금을 모으기 시작했는데 과정이 순탄치는 않았다.

각 마을마다 출자위원을 구성하여 온 동네 집을 매일 찾아갔고 노점상의 동전 교환과 예·적금을 도와주기도 했다. 철거민 출신의 주민들이 금액에 상관없이 적극적으로 출자금을 출연한 것이 많은 도움이 됐다. 논골신협은 1997년 8월에 창립 총회를 개최하고, 같은 해 11월에 출자금 3억 원을 달성하면서 지역 신협으로 설립 인가를 받았다.

가난한 철거민들이 주도해 신협을 만들었다는 사실은 인근 지역 주민들에게 기존의 편견을 깨는 신선한 충격이었다. 인가를 받을 때 아파트 건설사에서 화환을 보낼 정도였으니 주민들의 활동이 얼마나 폭넓었는지 짐작할 수 있다. 초창기에는 설립하자마자 외환위기가 터지면서 어려움을 겪었다.

하지만 지역공동체 운동을 성동구 인근 지역으로 확대할 것을 결의하고, 임시 거주단지였던 송학마을에서 행당 2동 대로변으로 이사를 하면서 기틀을 잡아나갔다. 초창기 조합원들이 정기 야유회, 단오제 행사, 거리 홍보, 지역사회 행사 참여, 장학제도 운용 등에 다양한 노력을 기울이며 성동구 일대 주민들의 신뢰를 쌓아갔다. 노력의 결실로 조합원이 대폭 늘고 자산 규모도 커지면서 오늘날 성동구 일대에서 가장 영향력 있는 금융협동조합으로 성장했다.

논골신협은 2018년 상반기 기준 자산 약 546억 원, 자본금 약 11억 원, 조합원 약 3500명을 보유한 금융기관으로 자리 잡았으며, 소득이 넉넉하지 않거나 신용등급이 낮아 일반 대출이 어려운 주민들을 위해 저금리 대출을 제공하고 있다. 논골신협은 주민들에게 부담이 적은 금융서비스를 제공하는 경제협동조합의 기능을 넘어, 지역사회 기반 협동조합 및 사회적 경제 영역과의 연대와 협력을 목표로 다양한 프로그램 기획과 지원을 이어오고 있다.

논골신협과 유영우 이사장

|

2018년 11월 9일 금요일 오후,
서울특별시 성동구 행당동 논골신협 사무실에서 김유림, 남유진, 박건, 이지윤, 정희민 그리고
조문영이 묻고, 논골신협 유영우 이사장(남, 60대 초반)이 답한 내용을 기록했다.

산동네 소시민 생활에서 자각한 주거권 문제

개발에 맞서 가난한 주민들의 권리를 외쳤던 철거민 운동가이자 지역주민 공동체운동 지도자인 유영우 논골신협 이사장은 논골신협을 만들고 지켜왔으며 현재까지 이어지고 있는 주민운동의 산증인이다. 뿐만 아니라 '주거권실현을위한국민연합', '한국사회적경제연대회의', '서울지역협동조합협의회' 등 다양한 사회운동에 앞장서왔다.

유영우 이사장은 이전의 자신은 평범한 소시민이었으며, 남들 어려운 것에 큰 관심이 없던 사람이었다고 말한다. '잘 먹고 잘 살고 싶어서' 했던 사업이 망하는 바람에 가족들을 이끌고 금호동 산동네로 이주했다. 어려운 살림에 초등학생 남매를 키워야 하는 30대 후반 아

버지에게 정치, 사회문제에 대한 고민은 관심 밖이었다. 일방적으로 임대계약을 해지하고 나가라는 집주인의 말을 처음 들었을 때는 이사를 가는 수밖에 없다고 생각했다.

그러나 주거권을 '권리'로서 자각하면서 생각이 바뀌었다. 재개발로 인해 삶의 터전을 잃을 처지의 주민들에게 철거 용역이 폭력을 휘두르는 것을 보았고, 재개발을 통해 건설사가 막대한 부를 축적하고 투기꾼들이 재산을 불리는 것을 보며 가난한 사람들을 몰아내는 사회의 구조적 모순을 깨달았다. 자신의 두 아이에게 고통이 되풀이되는 세상을 바로잡아야 한다는 생각에 직장까지 그만두고 철거반대 투쟁에 나섰고, 세입자대책위 위원장을 거쳐 논골신협 이사장이 되기까지 수십 년 동안 활동을 이어오고 있다.

인터뷰 전날인 11월 8일, 서울 종로구 국일고시원에서 화재 참사로 고시원에 살던 7명이 목숨을 잃었다. 유영우 이사장은 현장을 방문해 가난한 이들의 주거권에 대해 목소리를 냈고 '주거권 활동가'로서 여전히 바쁘게 움직이고 있었다. "주민으로서 출발했고 여전히 주민 속에 있다."는 그의 말을 실감할 수 있었다. 오랜 시간 투쟁과 지역 활동의 여정을 함께한 논골신협 유영우 이사장을 만나 이야기를 들었다.

 철거반대 투쟁을 어떻게 시작하게 되셨나요?

 어느 날 갑자기 재개발한다고 이사를 가라는 거예요. 산동네 사는 평범한 소시민이었던 저는, 당시 생각으로는 집주인이 이사 가라는데 당연히 나가야 한다고 생각했죠. 모든 평범한 사람들이 그렇게 알고 살죠. 그런데 당시 여러 가지 활동을 진행하던 지역 공부방의 활동가들이 세입자들이 이사를 갈 일이 아니고, 이건 우리들의 권리라는 말을 한 거예요. 그 얘기를 듣고 온 아내가 일단 공부방에 가서 한번 들어보자고 손을 끌어 제가 따라갔죠. 공부방에서 그 권리 이야기를 들어보니까 금방 내가 받아들일 수 있는 것은 아니었어요. 그래서 돌아와서 한참 생각하다가 아내하고 이야기를 해봤어요. 아내는 끝까지 남아서 우리 권리를 지켜야 된다고 계속 고집을 피웠죠. 결국 아내에게 설득 당해서 시작한 거예요. 어쩌다 보니 세대위 위원장도 맡게 되고, 내 인생에 전혀 생각하지도 않았던 역할을 하게 됐어요. 그때만 해도 내 문제만 해결하면 되는 줄 알았고, 권리라는 것이 왜 권리인지, 왜 실현돼야 하는 건지 몰랐어요. 나중에 이것저것 책도 많이 보고 많은 사람들 이야기를 들으면서 우리 사회의 부조리가 너무 심하다는 생각이 들었죠. 그때 눈앞에 들어왔던 것이 두 아이였어요. 여기서 막지 못하면 평생 이 아이들도 그 고통을 똑같이 당할 건데, 우리 후세에도 계속해서 이런 문제가 이어질 건데, 누군가가 해야 되는 일이 아니겠나, 그런 생각이 들어서 하게 됐어요. 그러다 보니까 여기까지 온 거예요.

 3년이나 싸움을 계속하셨다 들었어요. 힘들기도 하고 주민들과 정도 많이 쌓이셨을 텐데 어떠셨어요?

힘을 모으기 위해선 사람들 사이의 관계성을 잘 이뤄내서 단결해야 하는 거고, 그러다 보면 공동체성이 만들어져서 피를 나눈 형제보다도 끈끈한 정을 갖게 되죠. 정이 아주 많이 쌓였죠. (웃음) 철거싸움은 철거깡패들과 계속 대치하는 긴장 상황에 처해서 매일을 보내는 거잖아요. 동네를 지켜야 하니까 주민들이 직장을 나가지 못하는 어려움도 있었어요. 어려운 상황에 있으니까 자연스럽게 많은 분들과 가까이 지내게 되고, 그래서 많은 것들을 알게 되죠. 도시에서 그런 게 참 힘든데, 원래 산동네, 달동네 같은 도시빈민 지역에는 사실 아주 끈끈하진 않지만 공동체성이 있었어요. 서로 도움을 주고 도움을 받을 수밖에 없는 사람들이 모여서 살았기 때문에. 서로 아이들을 봐주거나, 급전 필요하다 하면 빌려주고 일자리도 알선해주고……. 오히려 가난한 사람들이 욕심이 없기 때문에 공동체성이 잘 생기거든요. 제가 보기에 가진 사람들은 더 많이 가지기 위해서 남을 이용하지만, 가지지 않은 사람들은 그런 마음이 없기 때문인 것 같아요.

철거싸움 하면서 제일 뿌듯했던 기억이 가이주단지 입주했을 때예요. 밤에 가이주단지 바깥에서 집집마다 불이 다 켜져 있는 걸 봤을 때가 제일 뿌듯했어요. 사실 그 집들, 기껏해야 7, 8평짜리 조그마한 집인데다가 (샌드위치) 판넬로 지은 별거 아닌 집이거든. 그런데도 참 좋았어요. 왜냐하면 오랜 시간 동안 주민들과 정말, 같이 피 터지게 싸우고 노력했던 결과물이잖아요.

처음 주거권 투쟁을 벌일 때 '저 사람들은 스스로 노력하지 않아서 가난한 건데 왜 떼를 쓰느냐'는 다른 주민들의 반응도 있었다 들었습니다. 주거권을 모두의 '권리'로 인식한다는 것은 어떤 의미일까요?

가난한 건 본인의 노력에 따라서 달라질 수 있는 것이라고 학교에서 그렇게 배웠고, 여러분도 어렸을 때부터 경쟁하라고 배웠잖아요. 살아 남아라, 그게 우리 사회잖아요. 그런 사회 구조 속에서는 '가난'은 스스로의 문제죠. 그런데 제가 철거싸움을 시작하고 우리 사회의 병폐가 뭐가 있는지 알게 되면서 이게 가난한 사람들의 문제는 절대 아니다, 오히려 사회구조적인 문제가 더 크다는 걸 알게 된 거예요. '맞아, 이건 권리야.'라고 생각하게 됐죠. 이걸 누군가는 바꿔야 할 일인 거죠.

권리의식을 갖고 투쟁하는 것과 그런 의식 없이 당장 내 앞의 문제를 해결하기 위해 철거 투쟁을 하는 것은 엄청난 차이가 있어요. 권리의식이 없으면 자기 문제가 해결된 다음에는 더 이상 투쟁을 할 필요가 없어지니까, 지속성이 없게 되죠. 그런데 주거권이 나만의 문제가 아니고 '모든 사람이 다 누려야 할 권리'라는 의식을 갖게 되면 아무래도 마음의 자세가 변해서 지속성이 더 생기는 거죠. 그래서 강조했던 것은 이 나라의 주인은 국민이지, 대통령이나 권력자가 아니라는 의식을 갖는 거예요. 국민이 이 나라의 주인인데 주인 스스로가 깨어 있는 게 정말 중요한 거예요. 협동공동체 운동을 철거 투쟁 운동 끝나고 자연스럽게 시작한 것도, 사실 경제적인 어려움을 우리가 스스로 극복해보자고 시작했던 거예요. 우리 스스로 자립할 수 있는 것들을 선택하고 스스로 한번 해보자고요. '가난은 나라님도 구제 못 한다'는 말이 있듯이 여전히 가난한 사람의 문제는 국가가 해결하지 못하는 것이 현실이기도 하니까요.

개발로 인해 주거권을 빼앗기는 상황은 현재까지도 종종 일어나는 것 같아요. 이 문제에 누가 어떻게 대처해야 할까요?

 정부도, 정치권도, 지방정부도, 국민들도, 모든 주체가 대처해야지요. 근본적인 원인은 국민들의 의식에 있어요. 집을 갖고 있는 게 나쁘다는 건 아닌데, 자기가 살 집 한 채만 갖고 있으면 되잖아요. 그런데 집을 거주의 개념, 인간의 가장 기본적 권리 중 하나로 보는 게 아니라 재산 증식의 수단으로 보는 게 문제죠. 이걸 통제해주고 적절하게 분배해주는 역할을 정부나 정치인들이 해야 하잖아요. 그런데 이 사회지도층이라는 사람들부터도 (주거권에 대한) 인식이 잘못돼 있다 보니 양극화 문제가 더욱 심해지죠. 우리나라 사람들이 갖고 있는 자산의 비중이 대부분 주택인데, 사실은 땅 투기, 부동산 투기도 제일 많이 한 쪽은 재벌그룹이에요. 그래서 모든 국민들이 의식을 바꿔가도록 만들어가는 게 정부나 정치권이 해야 할 일이죠.

그래도 요즘 젊은 세대들은 기성세대보다는 조금 나은 것 같아요. 꼭 그냥 내 집이 아니더라도 적절한 수준에, 자기 경제적 수준에 맞는 안정된 주거 공간만 있으면 된다는 의식을 갖고 있는 것 같아요. 희망 사항이지만 여러분들 세대에는 많이 바뀌지 않을까 싶군요.

철거민이 만든 신용협동조합

 이른바 과격한 이미지의 철거민이 지역주민을 폭넓게 아우르는 신용

협동조합을 만든다는 것이 쉽지 않았을 것 같아요. 주민의 신뢰를 얻기 위해 많은 노력을 하셨을 텐데요.

 처음엔 지역주민들이 보는 시각이 안 좋을 수밖에 없지요. 시끄럽기도 하고, 이질감이 있잖아요. 논골신협 오는 길에 조그만 공원이 있는데, 그 지역에서 철거싸움을 할 때 맨날 대형 스피커에 운동가를 틀어놓고 폐타이어를 쌓아놓고 머리띠 두른 채로 왔다 갔다 하니까 주변 주민들이 보기에는 안 좋지요. 다른 주민들이 우리보고 빨갱이라고 그랬다니까. "(저 사람들이) 가난한 건 스스로 노력을 안 해서 그렇다."고 얘기하기도 하고요. 그런데 그 사람들이 철거싸움을 마무리하고 그 공원에 가이주단지라고 임시 거주시설을 짓고 살다가 얼마 안 있어서 골목 안쪽에다가 조그맣게 '신협'이라고 은행을 냈어요. 이 사람들이 놀란 거지요. 철거민이라는 가난한 사람들, 일반 주민들 입장에서는 맨날 떼쓰는 놈들이 무슨 은행을 냈다는 말을 들으니 얼마나 놀랐겠어요? 신협이라는 게 흔한 것도 아니고. 호기심 반 불신 반 이런 게 있었겠죠. 그때부터 지역사회 서비스를 제공하면서 다양한 주민들과 만나는 방법을 찾아갔어요.

IMF 외환 위기와 함께 지역주민들의 불신 어린 시선이 제일 어려웠어요. 우리가 1997년도에 인가를 받았는데, 인가받고 1주일 뒤에 (정부가) IMF선언을 했거든요. 그때부터 얼마 안 지나서 1998년 상반기 내내, 금융도 전국적으로 구조조정을 했어요. 우리는 이제 막 신협을 인가받고 문을 열었는데, 맨날 신협 어디 망하고 통폐합한다는 뉴스가 계속 나오는 거예요. 이걸 극복하는 방법은 결국, 논골신협이 여러분들이 그렇게 불신할 만한 곳이 아니고, 자주적인 협동을 통해서 주민들과 지역사회 함께 같이 성장해가는 곳이라는 걸 알리는 방법밖에 없잖아요.

 논골신협이 어려움을 헤쳐나간 방법은 무엇이었나요?

 지역사회 서비스 제공을 통해서 해결하려고 했어요. 신협이라는 금융기관의 첫 번째 주인은 조합원이지만 두 번째 주인은 지역사회거든요. 신협의 설립 목적은 '복지사회 건설'이자 금융을 취급하는 협동조합이긴 하지만, 이걸 통해서 지역사회 발전에 보탬이 되도록 하는 것도 또다른 목적이에요. 그걸 실현해가는 거예요. 지역사회가 주인이기 때문에 모든 활동들이 금융서비스로부터 시작해서 지역사회의 주민들을 대상으로 하는 거죠.

처음에 시작할 때 불신의 시선을 바꾸기 위해서는 주위에 장사하시는 분들에게는 동전도 바꿔주고 지폐도 바꿔주고, 또 주민들 모아서 놀러가고, 위원회 같은 걸 만들어서 신협의 방향에 대해서 같이 논의하는 식으로 활동을 하다 보니 처음에 가졌던 불신이 조금씩 깨지면서 더 많은 주민들이 참여하게 됐어요.

지금도 야유회나 둘레길 걷기 하고, 저소득층을 위한 대출상품을 만들어서 주민들이 저렴하게 이용할 수 있게 하고, 장학금 제도도 운영하고, 노인분들을 위한 비빔밥 잔치 같은 행사를 진행해요. 이런 서비스들이 결국 신협의 발전으로 자연스럽게 되돌아올 거예요. 왜냐하면 그런 과정들 속에서 신뢰가 쌓이고 인지도가 높아지면 주민들이 자연스레 신협과 거래하실 거고 그게 신협의 발전에 도움이 되는 거니까요. 서로 좋자고 하는 거죠.

대도시에서 공동체가 만들어지기 쉽지 않을 텐데, 논골신협의 활동은 어떻게 가능했던 걸까요?

서울은 인구 이동이 잦아서 어느 지역사회에 오랫동안 정착해서 살아가는 분들이 적은 건 사실이긴 한데, 그렇다 해도 그냥 자기가 살고 있는 지역사회에서 자기와 맞는 사람들과 뭔가를 같이 함께 해보고, 관계성을 만들어가고, 그에 대한 결과물을 만들어낸다면 좋잖아요. 피치 못할 사정이 있어서 다른 곳으로 이주를 해야 하는 상황이 있을 수 있겠지만, 되도록이면 이곳 사람들과 함께 더 많은 시간들을 보내고, 더 많은 시간들을 함께 살아간다면 그런 인생 자체만으로도 행복한 거 아닌가요? 그런데 이런 공동체성이 무너져 있는 곳이 이 도시 공간이잖아요. 그래서 우리가 협동조합이라는 방법을 선택했던 거예요. 협동조합을 통해서 우리 문제를 스스로 해결해가고, 그렇게 관계성을 만들어가자고 말이죠. 논골신협도 그런 관계 속에서 탄생한 거고요. 우리 조합원이 대략 3500명 가까이 되는데 이 사람들 전부가 정말 참조합원으로 활동하기는 어려워요. 핵심은 조합원들 중에서 관계성을 쌓고, 즐거움을 느끼는 분들을 우리가 어떻게 더 많이 확장해갈 것인가에 대한 거예요. 그게 논골신협이 계속해서 추구해야 될 중요한 과제예요. 더 많은 사람들이 관계성을 쌓을수록 신협은 발전해가는 거죠. 재무적으로 이윤을 많이 내는 것보다, 주인의식을 가진 사람들이 참여할 때 논골신협은 발전할 거니까요.

지역신협의 역할과 운영 방식

협동조합이 지역사회에서 구체적으로 어떤 역할을 하게 되나요?

여기 행당동에 '블랙앤압구정'이라는 노동자협동조합이 있어요. 그 사장이 중국집을 운영하고 있었어요. 그러다가 장사가 되게 잘됐어요. 그런데 사장이 양보를 하고, 직원들한테 지분을 나눠줘서 한번 협동조합 방식으로 해보자고 제안한 거예요. 주방에서 일하는 분, 배달하는 분과 함께 말이죠. 사장이 여기 행당동에 이사를 와서 우리 조합원이 되고, (협동조합의 가치에 대해) 의식화가 된 거죠. 그래서 자신이 배운 가치를 영업장에 실천한 거예요. 한 달 동안 영업에서 나온 이익을 출자액에 따라 직원들에게 배당을 해줬어요. 그러니까 배달하는 친구는 그 전에는 배달에 대한 임금만 받았지만, 이제는 자기가 출자한 만큼 배당까지 받으니까 생활이 안정되고 새롭게 자기 인생의 목표를 세우는 기회가 된 거죠. 이 친구들이 돈이 없으니까 처음에 출자할 때 신협에서 출자금을 대출해줬어요.

노동자협동조합이 많아져야 해요, 정말로. 노동자협동조합이란 노동자들이 출자를 해서 협동조합을 설립하고, 조합원들이 노동자 공동으로 경영에 참여하는 협동조합 방식이에요. 스페인의 유명한 몬드라곤이 노동자협동조합의 예시죠. 협동조합 중에서도 소비자협동조합보다는 노동자협동조합이 많아져야 협동조합이 더 발전할 수 있는 기틀이 돼요. 왜냐하면 노동자협동조합이 경제적으로 어려움을 겪는 가난한 사람들이나 노동자들의 문제, 즉 자본주의의 병폐인 빈부 격차, 사회 양극화의 문제를 가장 본질적으로 해결할 수 있는 방식이거든요.

현재 서울지역협동조합협의회에서는 협동조합 간 상호 거래를 장려하고 있다고 들었습니다. 통상 거래는 일반적으로 이윤 창출을 목표로 이기심을 기반으로 이루어지는데 상호 거래는 이타심을 강조하는 건가요?

맞아요. 그래야 해요. 물론 더 좋은 상품과 서비스를 거래하면 훨씬 더 이익이 생기고 좋죠. 하지만 협동조합 간의 협동에서 그런 것(이윤 창출)은 전제되지 않는 거예요. 좋은 상품이든 나쁜 상품이든 상관없어요. 협동조합 간의 협동이라는 건 상품이나 서비스를 제공하는 협동조합을 직접적인 협력 관계로 대하는 거예요. 만약 상품과 서비스의 질이 나빠서 문제가 생긴다면, 그 품질을 올릴 수 있도록 서로 간에 또 협동을 해야 하는 거죠. 서구의 협동조합들은 그런 걸 잘하는데, 예를 들어 스페인의 몬드라곤은 만약 한 협동조합에서 영업이익이 잘 안 나오는 문제가 생기면 그룹 차원에서 그 협동조합에 금융 지원을 해준다든지 지원을 해주는 거예요. 그래서 상품의 질이 높고 낮음의 문제가 완전히 배제되고 오로지 어떻게 서로 협동하고 연대해서 더 시너지효과를 낼 수 있을지에 초점을 맞추는 거지요.

 이른바 '무임승차' 문제가 발생하지 않을까요? 예를 들어 출자금을 내지 않은 채 협동조합을 이용하거나 기여도에 비해 많은 혜택을 받는다거나 하는 문제요. 젊은 세대들은 무임승차 문제에 상당히 민감합니다. 다른 사람보다 내가 더 많이 기여하면 손해를 본다는 인식이 있기도 하고요. 실제로 그런 상황이 발생하기도 하나요?

무임승차? 요즘 애들이 협동조합하려면 힘들겠다, 참. (웃음) 신협 같은 소비협동조합에서는 상대적으로 무임승차 문제가 덜 발생하죠. 무임승차 얘기가 가장 많이 나올 수 있는 협동조합 방식이 노동자협동조합이에요. 나는 열심히 일하는데 다른 조합원이 일을 열심히 안 한다고 생각하면 '무임승차' 이야기가 나오는 거죠. 그런 갈등 해결을 어떻게 할지의 문제가 협동조합에서의 가장 큰 난제이자 숙제이기도 하고, 해결해가야 하는 과제이기도 하죠. 그걸 잘 극복하면 성공하는 협동조합이 되는 거고, 그러지 못하면 무너지는 거죠. 실제로 초창기에 신협, 생협 준비하면서 우리도 개량 한복을 만드는 노동자협동조합을 운영해봤거든요. 그런데 역시 그 문제, 조합원들과의 갈등 문제가 나왔어요. 문제 해결의 출발은 협동조합에 대한 충분한 이해예요. '협동조합은 이기심이 아닌 이타심을 기반으로 운영된다'는 가치와 원칙을 이해해야 돼요. 이걸 이해한다면, 만약 어떤 조합원이 성과를 다른 사람의 절반밖에 내지 못할 경우라도 그 사람을 배제하지 못하겠죠. '어떻게 하면 그 조합원이 다른 사람만큼 할 수 있도록 도울 수 있을까?'에 대한 고민으로부터 출발하는 게 맞는 것 아닌가요? 대부분의 사람들은 (그런 사람을) 그냥 배제하거나 처벌을 내리는 것 같은 불이익을 주는 방향으로 생각하겠죠. 그런데 협동조합은 그게 아니에요. 이타심이 작동하지 않으면 협동조합은 운영이 안 돼요.

사회적 금융, 서민금융이 꼭 필요한 우리의 현실

논골신협이 지역신협 중에 마지막이라고 들었는데 그 이후로 인가가 나지 않은 건가요?

신협의 역사가 58년인데 우리가 마지막으로 인가받은 신협이라 제일 역사가 짧은 막내 신협이에요. 인가를 안 해주는 이유는 정부 입장에서 별로 신경 쓰고 싶지 않기 때문이죠. 우리나라 신협이 지금 전국에 900개 정도 있고 전체 자산이 90조 규모거든요? 그래서 현 정부의 금융정책에서 신협은 말하자면 '계륵' 같은 존재예요. 다른 나라는 신협이 한 나라의 경제에서 큰 비중을 차지하기도 하고 크게 발전을 했는데, 우리나라는 이 90조라는 규모가 금융 당국, 정부 입장에서 보면 별로 신경 쓰고 싶지 않은 규모죠. 제도권 내의 큰 금융기관들 사이에서 90조는 굉장히 작은 규모예요. 뭐 있어도 되고 없어도 되고. 자산 늘리면서 커지는 걸 싫어하는 거예요. 그러니까 인가도 안 내주는 거고. 농협이나 새마을금고도 금융협동조합이지만 규모가 아주 클뿐더러 이미

협동조합 성격을 잃어버린 반면, 신협은 그래도 협동조합으로의 정체성을 지키려고 하는 건데 말이에요.

 정부가 마을경제, 협동조합, 사회적 경제 등을 굉장히 강조하는데 역설적인 것 같네요.

 그렇죠. 역설적이죠. 제가 문재인 정부를 보니까, 사회적 경제를 국정 100대 과제 중 하나로 선정하고 활성화시키겠다고 해서 다양한 정책들을 만들어내고 있어요. 그런데 사회적 경제에서 가장 중요한 위치를 차지하는 게 금융이거든요. 특히 금융협동조합의 역할이 굉장히 클 수밖에 없어요. 이런 역할을 '사회적 금융'이라고 부르는데, 우리나라는 그런 역할을 하는 금융기관들이 없었어요. 원래 농협, 새마을금고도 사회적 금융이거든요? 그런데 여태 그 역할을 안 해왔던 거지요. 이제 와서 갑자기 정부에서 사회적 금융을 요구하고 있지만 농협이나 새마을금고는 전혀 변할 생각이 없는데, 신협은 거기에 부응하려고 정말 열심히 노력하고 있어요. 그렇다면 사회적 경제를 활성화시키는 신협을 어떻게든 원래 정체성을 잘 회복시켜서 그 기능을 하도록 만들어야 할 것 아니에요. 그런데 정부는 요구만 하고 그런 고민은 또 안 해요.
그리고 또 한 가지 역설적인 것은 서민금융이 없다는 거예요. 신용 좋고 돈 많은 사람들은 돈을 빌릴 때 다 제1금융권으로 가요. 그런데 지역사회에는 잘 사는 사람도 있고 못 사는 사람도 있고 중간층도 있고 다양하거든요. 신협이 주로 상대하는 대상이 서민층, 서민금융인 거죠. 이게 되게 중요한 건데 우리나라는 서민금융 정책이 정말 없어요. 그러니까 돈 많은 사람은 어디서 대출을 해도 저금리로 잘 받아 가는데, 돈이 없는 사람이나 저신용자들은 대출하려면 고금리로 받아 가야 하는 시스템이잖아요. 그런데 금융 소외 계층인 서민들의 문제를 개선하려는 정책이 우리나라에 없고, 주로 제1금융권 정책에 다 편중된 거예요. 현 정부(문재인 정부)에 저는 기대를 했는데 그런 금융 전문가는 정부에 없는 것 같아요.

젊은 세대에게 해주고 싶은 말씀이 있으신가요?

우리 논골신협만 해도 설립된 지 20년이 넘었어요. 저는 세상이 변했다고 생각해요. 법과 제도도 많이 개선됐고 여러 복지문제도 그렇고. 하지만 변하지 않는 것들이 있어요. 몇 가지 정말 심각하고 고착화된 문제들은 실질적으로 변하지 않고 있어요. 그걸 만드는 사람들이 우리 같은 기성세대라 그래요. 원망을 해도 좋아요. 하지만 이런 사람들은 이제 물러가고 여러분이 앞으로 우리 세상의 주역이 될 텐데, 여러분이 목소리를 내야 해요. 그래서 여러분의 후대에 좋은 세상을 물려줄 수 있으면 좋겠어요.

철거민 연대를 넘어
지역공동체 상생을 꿈꾸며

행당동 사람들의 지역주민운동 성과

인터뷰 전, 우리는 다양한 분야에 걸쳐 있는 것처럼 보이는 유영우 이사장의 활동이 어떻게 연결되는지 다소 의아했지만 이야기를 들으며 몇 가지 깨달음을 얻었다. 개발에 맞서 벌인 철거반대 투쟁 역시 지역주민운동 안에서 태동했다는 점, 논골신협과 협동조합, 사회적 경제에 관한 활동 역시 지역주민운동과 궤를 같이 한다는 점 말이다.

그런 과정은 어떻게 가능했을까? 다양한 요인이 있겠지만 지역 개발이 이루어지기 전부터 운영된 '공부방'이 하나의 거점으로 역할을 한 것이 분명해 보였다. 1993년, 그가 '우연히' 권리라는 언어를 배운 곳이 바로 지역의 공부방이었다. 당시 공부방은 활동가, 종교 단체,

자원봉사자, 대학생 등이 힘을 합쳐 만든 아동을 위한 교육 및 돌봄의 장소인 동시에 지역주민운동의 모임 공간이었다.

산업화로 여성 인력이 노동시장에 유입되며 공동육아의 필요성이 대두되는 것을 포착한 지역주민운동 활동가들이 공부방을 세웠다. 공부방은 아동·청소년 교육뿐만 아니라 성인 문맹을 위한 한글반 운영, 노인을 위한 무료 급식 그리고 자모회 조직 등 다양한 주민 참여 프로그램을 수행하기도 했다.

1985년 하월곡동의 '산돌공부방'을 시작으로, 1988년 이후 금호, 행당 지역에 공부방과 탁아소 등의 센터가 다수 생겨났고, 이 과정에서 개발과 철거에 대응하는 주민의 힘이 모아지기도 했다. 공부방을 드나들며 '권리' 언어에 눈뜬 지역주민은 비단 행당동 사람들만이 아니었던 것이다.

유영우 이사장은 본인을 소개할 때 주거권 '활동가'가 아니라 '주민 지도자'라는 표현을 선호했다. "주민으로서 출발했고, 주민 속에 있기 때문에 자신이 존재한다."고도 말했다. 여러 지역에서 공부방을 꾸려가던 활동가들은 지역주민운동이 활성화됨에 따라, 활동가에서 주민조직가로 정체성을 바꿔나가기도 했다.

특정 공부방이나 탁아소 등 센터 소속의 활동가에서 지역주민 조직 활동을 지원하며 주민지도자를 발굴하는 주민조직가로 위상을 변화시켜 나간 과정이 활동가들의 궤적에서 곧잘 발견된다. 유영우 이사장이 스스로 '활동가'가 아니라고 한 것에는 이런 저변이 있었기 때문이 아닐까?

철거민들이 가이주단지에 입주하는 성취를 얻었지만 철거민에게 쏟아지는 시선은 냉소적이다 못해 적대적이기까지 했다. 또한 철거 반대 투쟁은 그 동력을 '철거'라는 비일상적이고 일시적인 상태에서 얻기에 투쟁이 끝나고 나면 연대가 지속되기 어렵다는 문제에 직면했다.

앞서 철거반대 투쟁을 진행했던 목동, 사당동, 상계동 등을 보며 행당동 사람들은 철거반대 투쟁의 의제가 비당사자인 지역주민을 아우르지 못하는 한계를 극복하고 지역주민 전체의 지속적인 연대 방안을 모색하고자 했다. 행당동 사람들은 위와 같은 문제 해결의 실마리를 지역주민운동으로의 회귀에서 찾았다.

지역주민운동으로 돌아가기 위해 '금호·행당·하왕 빈민지역 운동의 새로운 대안 준비토론'이 이루어졌다. 유영우 이사장은 이 준비토론에서 협동조합 개념을 처음 알게 되었고, 지인으로부터 『몬드라곤에서 배우자』라는 책을 선물을 받아 공부하면서, 기존의 자본주의 시장이 아닌 협동조합이라는 새로운 방식의 경제활동이 자본주의의 병폐를 극복하는 데 유효하다는 깨달음을 얻게 되었다고 회상한다.

준비토론에서 '금호·행당 지역운동의 총체적 구상'이 마련된 뒤, 논골신협과 성동두레생협의 전신이 된 '주민협동공동체 실현을 위한 금호·행당·하왕 지역기획단'이 설립됐다.

행당동 지역주민운동을 들여다보면 사회상에 따라 다양한 의제가 부상했고, 여러 행위자가 상호작용한 것을 관찰할 수 있다. "지역사회운동에서 '모종의 변화'를 계기로 한 대응은 이전 우리 운동의 축적 위에 서는 것"이라는 분석대로[6], 행당동 사람들은 공부방, 철거민 투쟁, 협동조합, 논골신협 등 다양한 형태의 지역사회운동을 연대, 상생, 신뢰 등의 가치를 일관되게 추구하며 일궈냈다.

기댈 곳 없던 행당동의 도시빈민들은 지역주민운동을 통해 한 사람의 경제적 결핍이 관계의 결핍, 더 나아가 사회의 부재로 이어지지 않도록 서로가 서로를 지켜냈다. 행당동 사람들의 역사는 지역주민운동의 역사이자 철거반대 투쟁의 역사이고, 스스로 사회를 꾸려나간 역사이기도 한 것이다.

'사회'적 경제 vs. 사회적 '경제'

최근 '사회적 경제'라는 용어가 새삼스레 주목받고 있다. 자본주의 시장경제의 폐해를 극복할 치료제처럼 여겨지기도 한다. '사회적 경제 활성화'로 불리는 정책들은 사회적 경제를 통해 다양한 사회적 문제를 해결하기 위한 생태계 조성에 역점을 두고 있다. 이를 통해 청년일자리 창출의 활로를 열어 만성적인 실업문제를 해결하고, '소득주도 성장'으로 대표되는 경제정책 기조를 실현하겠다는 것이 현 정부의 설명이다.

그러나 사회적 경제의 민간 영역 역할보다 정부 주도성이 너무 강하다 보니 민관거버넌스 구축에도 많은 어려움이 상존하고 있다. 유영우 주민지도자는 정부가 민간의 역량 및 주도성 강화에 초점을 맞춰 지원할 필요가 있다고 주장하고, 사회적 경제의 중추적 역할을 담당해야 할 서민금융이 도외시되고 있다는 우려도 덧붙였다. 그의 우려는 '소액금융'으로 대표되는 사회적 경제 실험이 글로벌 경제 질서에 편입되는 과정에서 어떠한 방식의 굴절을 겪었는지 되돌아보게 한다.

2006년 방글라데시의 경제학자 무함마드 유누스는 빈민을 위한 무담보 소액대출 서비스를 제공하는 '그라민은행'을 설립해 노벨평화상을 수상했다. 세계 최빈국의 여성이 소액대출을 통한 창업으로 자립에 성공했다는 서사에 여러 글로벌 빈곤 전문가들은 매료됐고, 이는 소액금융의 세계화로 이어졌다.

그러나 이 과정에서 소액금융의 의제는 점차 빈민의 '생존'에서 '자립'으로 이동했다. 소액금융을 통한 빈민의 '자립'은 분명 매력적으로 들린다. 그러나 글로벌 소액금융은 자본주의 경제체제의 구조적 불평등은 해결하지 않은 채 빈민을 경제적 재생산에 기여하는 '노동 단위'로 변모시켰다.

이러한 맥락에서 소액금융은 빈민의 권리 실현보다는 '가치 있는' 빈민의 생산에 더 관심을 보이는 듯하다.[7] 우리는 이와 같은 국내외의 사례를 통해 빈민을 위한 '사회적 경제'의 방점이 '사회'가 아닌 '경제'에 찍혀 있다는 생각을 했다. 글로벌 경제 질서에서 사회적 경제의 무게중심을 '사회'로 옮기는 것은 어떤 해결책을 필요로 할까?

논골신협의 핵심 목표와 가치에서 그 실마리를 엿볼 수 있다. 논골신협의 최우선 목표는 서민을 위한 '사회적 보호' 제공이다. 유영우 이사장은 "주민들이 맡긴 돈이 돌고 돌면서 가난한 사람을 돕는 것이 논골신협의 목표"라고 말했다. 논골신협의 사회적 금융은 '사회적 안전망'으로 기능하기도 한다. 대출금 사용처에 제한을 두지 않으며 엄격한 규율을 강요하지 않는다.

논골신협의 금융 서비스는 생활비 마련을 위한 생계대출과 고금리 타행 대출상품을 대환해주는 대환대출 등 제도권 금융의 높은 문턱 앞에서 신음하는 서민들의 금융 문제를 해결하기 위하여 많은 노력을 하고 있다. 가난한 사람에게 자신이 빚을 지고 있다는 '부채감' 대신 의지할 곳이 있다는 '안정감'을 제공하는 셈이다. 또한 그는 논골신협이 지켜야 할 핵심 가치로 '상생'을 힘주어 말했다. 그에게 상생이란 '함께 살아가는 방식을 도모하는 것'이다.

논골신협은 비영리를 원칙으로 하는데, 창출된 이익은 장학금 조성이나 지역행사 주최 등 지역사회 공헌 사업에 사용됨으로써 지역사회와 주민을 엮어내는 연대의 장을 열고, 주민과 지역사회, 신협과 지역사회가 상생할 수 있는 기틀을 마련한다. 유영우 이사장 역시 철거촌에서 지역사회로 연대의 범위를 점차 확장하며 상생의 가치를 몸소 실현해왔다.

논골신협의 목표와 가치는 이처럼 '사람이 중심이 되는 경제'를 지향하는데, 이는 '상호 의존'이라는 단어로도 표현될 수 있을 것이다. 행당동 가이주단지의 철거민들은 신협을 만들기 위해 적은 금액이나마 하나둘 보탰다. 국가로부터 충분한 사회적 보호를 받지 못하는 행당동 철거민에게 상호 의존은 선택이 아닌 필수였다.

빈곤 상태에 놓인 사람들이 서로 의지할 수 있는 기반을 스스로 만들었고, 그렇게 만들어진 논골신협은 힘든 시기를 견딜 수 있는 물질적 기반을 제공했던 것이다. '철거민들의 손으로 세운 은행'이라는 별명을 가진 논골신협이 단순히 빈민의 '자립 신화'로만 기억돼서는 안 되는 이유가 여기에 있다.

철거반대 투쟁 등을 거치며 형성된 '행당동 네트워크'는 단순한 이해(利害) 결사체 이상의 의미를 지녔다. 이 네트워크 안에서 철거민들은 서로의 존재를 확인하며 빈곤에 대한 근본적인 의문을 던질 수 있었다. 철저히 개인의 문제로 치부되어온 빈곤은 사회구조적 문제로 재발견되었고, 주거의 권리를 위한 투쟁은 사회적 경제를 일구는 힘이 되었다.

지난 20년간 논골신협은 '규모의 경제', 효율성 위주의 경제 논리와 거리를 두고 사회적 경제를 실현하기 위해 분투해왔다. 물론 고민이 없는 것은 아니다. 신협이 지속 가능하기 위해서는 일정 규모 이상의 자본과 조합원 숫자를 유지해야 한다. 조합원 숫자가 늘수록 운영은 복잡해지고 규모가 커질수록 자본의 경제 논리에 잠식될 위험도 커진다.

'사람이 중심이 되는 경제'라는 사회적 경제의 핵심 기조를 유지하면서 현실적으로 운동을 지속할 수 있는 묘책이 필요하다. 그것이 어떤 방식으로 실현될지는 알 수 없지만, 사회적 경제의 모델로서 논골신협이 남긴 족적은 정부의 정책 기조에도 유의미한 시사점을 제시할 수 있을 것이다. 사회적 보호와 상생 그리고 상호 의존을 기반으로 하는 경제 활동의 영역이 가난한 사람들의 숨통을 틔울 수 있다는 점을 잊지 말아야 할 것이다.

우리는 어떻게 상생할 수 있나

인터뷰 도중 유영우 이사장은 '무임승차'라는 단어가 폭넓게 쓰이는 맥락을 생경해했다. 지난한 철거싸움 끝에 쟁취한 가이주단지에서 집집마다 불이 하나둘 켜지는 것을 보고 흐뭇해하던 그였다. 서로 돕고 살 수밖에 없는 사람들과 수십 년을 함께 해온 그는 결국 누구든 서로에게 의존할 수밖에 없다는 사실을 알기에, 도움이 필요한 이들 서로가 함께 관계 맺는 '사회'를 만들어냈다.

타인의 '무임승차'를 노여워하며 빗장을 걸어 잠그는 오늘날 우리의 '사회'를 돌아보았다. '사회'라는 낱말은 난무하지만 한편에서는 '사회 바깥'의 존재들에게 연일 참상이 닥쳐온다. 열악한 작업장에서 목숨을 잃은 비정규직 노동자 청년, 생존권을 부르짖으며 분신한 택시 기사, 고시원에서 발생한 화재로 참혹한 죽음을 맞은 일용직 노동자…….

우리가 그들의 삶과 관계를 맺지 않는 한, 우리의 사회 안에 그들이 발붙일 자리는 없다. 우리가 같은 사회에 속해 있다는 전제조차 없다면, 과연 사회적 보호란 무슨 의미일까? 철거민들의 연대를 넘어 지역공동체의 상생을 꿈꾸는 주민지도자의 삶에서 그 답을 얻을 수 있을 것이다.

글: 김유림, 남유진, 박건, 이지윤, 정희민

1. 1970년 4월 8일 서울 마포구 창전동 와우지구 시민아파트 15동 건물 전체가 붕괴해 33명이 사망하고 39명이 중경상을 입은 사건이다. 사건이 준공 후 불과 4개월 만에 일어난 점으로 인해 조사가 진행된 결과, 부실 공사가 사고의 원인이었음이 드러났다. 이 사건 이후 도시 빈민의 주거권 문제가 대두됐다.

2. 경기도 광주(지금의 성남시) 주민 수만 명이 1971년 8월 10일, 정부의 도시정책에 반발해 집단 시위를 벌인 사건이다. 서울시는 서울 곳곳의 개발지역에서 생겨난 철거민들을 일자리와 기반시설이 전무한 곳에 집단 이주시켰으나 도시개발 과정에서 투기수요 급증, 분양가 급상승 등으로 주민들의 재정착마저 어려운 지경이 되었고, 빈곤과 실업, 열악한 생활 여건을 견디다 못한 주민들이 서울시 출장소 등을 점거하며 항의했다.

3. 홍현미라, 1997, 「철거지역 아동 환경의 위험 상황에 대한 고찰 및 아동 방임, 심리적 부당 대우에 대한 실태 보고와 대안 모색」, 『도시와 빈곤』 28호에서 재인용.

4. '사회적기업육성법'은 사회적 기업의 설립, 운영을 지원하고 사회에서 충분하게 공급되지 못하는 사회 서비스를 확충하고 새로운 일자리를 창출하는 것을 목적으로 2012년 제정됐다.

5. '협동조합기본법'은 기존에 200명 이상이던 설립 동의자를 5명 이상으로 줄이고, 3억 원 이상이던 출자금 제한을 없애 협동조합 설립 요건을 크게 완화하고자 2012년 제정됐다.

6. 도시빈민연구소, 1989, 『도시빈민지역운동론』.

7. 아나냐 로이, 김병순 역, 2018, 『빈곤 자본: 소액금융과 개발의 패러다임』, 여문책.

4.
운동, 복지, 사회혁신의 공간, '지역'
난곡사랑의집 배지용

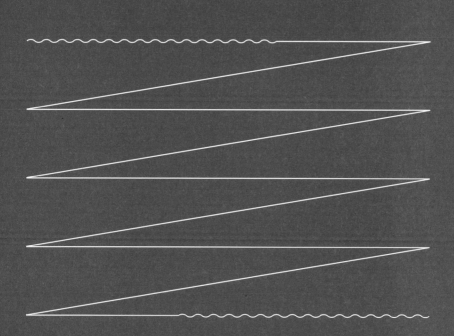

관악주민연대와 지역주민운동

빈민운동의 시작, 난곡 지역주민운동[1]

'서울의 마지막 달동네'. 2000년대 초반까지 난곡은 그렇게 불렸다. 하지만 2018년 우리가 만난 난곡 주민운동 현장에서 더 이상 '빈민'이라는 단어를 찾아보기는 어려웠다. 지역에 재개발이라는 그림자를 드리웠던 도시정책은 오늘날 주민운동의 후원자가 된 것처럼 보였다. 1990년대 이후 주민운동의 주체와 장소는 '빈민'에서 '주민'으로, '현장'에서 '지역'으로 확장과 재편을 경험했다.[2]

우리는 배지용 활동가와의 인터뷰를 통해 관악구 주민운동의 주요 의제가 운동, 복지 그리고 사회혁신으로 다양하게 이어져왔음을 알 수 있었다. '사회혁신'을 의제로 전개되고 있는 현재의 주민운동에서는 이전과 달리 '빈곤'이라는 단어가 희미해지고 있다는 점, 관과 활동가의 관계가 대립 구도에서 협력-공생 관계로 변모한 점도 눈에 띄었다. 활동가, 시대, 지역, 주민 그리고 공공기관과의 관계가 주민운동의 공간 속에서 어떻게 만나고 변화해왔는지 살펴볼 수 있는 대목이었다.

난곡(蘭谷)은 현재의 관악구 난행동, 난곡동, 미성동을 포괄하는 전래 지명이다. 이 지역은 1960~70년대 철거나 수해 등으로 집을 잃은 주민들이 이주해 오면서 형성된 철거민 밀집촌으로 알려졌다. 그 전까지 서울 변두리 지역으로 논밭과 숲으로 둘러싸인 데다 골짜기가 깊어 공동묘지로 쓰이던 땅이었다. 1967년 서울시가 대방동 뚝방길 지역을 대거 철거하며 주민을 이곳으로 집단 이주시켰다.

서울시는 가구당 8평씩 땅을 제공하고 집을 짓게 했지만, 무리한 집단 이주가 강행되면서 공동묘지 이장과 이주가 동시에 진행되었다. 해골이 쓰레기처럼 뒹구는 모습과 청소차에 실려와 부려지는 자신들의 모습을 비유해 주민들은 이 동네를 '낙골(落骨)'이라 부르기도 했다.

난곡 지역주민운동의 역사에서 김혜경 활동가의 이야기는 빠질 수 없다. 주민조직가 훈련을 받고 개미마을, 창신동, 청계천 등지에서 빈민운동을 경험한 김혜경은 가톨릭노동청년회 지도신부인 도요완 신부로부터 난곡 지역을 소개받아 주민들과 만나게 되었다.

1973년부터 김혜경은 여성 주민들과 '국수모임'을 시작했고, 주민들은 생필품 공동구매 사업, 가로등 설치나 비탈길 계단 만들기 등 일상적 문제들을 함께 해결해나가며 협동의 가치를 확인했다. 수도,

화장실 등 위생시설이 부재한 환경에서 생활하던 가난한 주민들은 아파도 제대로 치료받을 수 없었다.

김혜경이 주선하여 서울대 의대 가톨릭학생회 학생들이 무료 진료를 시작했고 국수모임 회원들이 적극적으로 자리를 마련했다. 주민들은 이 진료사업을 토대로 1976년 난곡희망의료협동조합(난협)을 창립했다.[3] 난협은 회원들이 정기 회비를 납부하고 회의와 일상적인 사업을 진행하는 체계를 갖추면서 다양한 활동을 벌여나갔다.

난협을 매개로 14년간이나 지속되었던 여름학교와 한글반은 훗날 도시빈민지역의 공부방 활동의 모델이 되었다. 그런데 1981년 신림복지관이 근처에 개관하면서 새로운 갈등이 불거졌다. 애초에 복지관은 난협과 한강성심병원의 자매결연 형태로 만들어졌으며 난협의 활동 성과와 회원 기금에 기반을 뒀으나, 1983년 복지관 관장은 김혜경을 권고사직하고 난협과의 관계를 단절했다.

그 과정에서 김혜경 활동가는 '빨갱이'로, 주민자치 조직인 난협은 '불순 단체'로 몰리는 등 어려움을 겪었다. 난협은 주민을 위한 병원 설립을 추진해 1987년 '요셉의원'을 열었다. 요셉의원은 한때 난협 회원이 이용하는 병원이자 성남이나 구로동 일대의 가난한 지역주민들이 이용하던 곳이었다.

하지만 운영 방식에 대한 의견 차를 거듭하다 지역의료보험 확대를 즈음하여 그 위상을 무료 자선병원으로 전환하면서 난협의 의료협동조합 활동은 일단락되었다.

난곡 빈민지역운동의 발자취

1970년대 말 난곡에서는 청년 중심의 야학운동이 활성화되었다. 1978년 설립된 '낙골야학'은 구로공단에 다니는 젊은 노동자들을 모아 활동을 전개했다. 정부의 야학운동 탄압 속에서 청년들의 생활과 활동을 보장하는 안정적 공간으로 '낙골교회'가 만들어졌다.

낙골교회 구성원들은 야학을 통해 형성된 비판적 사회의식을 바탕으로 사당동, 상계동, 양평동 등 철거 투쟁 현장과 노점상들의 투쟁에 연대했다. 일용직 노동자들의 조직화를 꾀하며 영등포일용노동조합을 건설하기도 했다.

1973년 난협을 시작으로 활성화된 난곡의 지역주민운동은 낙골교회, 낙골공부방, 남부고등공민학교(남부야학) 등으로 확장되었고, 그러한 흐름들이 모여 1988년 난곡지역협의회(난지협)가 꾸려졌다. 난지협은 난곡주민회, 난곡지역단체협의회를 거쳐 2011년 남부교육센터, 난곡사랑방, 사랑의 밥집이 모인 '난곡 사랑의 집'으로 통합되었다.

1990년대에 재개발이 본격적으로 추진되면서 관악구의 지역 활동가들은 관악주민연대를 조직했다. 관악구 일대 곳곳에서 동시다발적으로 이루어진 재개발은 가난한 주민들의 주거권을 위협했는데, 재개발 문제에 연대운동의 방식으로 대응하기 위해 연대체를 만든 것이다.

또한 1990년 이후 복지에 관한 담론이 급증하고, 주민자치로 해결되어온 빈민에 대한 지원이 '복지'라는 이름으로 제도화되기 시작한 점도 주목할 필요가 있다.[4] 이에 따른 논란도 다양했다. 관악주민연대 복지 분과 활동가들은 복지운동을 지속하기 위해 '관악사회복지'라는 별도의 조직을 만들었다.

관악주민연대는 폭넓은 지역운동을 이어가며 한미FTA 반대나 탄핵촛불 등 사회적 의제에 연대하는 활동을 벌이기도 했다. 2010년 이후 서울시는 마을만들기 사업을 본격적으로 추진했는데, 관악사회복지는 이에 적극 결합하며 민관 협력·공생 관계를 모색했고 지역주민 복지 지원을 위한 파트너십을 형성했다.

이처럼 난곡의 빈민지역운동은 그 의제와 해당 범위를 넓혀가는 여정을 밟아왔고, 과거의 지역주민운동은 오늘날까지 이어지고 있다. 관악주민연대는 활동 범위와 내용을 확장하면서 지방자치 단위로서의 지역 현안에 대한 대응을 구체화했고, 그 과정에서 관악구 주민참여예산제 도입에 크게 기여했다.

배지용 활동가와 난곡 지역

I

2018년 11월 23일 저녁, 서울특별시 관악구 난곡동 난곡사랑의집 사무실에서
김서형, 박영서, 임윤아, 장채원, 홍다솜 그리고 조문영이 묻고, 난곡사랑의집
배지용 이사장이 답한 내용을 기록했다.

열악한 환경에 충격받아 시작한 지역 활동

가난한 동네에서 목회 활동을 하고자 했던 배지용 활동가는 신학대학원 재학 시절 지금의 난향동인 낙골[5]에 처음 오게 되었다. 1993년 1월부터 낙골교회의 목회 활동을 도우며 낙골야학 공부방 교사 일을 시작했다.

그는 난곡지역단체협의회와 연을 맺고, 빈민운동가인 고(故) 허병섭 목사가 설립한 생활경제연구소에서 활동하면서 도시빈민운동에 자연스럽게 결합하였다. 2001년부터 약 1년간 관악주민연대 사무국장 역할을 맡았으며 현재까지 회원으로서 관계를 유지하고 있다.

재개발 투쟁 이후에도 배지용 활동가는 난곡 사랑의 집, 남부교육

센티 등 난향동, 난곡동을 중심으로 주민운동을 지속했다. 특히 야학과 공부방에서 꾸준히 활동해온 그는 현재 남부교육센터의 장과 사단법인 난곡 사랑의 집 이사장을 맡고 있다.

난곡 사랑의 집과 관악주민연대는 처음에는 서울시 '마을만들기' 사업에는 동참하지 않은 반면, 배지용 활동가는 박원순 시장이 취임 이후 추진해온 사회혁신 사업들과 궤를 같이하는 '주민참여예산제[6]'에 초기부터 적극적으로 참여하였다.

이러한 활동 배경에 따라 그는 현재 난곡 도시재생센터의[7] 분과장과 관악주민참여예산위원회의 공동위원장을 맡고 있다. 지역의 변화를 몸소 체험하며 제도 안팎에서 지역 활성화를 위해 분주히 일했고, 최근에는 '관악공동행동'과 같은 활동가들의 연대체 조직에도 참여하는 등 난곡·난향을 중심으로 관악 지역으로 확장된 지역운동에 쉼 없이 참여해왔다.

처음 난곡에 발 딛었던 1993년, 배지용 활동가는 동네의 열악함에 충격을 받아 지역 활동을 결심했다. 공부방 교사를 시작으로 지켜보게 된 동네의 일상은 '마을공동체의 원형' 같았다고 회고했다.

새벽에 공중화장실에 줄 서 있는 주민들이 자연스럽게 인사를 나누거나 집 안이 비좁아 골목에서 김장을 시작하면 동네 사람들이 하나둘 달라붙어 김장을 돕는 일이 흔했다. 한 아이가 저 집 아이가 아니라 '우리' 동네, '우리' 교회 아이가 되는 관계 형성이 가능했던 것은 주민 삶의 자연스러운 조건이었다.

마을의 변화와 '복지' 이슈의 등장

 그 당시의 '주민 조직화'란 최근의 마을만들기나 도시재생정책에서 다뤄지는 맥락과 사뭇 달랐을 것 같습니다. 주민 조직을 만들어간 과정은 어떠셨나요?

 예를 들어서, 공부방에 다니는 엄마들이랑 같이 앉아서 동네 장터 같은 것을 기획하고 자연스럽게 같이 준비해요. 또 골목에서 김장을 하고 있는 엄마들이랑 같이 앉아 김치 한 쪼가리 나눠 먹으면서 동네 얘기들을 해요.

그러다 보면 예를 들어, 어르신 분들의 어려움들이 있어요, 그러면 "같이 만나서 뭘 해볼래?" 하는 얘기가 자연스럽게 나오는 거죠. 예전에는 (주민을 모으기 위해) 생각할 게 없었던 것 같아요. 같이 만나서 김치 먹으면서 얘기하다가 "해볼까요? 재미있을 텐데?" 이렇게 되는 거죠.

1993년에 마을에 들어왔을 때 (주민들을 만나는) 제 활동 시간은 저녁이나 밤 시간이었어요. 공부방은 3, 4시에 끝나고 지역주민들은 5~6시에 일과가 끝나니까 만나서 술 먹고 놀고 고스톱 치고 하면서 무언가를 도모하는 거죠.

그 시절에는 이른바 '관'이라고 하는 공공기관과의 관계는 어땠나요? 당시의 반빈곤운동은 종교적 접근뿐만 아니라 민주화 운동과도 밀접했으니 지금과 좀 달랐을 것 같은데요.

지금은 저도 구청에서 하는 도시재생이니 뭐니 얘기를 하지만 그 시대는 활동가들과 공무원, 지역사회와 복지관 같은 데도 (반목하며) 나뉘어 있었어요. 활동가들은 공무원들을 전혀 신뢰하지 않았죠. 1987년 이전 사회하고 이후 사회는 완전히 다르거든요.

1990년대 초까지 저희는 감시 대상이었어요. 경찰이 종종 와서 민중교회인 낙골교회를 털었어요. 함부로 거기 있는 물건들을 다 가지고 나오기도 하고요. 선배들은 그런 일들을 당하다 보니 (관과) 친할 수가 없는 거죠. 저기 위에 있는 신림복지관하고도 악연이 있잖아요.

난협하고 복지관이 의료 사업을 하다가 문제가 생기면서 난협 자체가 깨지게 되는 상황이 있었어요. (같이 활동하는) 선생님이나 후배들이 그걸 목격한 거죠. 그러니 복지관과도 친할 수가 없죠. 시간이 흐르면서 지금은 많이 바뀐 거죠.

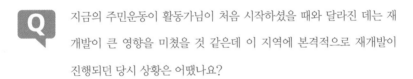 지금의 주민운동이 활동가님이 처음 시작하셨을 때와 달라진 데는 재개발이 큰 영향을 미쳤을 것 같은데 이 지역에 본격적으로 재개발이 진행되던 당시 상황은 어땠나요?

 1993년 말부터 관악구 산동네 일대의 재개발이 본격적으로 시작돼요. 여러 동네들이 연속적으로 개발되기 시작했어요. 여기저기 달동네에서 재개발 문제가 발생하는데 이걸 개별 동네가 해결할 방법이 없는 거예요. 그러니까 "모이자." 해서 함께 대응한 게 관악주민연대였죠. 그 시기부터 관악주민연대가 이른바 '지역운동'이라는 말, 그 다음에

'구(區) 단위 지역운동'이라는 말을 썼던 거죠. 그 전까지는 구 단위 지역운동이라는 말이 없었어요.

개발로 인해 삶의 조건이 변화하면서 '복지' 문제가 대두되기 시작했어요. 그때 관악주민연대에는 세 개의 분과위원회가 운영되었는데, 그중 하나가 재개발 투쟁과 관련된 재개발 주거 분과였고, 두 번째가 복지 분과였어요. 세 번째가 언론을 다루는 신문 분과. 복지 분과는 당시 관악 활동가들의 문제와 직결되었죠. 재개발이 되면 주민이 사라지는데, 주민이 사라지면 활동가도 사라지죠. 탁아소며, 공부방이 뭐가 중요하겠어요. 주민이 없는데. 그래서 고민이 있었죠. 또 '철거민'이 되어버린 주민의 삶 자체가 심각한 상태였죠. 엄마, 아빠는 철거투쟁을 하는 동안 어린이들, 어르신들은 어디 가 있었을까요?

누군가는 지켜야 하는 거예요. 공부방이 철거된다는 것 자체가 그런 문제를 다 포괄하는 의미의 싸움인 거죠. 관악에서는 (개발) 이후까지 생각하게 된 거죠. 생산공동체에 관한 이야기도 나왔죠. 난곡도 개발 이후 주민 정착률이 9퍼센트가 안 돼요. 91퍼센트는 다 떠난 건데, 여기 벗어나면 집값이 비싸서 서울에서는 살 수가 없죠. 개발이 아무리 잘 되어도 동네를 떠나야 하는 게 현실이었어요. 그래서 "같이 살자." "같이 잘 살아보자." 하면서 고민한 게 생산공동체였어요.

그러다 여러 가지 조건이 변하는 과정에서 복지운동을 계속해야 한다는 문제의식을 갖게 되었어요. 그래서 관악사회복지라는 법인단체를 또 만들게 됐고 지금까지 이어진 것이죠. 복지를 이야기하면서 관악의 '자활'에 대한 이야기를 하게 된 거예요. 활동가들도 복지를 그때 처음 알았어요. 저조차도 공부방과 사회복지가 어떤 관계인지 전혀 몰랐어요. 가만히 듣다 보니 "우리가 하는 게 다 복지네?" 이렇게 된 거죠.

반빈곤운동인가, 복지운동인가

Q 저희가 파악하기로는 재개발 철거투쟁이나 반빈곤운동에서 복지로 의제가 전환되는 문제에 대해 활동가들의 고민이 있었던 것으로 보입니다. 관련한 고민이나 내부의 논쟁이 있었는지요?

A (복지 문제가) 쉽게 받아들여지거나 한 건 아니고요. 그런 부침은 때마다 있었던 것 같은데, 그런 논쟁들을 잠재운 것은 IMF 외환위기 사태였죠. 도저히 방법이 없잖아요. 여기 (낙골) 사람의 70~80퍼센트가 건설 일용노동자, 그 안에서도 대부분 벽돌을 쌓는 '조적'에 종사했어요. 그때 조적이 망하고 사라졌어요. 벽돌을 쌓지 않고, 콘크리트 같은 것을 쓰기 시작한 거죠. 그 당시 살던 주민들이 갈 데가 없어졌어요.

외환위기가 닥치니까 복지가 맞고 틀리고 이런 이야기를 할 수가 없어요. 당장의 문제니까. 활동가라고 무슨 (해결할 수 있는) 재주가 있는 게 아니잖아요. 그래서 그때 만든 게 지금 난곡 사랑의 집의 전신, 그러니까 난곡 사랑의 밥집하고 난곡사랑방이에요.

난곡 사랑의 밥집이 만들어진 계기는 사실 실업극복 국민운동 차원에서 MBC가 하던 결식아동 급식 프로젝트에 저희가 지원사업 신청을 한 거예요. 당시 실업극복 급여를 3달치를 줬어요. 금액이 어마어마한 거죠. 이전까지 활동가들은 사업비가 없어서 돈 몇만 원에 벌벌 떨다가,

(실업극복 국민운동을 계기로) 갑자기 억대의 사업비를 집행하게 되었어요. 이런 지원사업을 하면서 프로포절proposal이나 서류를 만드는 일을 하게 된 거고요.

그런데 실업극복 국민운동이 초기의 긴급구조 생활환경을 지원해주고, 그 이후에는 교육을 통해서 자활을 도모하는 프로그램이다 보니 지원이 중단되어 버렸어요. 그런데 결식아동의 문제가 단시간에 해결되는 게 아니니까 (문제가 여전하다는 것이) 〈추적60분〉에 방영된 적이 있었어요. 그 후 빗발치게 전화가 오고 굉장히 많은 후원금, 후원물품을 받게 되었어요.

이제 이 정도까지 오니까 복지 얘기 이게 논쟁이 될 수가 없게 된 거죠. 현실이 이런 상황이니까요. 그전까지는 활동가들은 정부가 되었든 기업이 되었든 "(기관에) 프로포절로 지원해서 돈을 받는다?" "그 돈을 왜 받느냐." 이렇게 말이 나왔었는데, 이제는 안 받으면 안 되는 게 된 거죠. (그런 과정에서) 국가로부터 오히려 (지원을) 받아야 하고, 국가가 이런 역할을 당연히 해야 한다는 식으로 사고가 전환이 돼요. 그게 참 묘한데, 그 시점 전에는 저희 같은 활동가들에게 국가는 뒤엎어야 하는 혁명의 대상이었으니까요. 활동가들은 컴퓨터 앞에 앉아 이런 거(프로포절) 쓰려고 (주민운동) 하는 게 아니에요. 그런데 계속 써야 하죠. 왜냐하면 재정에 문제가 생기니까요. 1990년대에는 공부방에서 수익사업으로 일일호프하고 서울 시내 단체들이랑 같이 이벤트 겸 후원금 모으고 하던 게 싹 사라진 거죠. 복지 논쟁은 이제 더 이상 할 수도 없고.

복지 문제가 중점으로 떠오르면서 지역공동체와 관련된 활동은 많이 줄었나요?

 달동네는 다 사라졌는데 달동네 주민들이 간 데가 있었어요. 단 몇 퍼센트일지라도. 그게 임대아파트였어요. 달동네 주민들이 임대아파트에 입주하면서 어떤 일이 생겼는지 알아요?

일반분양아파트는 101, 102, 103동으로 했는데, 임대아파트는 가동, 나동으로 해놓은 거예요. 그리고 두 아파트 사이를 막아버렸어요. 그때 '영구와 범생이' 얘기가 나와요. 영구는 임대아파트, 범생이는 일반분양아파트 사는 아이들. 그런 차별이 사회문제가 된 거죠.

그래서 임대아파트 주민운동이 지역사회 안에서 생겼어요. 2006~2007년까지는 아마 계속됐을 거예요. 그런 과정에서 임대아파트 안에 이전에 없었던 공부방이 다시 만들어지고, 아파트 남는 공간에 공부방이나 도서관 만들어줘라, 이렇게 요구하게 되고. IMF 사태는 외부의 거대한 것이었다면 임대아파트 문제는 내부 사람들이 원하고 지향하는 활동을 일으켰죠. 그런 활동들이 모이면서 여러 이슈가 만나게 되죠.

'사회혁신'의 등장과 주민운동의 변화

IMF 외환위기 이후 사회정책과 정치제도 변화는 지역운동과 정부의 새로운 관계 맺음을 가능케 했지만, 민관의 긴장 관계는 지속되었다. 2010년 들어 서울시의 마을만들기를 비롯해 이른바 '사회혁신' 사업

등에 대해서도 활동가들은 비판적이었고 주민참여예산제 등 일부 의
제를 중심으로 참여하게 된다.

 공공기관과의 관계나 역할 설정이 변화하면서 활동 방식도 많이 달라
졌나요? '관'에 대한 주도권 문제도 있었을 텐데요.

이전까지 관악에 있었던 활동들은 이른바 '관'하고 같이 하지 않고, 굉
장히 적대적인 분위기가 있었어요. 저도 2010년까지도 주민센터나 구
청에 항의를 하고 소리를 지르러 갔지 무슨 회의를 하러 간 적은 없었
어요. 마을만들기 같은 것에 대해 반발이 심했죠. 관에서 무슨 마을을
만든다면서 위에서 아래로 뿌리냐, 이런 반발이었어요. 그런데 주민참
여예산은 좀 달라요. 주민자치라는 관점에서 접근이 된 건데, 조례부
터 주민과 공공기관이 같이 만들어요. 민주주의 문제로 접근된 부분이
많았던 것 같아요. 그 과정에서 '민관 협력'이라는 게 등장한 거고요.
여기에 대해서는 그 당시도 지금도 (활동가) 전부가 이에 동의하는 건
아니에요. 마을만들기도 도시재생도 하면서 활동가들 입에서 나오는
말이, "우리가 10급 공무원이야?"라는 거죠. 우리가 가진 지향점들이
틀리지 않다는 걸 주장하기 위한 (연대체적) 조직이 필요하다는 얘기가
2010~2011년부터 나왔어요. 공공기관과의 수직적인 수탁자 · 위탁자
관계에만 머물지 않으려면 우리가 주장할 만한 내용을 가져갈 무언가
가 필요했고 그게 관악공동행동이었어요. "어떻게 시민 협력과 시민권
리 보호를 같이할 수 있는가?" (한 조직 안에서) 누구는 집회를 하고 누

구는 위·수탁 관계에 놓여 있는 상황을 구청 공무원들은 어떻게 볼 것이냐는 거죠.

지금도 과제예요. 이걸 어떻게 조화롭게 가져가는가. 저희 관악 활동가들도 이전에 경험해본 적 없는 사회를 만나고 있어요. 한쪽에서는 시민의 권리를 옹호하고 다른 한쪽에서는 관하고 협력을 해서 같이 간다? 또 저 같은 활동가도 아주 심한 부담감을 갖고 있는 것이 '박원순 그만두면 나는 어떻게 되는 건데?'와 같은 생각을 해요. 도시재생이다, 사회 참여다, 이런 것들도 다 마찬가지죠. '서울시 미쳤다'(는 말이 나와요). 돈 주고 뭐든 다 만들어오라고 하죠. 그런데 그게 가능하냐고요. 주민들 교육시키고 이러는 게 뚝딱 가능한 일이냐고요.

 그런 딜레마 속에서도 마을만들기 사업에 참여하신 이유가 뭔가요?

 제가 (예전에) 생각하고 만난 주민은 경제적으로 빈곤하고, 저소득층에 사회적 약자 이런 개념이었어요. 관악에서 활동하는 사람들은 아마 비슷한 생각으로 살았을 거예요.

그런데 마을만들기 센터 주민교육을 가봤어요. 거기서 만난 주민들은 제가 이전까지 만났던 주민들과 달랐어요. 가난한 사람들이 아니라 일반 주민인 거예요. 중산층이라 부르든 뭐가 되었든 모여서 뭔가를 함께 하는 모습이 남달랐어요. 뭐랄까, 내가 이 사람들한테 배우는 것 같다? 힘이 있고, 열정이 느껴졌어요.

제가 마을만들기 활동에 다시 가게 된 게 그런 것 때문인 것 같아요. 그

전에는 이전에 있었던 사람들과의 관계다 뭐다 해서 이렇게 저렇게 해 보려고 아웅다웅하는 꼴이잖아요. 힘이 빠져 있었는데 그곳에서 조금 다른 걸 본 거죠. '오, 나는 기를 쓰고 해도 잘 안 되는데 여기선 되네?' 이런 느낌을 받은 거죠. 그런 면에서 제에게 힘을 주었던 게 있고. 마을공동체는 어떠한 다른 사업들의 근간과 기반이 될 수밖에 없다고 생각해요. 앞으로는 주민자치회가 만들어지잖아요. 주민자치회는 회원이 50명이나 되고 세대별로 들어가요. 추첨으로. 기존의 동사무소 주민자치위원회는 직능단체 모임과 같은 일종의 단체연합회의 형식이니 완전 달라지는 거죠. 앞으로의 주민자치회의 근간은 마을공동체일 수밖에 없겠다고 생각했죠.[8]

주민 조직화 방식이 크게 달라지겠네요.

옛날에는 집에 찾아가면 주민들을 얼마든지 만날 수 있었지만 지금은 저희 (난곡 사랑의 집) 같은 데서 이렇게 프로그램을 만들어야 만나는 거잖아요. 이런 구조가 될 수밖에 없죠. 그러지 않으면 만날 수도 없고 누가 있는지도 모르죠. 이게 제일 어려운 것 같아요. 마을만들기도 그런 면에서 보면 예전 달동네에서의 모습을 재현하고 싶어 하는 것 같아요. 골목길 만들기 그런 것들을 많이 하거든요.

하지만 구조적인 한계가 분명히 있어요. 예전엔 이웃집 전화 대신 받아주던 열린 구조였지만 지금은 프로그램이 있어야만 하죠. 계획도 짜야하고 돈과 공간도 필요하죠. 생각할 게 많은 거죠. 활동가들이 책상에서 머리를 짜내야 하죠. 그런데 저도 불만인 것이, (아이디어나 상황은) 변하잖아요. 그런데 문서가 되어서 나가는 순간 고정불변의 사업이 되어버려요. 공무원들과 가장 많이 부딪히는 부분이죠. 예를 들어 3월에 세운 사업계획을 11월에 상황에 맞게 변화시킬 수 없다는 거예요. 주민들의 생각이나 반응은 달라지는데. 그런 문제에 대한 유연성은 없더라고요.

과거와 현재의 '활동가' 그리고 반빈곤운동

 낙골에서 관악으로, 주민에서 시민으로 확장되어온 지역주민운동을 지속해오시면서 활동가의 위상이나 주민과의 관계는 어떻게 달라졌나요?

 예전에 제가 지역 (낙골)에 있었을 때는 (주민은) 한 사람이에요. 누구누구 개별 이름을 가진 사람이지. 포괄적인 의미의 주민이라는 것은 토론할 때나 쓰는 단어지 동네에서 그런 개념은 안 쓰잖아요. 그런데 이제 사회혁신 사업들을 할 때는 주민 그룹화가 이루어지는 거죠. 도시재생센터에 있는 한 실무자가 저한테 "나는 활동가가 아니에요."라고 말했거든요. 거기서 활동가는 어딘가 부정적인 느낌이거든요. 열심히 일하고 자기 신념을 갖고 헌신하는 사람이라고 좋은 의미로 보기도 하지만, 활동가랑 같이 일하는 사람은 "나는 저 사람처럼 24시간 일할 수 없어요."라고 말해요.

지역주민들에게 활동가란 이전에는 문제가 있으면 같이 편을 들어 싸우는 사람이었다면 지금은 주민과 행정 간의 관계를 조율하는 중간자처럼 비쳐지기도 해요. 그런 역할을 요구받고 있는 거니까. 저도 그런 문제가 지금 참 고비인데요. 이전처럼 자유롭지 않아요. 이제는 무언가 얘기를 할 때 책임감을 느낄 수밖에 없게 돼요. 제가 여기 난곡 사랑의 집에 있는 한 난곡동에서 벌어지는 일들이 저에게 최우선순위라고 생각해요. 구 단위 활동을 하는 건 동 단위 한계를 넘어 제도적 기반을 마련하는 것이기도 하죠. 지방자치의 기본 단위가 구잖아요. 구와 동이 어떻게 결합할 것인지 이런 고민을 해요.

예를 들어 서울시의 사회혁신 활동을 하는 사람들은 주인공은 동이라고 해요. 동에서 자발적으로 무언가 이루어져서 주민자치의 그림이 나와야 그 다음에 시가 포괄할 수 있다, 그래서 지금은 시가 동 단위에 동기를 부여하고 지원을 제공하는 거라고 얘기들을 해요. 그런데 서울시에서 동에 대한 지원이나 조건을 만들어줘도 동으로 직접 오는 게 아니라 구를 거치게 되고 그 안에서 얼마든지 각색이 돼요. 그런 조건이지만 어쨌든 제 답은 동이에요. 제 주변에 있는 바로 그 '한 사람 한 사람들이 어떻게 달라지느냐', 사실은 그게 관건이죠.

관악에서 이루어지고 있거나 모색 중인 반빈곤운동 의제나 과제는 어떤 게 있나요?

주로 사회적 경제 쪽에서 요구하고 있는 것이긴 한데, 독거노인 어르신들이 스스로 자기들이 할 수 있는 일들을 찾는 거죠. 이분들이 원하는 것은 큰돈이 아니라 용돈 정도의 수입인데, 이런 문제를 이제 다루어야 한다는 생각이 들어요.

문제는 여기에 대한 재정 지원이 긴급지원 형태로 이뤄진다는 거죠. 예를 들어 만원 오던 재정 지원이 팔천 원으로 줄어들 때, 지역사회를 더욱 망가뜨리는 동인으로 작용하거든요. 지역사회 내에서 스스로 이를 해소할 수 있는 구조 같은 것들이 마련되어야 하는데, 이것을 제가 처한 상황 속에서 풀어낼 수 있는 한 방법이 협치 테이블이더라고요. 행정의 틈새를 찾아내는 노력이 일정 부분 성과를 얻게 되면, 결국 협치 테이블이 끌고 올 수 있는 의제도 사회적 소외계층에 대한 것이고, 중심 내용도 빈곤일 것이라고 생각해요.

관악에서 사회적 경제, 마을만들기가 주목받는 이유는 이런 문제들이 포함되어서가 아닐까 생각해요. 물론 어떤 활동가들의 경우에는 협동조합에 대한 이야기를 할 때도 중산층을 기준으로 생각하는 등 차이점이 있기는 하지만요. 결국 협치를 이야기하려면 정치, 경제, 문화를 얘기해야 하는데, 그게 결국 빈곤문제 아니겠는가, (활동가들이) 그렇게들 이야기를 하더라고요.

그런 방향이 되려면 내가 겪는 어려움이나 내 권리를 이야기할 수 있는 방식과 역량을 키워야 한다는 필요성에서 문해 교육을 하고 있는 것이고. 결국 제대로 된 협치를 위해서는 주민자치회의 구조로 가야한다고 생각해요. 올해 참여예산 관련해서도 온라인 시범 플랫폼이 있어요. 스마트폰을 사용할 수 없는 이들을 교육하고 사용 참여를 확대할 시스템의 보완이 필요하죠. 이제 곧 도시재생 사업이 난곡, 난향에서 벌어져요. 도시재생의 직접적 영향을 받는 대상은 독거노인 분들인데요, 제 목표는 그들이 도시재생과 관련해서 어느 땅에서건 마을에 참여하고 주장할 수 있는 분위기와 시스템을 마련하는 거예요. 이 어르신들이 어떤 이야기를 하든 귀 기울일 수 있는 지역사회의 분위기가 조성돼야 하죠.

활동가로서 지역주민운동을 오랫동안 지속해온 동력이 무엇인가요?

첫째는 주민의 반응 같아요. 실상 (현장에) 들어가서 (주민들의 상황을) 접했을 때, (저희의 활동에 대한) 주민들의 반응도가 활동가들의 예상을 벗어날 수 있죠. 얼마든지 예상을 벗어날 수 있는데, 그 범주나 내용들의 영향력에 따라서 활동가들은 바뀌어가는 거예요. 중간지원조직이 주민을 리드해가는 위치해 있다고 해도, 결국 그들 역시도 활동가가 마을에서 준비했던 프로그램들이나 사업들에 (주민들이) 어떻게 반응하느냐에 따라서 그 다음 계획이나 내용도 수정되더라고요. 그런 면에서 저는 중요한 건 주민들의 반응이라 생각해요.

두 번째는 활동가들의 스스로에 대한 비전이에요. 활동가들이 이런 활동을 할 때는 무언가 자기가 바라는 신념 등이 성취되길 바라는 그런 마음에서 시작이 되었을 텐데요. 이와 관련해서 (자신이 바라는 신념이 성취)될 수 있다는 것에 대한 긍정적인 멘트나 확신이 오는 순간에 활동가들이 바뀌는 것 같아요. 예를 들어 박원순 시장이 말하는 마을이라는 것도 초기에는 그렇게 전폭적인 (지지를 받는) 것은 아니었는데, 어느 시점이 되었을 때 '어어, 되겠네.' 하고 끌려가는 부분들이 있었거든요. 저는 이게 오히려 방금 말씀드렸던 활동가들이 바라는 자기 신념에 대한 비전들이 성취되는 느낌일 수 있겠다고 생각해요. 물론 백 퍼센트 성취될지는 (잘 모르겠지만요). 그렇지만 이전에는 성취될 수 있다는 생각도 안 해보았잖아요.

빈민운동과 사회혁신 의제화

지역주민운동의 관계지형 변화

우리는 관계성을 중심으로 주민운동을 낯설게 바라봄으로써 각 시점별로 주민운동에서 자연스럽게 생각했던 지식과 담론의 형성과 유통 과정을 해석하고자 했다. 또한 오늘의 서울 관악지역 주민운동에서 '빈곤'과 '협치'의 관계를 성찰해보았다.

특히 관악지역 주민운동의 변화를 운동, 복지, 사회혁신의 세 국면으로 나누어 활동가, 시대, 지역, 주민, 공공기관 간의 관계성이라는 렌즈를 통해 주민운동을 살펴보았다.

'운동'이라는 주제어로 요약될 수 있는 1990년대 중반 이전의 주민운동은 권위주의 군사정부와 민주화 운동이라는 시대적 배경과 얽혀 있다. 달동네로 활동가들이 몰려들어 야학, 교회를 중심으로 활동하던 시절⁹ 활동가는 빈민지역에서 민중운동을 전개하는 사람을 일컬었다.

배지용 활동가도 '가장 가난한 동네'를 찾아 '낙골'을 찾아왔다고 말했다. 낙골이라는 이름은 난향동, 난곡동이라는 행정상의 지명과 달리 1970~1980년대 빈민지역을 표상하는 단어였다. 빈민지역을 무대로 주민운동이 펼쳐졌기 때문에, 지역주민이란 곧 빈민을 말하는 것이었다. 배지용 활동가는 이전까지 자신이 생각했던 주민은 '경제적으로 빈곤하고, 저소득층에 사회적 약자'라고 말했다.

활동가들은 발품을 팔아가며 가난한 사람들과 직접 얼굴을 맞대고, '생활'과 밀접한 활동으로 주민조직화를 이루어냈다. 김장을 하거나 '술 먹고, 놀고, 고스톱을 치고 하면서 무언가를 도모'하는 생활 자체가 주민조직화의 과정이었고, 주민운동의 의제 역시 생활과 관련된 것이었다. 오늘날 아파트 위주의 단절된 공간이 아니라 '열린 골목'이었던 낙골의 물리적 환경이 당시의 주민조직화의 조건이었던 것이다.

활동가는 주민들을 직접 만나며 함께 생활을 고민하던 존재였던 동시에, 공공기관과 주민 사이에 어떤 갈등이 번지면 주민의 편에 서서 싸우는 든든한 '투사'이기도 했다. 일방적으로 주민의 편을 드는 활동가들은 심지어 '흑백론자'로 불리기도 했다.

주민-활동가-공공기관의 관계가 변화한 것은 1990년대 말부터 관악구 전체에 재개발의 그림자가 드리워지면서였다. 작은 개별 동(洞) 단위로는 싸우기 힘들어지자 관악구에는 구(區) 단위의 지역연대체가 등장한다. 이는 주민운동의 범위가 동 단위의 빈민지역에서 관악 지역으로 넓혀지는 계기가 되었다.

재개발 시기 주민운동은 철거반대 투쟁에 집중하였다. 주민이 사라지면 활동가도 사라진다는 배지용 활동가의 말처럼 재개발은 주민뿐 아니라 주민운동 자체를 위협하는 것이었다. 그 시기에 주민운동에서 '복지'라는 주제어가 본격적으로 등장했다.

관악주민연대에는 재개발 주거, 언론, 그리고 복지, 세 개의 분과가 있었는데, 이때의 복지는 철거투쟁을 하는 부모를 대신해 아이들과 어르신을 돌볼 필요성에 의해 대두되었다. 외환위기라는 시대의 역풍은 이 같은 관계도를 송두리째 바꾸어놓았다.

구조조정으로 인한 대량실업 사태를 극복하기 위한 정부와 기업들의 지원사업이 속속 등장했고, 그 과정에서 활동가는 공공기관의 지원사업을 주민에게 연결해주는 중간자에 위치하게 되었다. 지원사업을 요청하고 제공해주는 과정을 통해 활동가와 공공기관은 필요에 의한 협력 관계에 들어서게 되었다.

이제는 탄원서와 항의 집회가 아니라 지원사업의 위·수탁을 위한 프로포절이 둘 사이를 연결하게 된 것이다. 여기에서 주목할 지점은 외환위기 당시의 경험을 기점으로 시민 단체들의 재정 구조가 변화했다는 것이다. 국가의 보조를 받지 않고 십시일반 주민들의 돈을 모으거나 후원사업을 조직해 운영하던 과거와 달리 지역운동 조직의 재정 구조는 공공기관의 위·수탁 관계에 대한 의존도가 높아졌다.

여기에는 공공기관에 대한 일방적 의존이라는 시각과 국가재정의 지역사회 환원이 당연한 '권리'라는 시각이 병존한다. 이런 과정에서 지역운동의 주체였던 주민은 '복지 수혜자'라는 새로운 이름을 얻고, 활동가는 공공기관과 주민을 매개하는 중간자 역할을 수행하게 되었다.

사회혁신 사업에서 변화하는 활동가 역할

박원순 서울시장의 사회혁신정책으로 주민운동이 정책의 영역으로 흡수되면서 '빈민', '사회적 약자'를 의미하던 '주민'은 중산층까지 그 범위를 확장했다. 주민이 글자 그대로 해당 지역에 거주 또는 생활하는 사람을 의미하게 된 것이다.

사회혁신정책에서 기초자치단체로 분류되는 '관악구'가 새로운 주민운동의 장소가 된다. 철거투쟁 당시의 지역적 범주가 '관악 지역'이었다면, 사회혁신 단계의 범주는 '관악구'라고 할 수 있다. 보다 넓어진 지역적 범주와 정책화된 운동의 환경 속에서 주민이란 대면 관계를 기반으로 '누구 누구 씨'로 불리는 개개인이 아니라, 집단을 호명하는 단어로 추상화된다.

사회혁신의 물결 속에서 주민들이 모이고 조직화되는 방식도 변화의 풍파를 겪는다. 골목길과 같은 생활의 공간에서 만났던 주민들은 이제 정책적인 프로그램에서 서로 만나게 되었다.

물리적인 공간인 마을이 사라진 상황에서 프로그램과 이슈는 주민 조직화를 위한 필수적인 수단이 되었고, 이러한 매개물을 거치지 않으면 이제 주민은 보이지 않는다. 그리고 비교적 동질적인 주거 환경과 경제적 배경을 가졌던 예전의 주민들은 이제 보다 분산된 배경에 고루 분포하는 주민들로 바뀌었고, 그러면서 주민들의 권리에 대한 요구 역시 다양하게 펼쳐지게 되었다.

프로그램은 활동가의 역할 또한 바꾸어놓았다. 사회혁신 사업이라는 활동은 정책적 고려를 바탕으로 운영되었다. 골목을 누비던 활동가들은 이제 책상 앞에서 프로그램을 담기 위한 프로포절을 작성하게 되었다.

활동가의 프로포절과 그를 통해 공공기관과 맺는 위·수탁관계가 활동가가 하는 활동의 중요한 비중을 차지하게 된 것이다. 스스로를 활동가라고 부르지 않는 사회혁신사업의 실무자들은 신념과 가치로 똘똘 뭉쳐 밤낮없이 현장을 누비던 활동가들과 자신을 구별한다.

이 같은 변화는 활동가가 제도적인 노동의 권리를 인정받은 것을 의미하기도 하지만 한편으로는 활동가란 무엇인가 하는 질문을 던지게 하는 대목이기도 하다. 활동가들은 단지 공공기관의 지원사업을 주민들에게 전해주는 것만이 아니라, 공공기관과 주민이 서로 공생하고 협력할 수 있도록 매개하는 역할까지 맡고 있다.

이러한 '중간자화' 상황에서 공공기관과의 수직적 관계를 경계하는 목소리도 활동가들 사이에서 나오고 있다. 관악공동행동이 그 사례다. 최근 부적절한 행실을 한 지역 구의원에 관한 논란이 있었다고 한다. 지역운동조직이 입장을 마련하는 과정이 관과의 친밀성에 영향을 받을 수밖에 없는 조건임을 확인했으나 동시에 구체적으로 상황을 인식하고 해결을 요구할 수 있게 된 점도 확인했다고 한다.

비행정의 영역이 행정의 영역으로 편입된다는 것은 반대로 시민운동의 공공으로의 침투라고도 볼 수 있다. "정치단체와 (우리는) 결국 다르다."고 말한 그는 관악공동행동의 내부 성찰과 토론의 중요성도 함께 강조했다.

배지용 활동가는 과거의 운동은 후원에 기반한 조직화와 기획이었으나 점차 지속적 후원과 역량 있는 단체는 줄어들고, 이슈별 연대, 즉 의제의 발생에 따라서 운동의 결집이 이뤄지게 되었다고 말한다.

사회혁신의 의제화는 활동가들이 프로그램을 기획할 수 있는 장을 열어주고, 이로부터 주민자치회의 활성화가 이루어진다면 공공의 자원과 권력이 민주적으로 배분되리라는 희망을 품어볼 수도 있을 것이다. 물론 활동가가 지적했듯이 바뀌어야 할 문제들이 많다.

주민자치 활성화를 명분으로 한 행정의 외주화, 정당한 대가 없는 노동 양산 등의 문제가 발생할 수 있다. 자치의 기반인 지역 간 편차가 심각하다는 문제도 있다. 사회혁신의 단계에서 활동가들은 위기와 희망을 동시에 말한다. 협치를 통해 다양한 주민과 빈곤 상태의 사회적 약자들이 서로의 권리를 논할 수 있게 되기를 기대하고 있다.

앞으로의 주민운동과 빈곤의 향방

배지용 활동가와의 인터뷰 과정에서 '빈곤'이라는 표현은 자주 등장하지 않았다. 지금 관악에서 반빈곤 의제는 무엇이냐는 물음에 활동가는 '소통의 빈곤'을 이야기했다. 이러한 표현을 사회적 감수성의 확장으로 인한 '빈곤' 개념의 확대로 읽을 수도 있으나, 다른 한편으로

는 경제적 빈곤 개념이 약화되거나 주변화된 것은 아닌지 의문스러
웠다.

"현재의 금융자본주의하에서 문제는 철저히 개인화되고 가난이라
는 이름으로 묶일 수 있는 사람들이 계속 나뉘고 파편화되는 상황"[10]
에서 반빈곤운동은 가시적으로 드러나는 빈곤층의 문제에 결집하여
문제를 해소했던 과거에 비해 그 운동성의 약화가 우려되기도 한다.

민주주의의 확장이라 할 만한 주민자치회와 협치 테이블 그리고
다양화된 주민들의 다층적 권리의 언어들 속에서 빈곤의 행방이 어
떻게 될 것인지 질문을 던지지 않을 수 없었다. 배지용 활동가는 빈
곤 또한 협치와 주민자치로 해결할 수 있을 것이라고 전망했다.

그는 주민들이 함께 참여하는 민주적이고 평등한 테이블에서 빈
곤이 발화되고, 해결될 수 있을 것이라 기대한다. 그러나 '주민 주체'
가 가장 중요하다고 여겨지는 협치의 테이블이 과연 평등한 공론장
인가, 각자 다른 권리의 언어가 과연 공평하게 수용되고 반영될 수
있는가, 혹은 발화조차 평등하게 할 수 있는가에 대한 의문은 여전
하다.

헌법에 명시된, 현대사회의 자유로운 시민들은 모두가 권리를 가
지고 있지만 권리의 언어는 모두 다르고 다양한 방식으로 발현된다.
전북 익산에서 단체로 버스를 타고 올라와 쌀값투쟁 시위를 하는 농
민들의 이야기도, 서울 강서구에서 특수학교 설립에 반대하는 시위
를 하는 주민들의 이야기도 모두 권리의 언어 속에서 이루어지지만,
그것이 미치는 사회적 파급력이나 실제 해결되는 정도를 살펴보면
우리는 모든 권리의 언어가 동등한 무게를 가지고 다루어지지 않는

다는 것을 엿볼 수 있다. 더욱이 평등한 테이블은 명분적 평등을 만 듦으로써 내재된 불평등을 더욱 비가시화할 수 있다는 염려 또한 존재한다.

배지용 활동가는 협치가 민주주의 진일보의 계기가 될 것이라 기대했다. 사회혁신과 협치의 미래에는 반빈곤운동의 가능성도 포함될 수 있다. 빈곤은 어디에나 있고, 지금, 여기에 있다. 그러나 대개는 빈곤은 보이지 않는다. 사건과 문제가 일어나야만 비로소 처참한 모습을 드러낸다.

지역주민운동은 보이지 않는 빈곤을 의제화하거나 빈곤 당사자를 발굴해 공론장에서 목소리를 낼 수 있도록 하는 가능성을 갖는다. 지역, 마을에는 다양한 주민들이 살고 있고 그 안에 분명 비가시화된 빈곤이 항시 존재하기 때문이다.

우연한 만남과 마주침이 이루어지는 물리적 공간인 마을은 빈곤이 직접적으로 대면 가능한 공간으로서 분명한 역할을 해낼 가능성을 품고 있다.

글: 김서형, 박영서, 임윤아, 장채원, 홍다솜

1. 빈민지역운동사 발간위원회, 2017, 『마을공동체 운동의 원형을 찾아서』, 한울.

2. 조문영·장봄, 2016, 「'사람'의 현장, '빈민'의 현장: 한 지역주민운동 단체의 성찰적 평가에 관한 협업의 문화기술지」, 『한국문화인류학』 49(1).

3. 난협에 관한 보다 자세한 이야기는 한재랑, 2018, 『그 형편에도 같이 하는 게 좋더라』, 서울: 제정구기념사업회를 참조하기 바란다.

4. 조문영, 2001, 「'가난의 문화' 만들기-빈민지역에서 '가난'과 '복지'의 관계에 대한 연구」, 서울대학교 인류학과 석사학위 논문 참조.

5. 배지용 활동가는 재개발 이전의 난향동을 '낙골'로 표현하며, 재개발 이전 주민운동의 장소인 '낙골'과 재개발 이후 행정구역으로서의 '난곡동'과 '난향동'을 구분했다. 그렇기 때문에 인터뷰 내용을 재구성함에 있어 '낙골'은 1990년대 중반 이전 주민운동의 장소를, '난곡'은 1990년대 중반 이후의 행정구역을 지칭하는 의미로 구분하여 사용했다.

6. 주민참여예산제도는 예산편성 과정에 지역주민들이 직접 참여하여 자신들의 선호와 우선순위에 따라 예산을 스스로 결정할 수 있는 기회를 제공함으로써 참여와 자기 결정이라는 지방자치의 이념을 구현하는 제도이다. 또한 구와 주민이 협력하여 주민복지의 향상과 생활의 질 개선을 위하여 노력하고, 예산편성 과정에 시민 참여를 확대함으로써 지방재정 운용의 투명성과 공정성 및 효율성을 제고하며, 재정민주주의 이념을 구현하는 데 그 목적이 있다(관악구청, "주민참여예산제 안내", http://gwanak.go.kr/site/gwanak/03/10303010100002017031003.jsp).

7. 도시재생은 과거 물리적인 환경 개선에 집중되었던 재개발·재건축 사업의 대안으로 대두된 도시개발 방안이다. 현재의 도시재생은 지역을 기반으로 하는 모든 분야의 행정 서비스를 통합하고 민관이 융합하는 혁신적인 체계를 추구하고 있다. 따라서 지금까지의 도시개발과는 다른 접근 체계를 필요로 하고 있으며, 재생을 위한 장소는 물리적인 공간

의 구성은 물론이고 그곳에 녹아 있는 사회, 경제, 문화 등 다양한 가치를 모두 포함하고 있다(강맹훈, 2017, 「'개발'에서 '재생'시대, 도시재생의 의미」, 『건축시공』 17(3), p.8).

8. 주민자치회란, 동 지역사회의 주민자치력 강화를 통해 민관 협력적 사회문제 해결력을 높이고 개인이 행복한 지역사회 공동체를 형성하기 위해 구성된 조직이다. 서울형 주민 자치회는 해당 동 거주자, 사업장 종사자, 단체원으로 구성되며, 주민자치학교 이수자 중 추첨을 통해 선정된 50명 이내의 위원으로 구성된다. 위원의 임기는 2년이고, 1년 연임 이 가능하다.

9. 빈민지역운동사 발간위원회, 2017, p.183.

10. 조문영·장봄, 2016, p.75.

5.
고단한 삶의 오랜 친구, 마을
관악사회복지 은빛사랑방 김순복

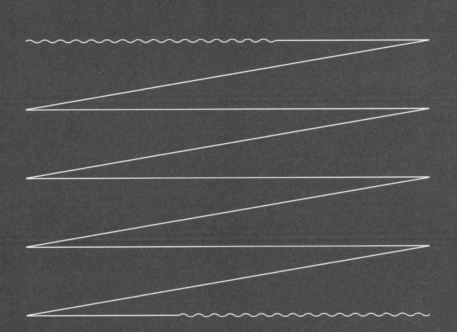

관악사회복지와 지역복지운동

주민이 주체가 되는 복지운동, 관악사회복지

'은빛사랑방'으로 향하는 길, 지하철 안에는 신림역이 가까워질수록 어르신들이 많아졌다. 마을버스를 타고 올라가는 길 시장 골목에는 어르신들이 걸음을 옮기고 있었다. 지역 일대에 재개발이 이루어지면서 주민들은 뿔뿔이 흩어졌지만 가난한 주민들은 마을 곳곳에 남았다. 갈 곳 없는 노인 가구가 많은 만큼 빈곤한 주민의 생활 지원 문제가 대두되었다.

1990년대 개발이 본격화되면서 기존의 공부방, 교회, 도서관 등 여러 지역단체가 모여 만들어진 '관악주민연대' 내에서는 당시 '복지'

의제를 주민운동의 주요 의제로 삼아야 한다는 의견이 대두되었지만, 복지는 시혜적이고 주민을 대상화할 뿐이라는 반박도 만만치 않았다. 1995년 '관악사회복지'가 별도로 사단법인으로 독립하여 복지의제와 관련한 활동을 벌여나가기 시작했다.[1]

단체 설립 후 얼마 지나지 않아 1997년 외환위기 사태가 닥쳤다. 난곡 지역의 결식아동 문제는 언론을 타고 많은 후원금을 끌어모으기도 했다. 관악사회복지에서 푸드뱅크[2]를 시작한 배경이었다. 가난한 이웃에게 음식을 제공하는 것을 '복지'로 제도화한 것이다. 빈곤과 실업에 대한 대응이 시급한 상황에서 한때 활동가들에게 낯설었던 '복지'가 대대적인 주목을 받았다. 민중'운동'에 비해 가치중립적이고 가난한 이들에게 실질적인 도움을 제공한다는 인식도 증가했다.

난곡에서 오랫동안 활동한 김혜경 씨(당시 구의원)가 초대 대표를 역임한 데서 보듯 관악사회복지는 처음부터 지역주민이 주체가 되는 풀뿌리 운동의 맥락을 강조했다. 운동의 역사와 호흡하면서, 다른 한편에서 기존 복지가 가진 한계에도 맞서야 했다. 정부나 공공기관에서 시행되는 복지는 가난한 사람들에게 '영세민', '수급자'라는 또 다른 딱지를 붙이고, 이들을 공생하는 주민이 아니라 '가난한 고객' 정도로 취급하고, 영세민 '딱지'를 거머쥐기 위한 경쟁을 부추기기까지 했다.[3]

주민이 스스로 주체가 되어 관악사회복지를 운영해나간다는 것은, '가난하지만 마음이 따뜻하다'는 식의 온정주의 시선이나 '그러니까 가난을 못 벗어나지'식으로 개인의 책임만을 강조하는 경향을 경계하기 위한 노력이었다.

관악사회복지는 설립 당시 다음과 같이 취지를 밝혔다. "관악사회복지는 1990년 후반 재개발로 인한 지역의 해체와 주민들의 다양한 문제를 해결하기 위해 지역사회 이슈를 발굴하고, 다양한 복지 자원의 효과적 배분과 네트워크 형성, 주민들의 자발적 참여 구조 마련과 복지 권리의식 성장을 위해 탄생되었습니다."[4] 지역복지, 공동체, 복지네트워크에 대한 관심은 지금까지 이어져 단체의 자랑인 주민모임 활성화의 밑거름이 되었다.

스무 살이 지나 성인이 된 단체는 '관악사회복지 2020비전'을 발표하면서 '마을, 협동, 민주주의의 실현'이라는 목표를 정했다. 풀뿌리 민주주의 실현을 위해 관악사회복지가 펼치는 다양한 마을 프로젝트 중 대표적 사례가 이웃사랑방이다. 주민들이 모여 지역사회 문제를 고민하고 각종 중고물품을 교환하는 장소가 되기도 하는 거점인 이웃사랑방은 삼성동의 1호점 말고도 미성동의 3호점까지 문을 여는 등 관악구 곳곳에 뿌리를 내렸다.

70~80대 어르신 주민들이 중심이 된 은빛사랑방

김순복 씨는 관악사회복지의 상근 활동가이다. 1975년에 신림동에서 신혼살림을 시작한 이래 줄곧 이 지역에서 살아온 주민이기도 하다. 재개발 이전의 달동네 신림동과 고층 아파트가 빽빽이 들어선 오늘의 신림동을 부대끼며 지켜봐온 토박이인 셈이다. IMF 외환위기로 가정이 휘청거리면서 자활센터에서 일하게 되었고, 푸드뱅크 봉사활동을 하면서 관악사회복지와 인연을 맺었다.

넉넉지 않은 살림에 고된 시집살이까지 감당해야 했던 중년 여성은 이제 은빛사랑방을 조직한 당사자이자 총괄 책임자로 가족 너머의 가족들까지 챙기느라 분주하다. 난곡의 국수모임처럼 은빛사랑방 '밥상모임'을 이어가는 등 다양한 주민자치 활동을 만들어가는 김순복 활동가를 두고 관악사회복지에서 활동하는 또 다른 상근 활동가는 이렇게 말했다. "(김순복이) 신림동 일대를 걸으면 10분이면 족할 거리가 20분 이상 걸린다. 아는 사람이 어찌나 많은지."

은빛사랑방은 어르신 주민활동가 모임 '은빛사랑'의 활동 본거지로, 2012년 어르신들이 쌈짓돈을 모아 적립한 회비 500여만 원을 출자하여 만들어진 어르신들의 편안한 휴식과 모임 공간이다. 사랑방에서는 김장나눔이나 체육활동을 비롯해 한글 공부, 연극, 율동, 합창 등 다양한 소모임과 자치 활동을 해왔다. 참여하는 주민들 스스로 총 책임자, 총무 등을 정하고 식사 당번제를 운영하는 등 자치적인 주민 운영 체계를 갖고 있다.

70~80대 주민들이 은빛사랑방을 통해 지역에 대한 애착과 소속감을 느끼고, 서로에 대한 연대와 동질감을 느끼면서 의미 있는 활동들을 지속해나가고 있다. 친환경 먹거리 판매와 바자회 등을 통한 수입으로 지역사회의 어려운 이웃에 대한 봉사활동을 실천하고 있다. 기초노령연금 캠페인에도 동참하고, 노인복지나 임대주택 정책을 요구하기 위해 구청을 방문하기도 했다. 관악사회복지 내 다른 모임과 교류하면서 활동을 확대해왔는데, 일례로 청소년모임 '햇살' 팀이 은빛사랑방 어르신들의 구술을 기록하여 자서전『할머니, 인생이 뭐에

요?』를 발간하기도 했다.

활동가와 주민 당사자가 어우러지는 활동을 지향하는 애초의 관악 사회복지 취지에 걸맞게 김순복 활동가는 지역 주민으로서 푸드뱅크 자원봉사를 계속하고, 노인 주민과 함께 하는 자조모임과 각종 활동을 열정적으로 추진해왔다. 은행 이용이 어렵고 불편한 어르신들을 주 대상으로 하는 '나눔주민생활협동조합(이하 나눔조합)' 창립에도 적극 참여했다. '복지운동조직'이라는 이름에 걸맞게 당사자들의 운동을 통해 복지 자원을 배분하는 것이 충분히 가능하다는 것을 여실히 보여준 것이다.[5]

하지만 고민이 없는 것은 아니다. 주민과 활동가의 간극이나 구별이 좁혀지기 위해서는 활동가 스스로 지역사회 문제를 자기 문제로 접근해야 하지만, 시간이 지나고 조직이 안정화될수록 쉽지 않은 문제가 된다는 것이다. '주민 활동가'의 삶을 몸소 살아온 김순복씨는 자신의 뒤를 이을 사람이 없다는 사실을 안타까워하고 있었다. 한국 사회에서 '마을'이 그 어느 때보다 정부의 전폭적인 관심과 지원을 받는 시기에 '주민 활동가'가 희소한 현실이 역설적으로 들렸다. 그녀의 삶과 활동의 여정을 들여다보는 것이 주민운동의 지속적인 발전을 모색하는 중요한 출발점이 될 수 있을 것이다.

은빛사랑방과 김순복 활동가

I

2018년 11월 15일 목요일 저녁,
서울특별시 관악구 신림동 은빛사랑방에서 고현창, 정소현, 허예은 그리고
조문영이 묻고, 관악사회복지의 김순복 활동가(여, 60대 초반)와 함께 있던
어르신들이 답한 내용을 기록한 것이다.

빈곤 노인을 위한 은빛사랑방의 주민자치 활동

은빛사랑방에는 김순복 활동가와 함께 어르신 몇 분이 계셨다. 인터뷰를 시작하기 전에 우리는 간단한 저녁식사를 하며 담소를 나누었다. 벽에 붙은 '서로돌봄 짝궁마을'⁶ 지도에 대해 묻자 한 어르신은 이렇게 말했다. "이웃사람들이 어디 가서 소식이 없으면 찾아가…….아무 연락이 없으면 그 옆에 사람이 찾아가서 연락하고 어떻게 잘 있나 확인하고……." 몇 해 전 홀로 돌아가신 어르신이 닷새가 지나서야 발견된 일이 있었다고 한다. 서로돌봄 짝궁마을은 독거노인 고독사를 방지하고 이웃에게 서로 관심을 갖기 위해 함께하는 일상사업이라고 김순복 활동가가 설명했다.

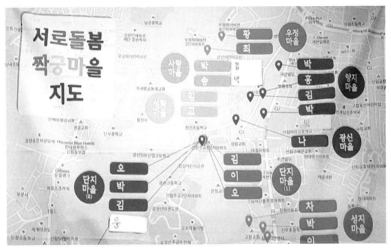

서로돌봄 짝궁마을 지도(촬영 후 이름 삭제)

 은빛사랑방은 언제 어떻게 만들어졌나요?

 이 공간 자체는 어르신들이 만드신 거예요. 저희가 이 공간을 자치
모임 공간으로 만들기로 생각한 건 2007년도 하반기부터예요. (이후
에) 용산참사 같은 일도 터지고 하니 여기도 만약 재개발이 되면 우리
는 갈 곳을 잃는다, 우리의 공간이 있다면 그래도 모일 수 있게 될 거
다, 어르신들이 그렇게들 말씀하셔서 계획을 세운 거예요. 그래서 일
년에 서너 번 계획을 세워가지고 회원들이 동전모으기도 하고, 후원도
받고, 외부에서 공연해서 공연비도 모으고, 그때 당시는 텃밭을 하셔
서 텃밭 수익도 일부는 아이들 활동에 후원하고 일부는 모으신 거죠.
수익이 생기면 다른 지역 행사에도 후원도 많이 하셨는데 그 돈을 전
액 모았다면 요 건물 정도는 샀을지도 몰라요. 이 공간이 원래는 옷가

계였는데 어느 날 임대를 놓는다는 거예요. 회원들이랑 해볼 만하다고 얘기했죠. 나머지 돈을 어떻게 할까 하다가 마침 박원순 씨가 시장이 되서 서울시에 지원 신청했죠. 3천만 원인가를. 이 공간을 통해서 어르신들 많은 활동들 하시고 외부에서 기관 방문도 많이 오시고 그렇죠. (옆에 앉은 어르신: 텃밭에 열무도 심고 콩 같은 거 심고, 할머니들이 해가지고 여기서 판매해가지고. 여기서 조금 더 올라가야 돼. 근데 이제 힘들어서 다 노인네가 돼가지고, 이제는 그만하고 옷 장사를 많이 해요.)

아까 식사할 때 보니까 장도 직접 담그셨다고 하던데 은빛사랑방에서는 그런 일상적인 사업을 많이 하시네요. 어떤 활동들이 있나요?

젓갈 담그고, 젊은 세대들한테 전통 음식을 전수해주고. 된장, 간장, 고추장, 담그는 법 가르쳐주기도 하고 판매도 하고. 참여하는 사람들한테 맛보기로 좀 드리고. 그걸 여기서 계속 담고 있어요. 처음 2년 동안은 참가자가 꽤 많았어요. 지금은 많진 않지만 계속하고 있어요. 그리고 칠순, 팔순 잔치도 2년 정도 했어요. 물론 복지관 이용하시는 분들은 복지관에서 공동으로 잔치를 해드리지만 상을 차리지는 않는다고 들었어요. 그런 걸 못 받아보신 분, 자녀가 없으신 분, 그 순간만이라도 그분들을 행복하게 해드려야겠다, 하고 시작했죠. 또 10년 넘게 고향을 가지 못하신 분들이 많더라고요. 고향 보내드리기도 해봤어요. 근데 딱 한 분밖에 못 가셨어요. 동행자가 없어서. 혼자 못 가니까. 한 분밖에 못 가시고 남은 사업비는 다 반납을 했죠.

활동가님은 마을 어르신들에 관한 활동을 어떤 계기로 시작하셨나요?

 어렸을 때부터 제가 어르신들하고 친했어요. 제가 시골(전북 고창) 살면서 초등학교 들어갔을 때도 엄마 친구들과 노래하고 놀고 그랬어요. 지금 생각하면 그게 영향이 있었나 생각이 드는데. 관악사회복지관 일하기 전에 제가 지역에서도 활동을 했는데 거기서 만나는 분들이 다 어르신분들이었어요. 2007년도에 푸드뱅크하면서 이웃사랑방 담당을 했고요. 푸드뱅크 배분하는 곳도 어르신들이 모이는 공간이 많았고요. 그때 어르신들 자조모임을 할 수 있도록 협력기관이 도와줘서 제가 맡게 되었고요. 이 일 전에 성당 활동도 많이 했어요. 그 경험이 다 이 속에 있는 거예요. 이 속에 있으니까 저는 자연스럽게 대답이 있었어요. 돌봄은 어쨌든 성당에서 환자 방문, 동네에 있는 구역 사람들 만나는 거, 그게 다 여기에서 이분들을 쉽게 만날 수 있게 한 뭔가가 되지 않았나 생각이 들어요. 자만심 아닌가 싶긴 한데, 저는 어르신들이 되게 편해요. 그냥 나는 아랫사람이니까 어리광부리면 되거든요. 아랫사람이니까. 내가 어리광부리는데 어쩌시겠어요, 당신들이. 그냥 받아주시니까 아랫사람 노릇하기는 굉장히 쉬운 것 같단 생각이 들고. 어르신들이 표현할 수 없는 것을 스스로 표현할 때, 예를 들어서 손뼉도 못 치는 분이 손뼉을 자기 몸 율동으로 표현할 때 이런 게 가장 보람이 있고요. 그래서 어쨌든 하나하나씩 배워가는 과정. 저도 어르신들 통해서 성장하고 어르신들도 그 모임 속에서 성장하고, 본인들의 재능을 발휘할 수 있는 게 보람이 있고요. 근데 이제 요즘에 와서 느낀 거는 조직은 쉬운데, 관리가 어렵다는 거예요. 같은 사람이 똑같은 말을 계속하면 이분들은 받아들이기가……. 흘려들어요. 똑같은 말을 하더라도 외부 사람이 얘기를 해주면 다른데.

 활동에 대해 어르신들 반응은 어떤가요? 활동 제안에 흔쾌히 응하고 적극적으로 하시나요?

 예를 들어 소모임을 할 때는, 그 활동에 대해 먼저 설명해드리고 어떻게 생각하냐 여쭤보면 흔쾌히 대답을 하시고요. 기본적인 게 돌봄, 건강 관련 체조, 합창 등 프로그램이 있어요. 이번에 새로 모임 하나를 하거든요. 해바라기라고. 뭘 하면 좋을지 생각해보자 했더니 다들 율동을 하고 싶대요. 그래서 제가 아는 데까지는 도와드리고 나중에 봉사자나 강사 분을 섭외하자, 그렇게 했죠. (우여곡절을 겪으면서도) 모임은 자연스럽게 되고, 그 모임에서 그분들이 하고자 하는 거, 합창도 우리가 할 수 있는 거, 편한 거 찾다 보니까 하게 됐고. '서로돌봄 짝꿍마을' 같은 경우는 저희가 한 달에 한 번 월례회의가 있고, 각 소모임으로 속해 있는 분들은 소모임 활동별로 해드리는데, (소모임이) 없는 분들은 마을 단위별로 해드려요. 소모임 활동별로 마을별로 하는 게 전체적으로는 훨씬 쉽죠. 근데 어르신들이 그걸(짝꿍마을) 잘 안 하셔요. 계속 말씀을 드려도 누군가를 새로 만나는 게 힘들다고 할 수도 있겠지만 그 사람을 알았어도 이름을 몰라서 그럴 수 있죠. 그런 게 조금 안타깝긴 해요. 이웃의 새로운 누군가를 알게 되면 통성명을 해 이름을 알아 와서 (벽에 붙은 지도를 가리키며) 여기에 넣기로 되어 있어요.

만약에 이름을 모르면 우리 옆에 누구 어떤 사람, 이렇게 계속 뭔가를 생각하게 되고. 지금은 무슨 동 무슨 동이 아니라 자기가 살고 있는 마을을 특정한 마을 이름으로 부르잖아요. 사랑방마을, 양지마을, 우정마을 이렇게. 그게 행정지명은 아닌데 박원순 시장 들어서면서 마을을 강조하고 하니까 마을로 표현을 하는 거죠. 밥상모임도 하고 있는데, 어르신들이 밥 혼자 먹지 않으니 너무 좋다고 하셔서 저녁에 모여요. 낮에는 복지관 이용하시는 분들이 많으니까 늦은 저녁을 같이 드시는 거죠. 근데 하다 보니까 하시는 분들만 계속하게 되는 거예요. 그래서 당번을 정해서 하죠. 사랑방 (공간) 운영을 어르신들이 다 하시거든요. 사랑방 담당하시는 분이 밥상모임 준비를 하시는 거예요. 어차피 나와 계시니까. 주 담당자를 맡는 거지만 사실상 와 계신 분들이 다 같이 하죠.

(옆에 앉은 어르신: 책임자가 없으면 누가 나서서 하지를 않으니까. 나눠서 한 달은 월수금, 한 달은 화목토, 근데 거의 다 매일 해요. 오늘은 밥상 하는 날이 아니죠.)

여성으로, 가난한 주민으로 살아온 삶과 운동

김순복 활동가는 결혼과 동시에 이 지역에 살기 시작했는데 시어머니와 시누이 셋과 오랫동안 함께 살았다고 했다. 자녀 셋까지 적지 않은 식구를 챙기고 빠듯한 살림을 꾸려나가기 위해 꾸준히 부업 등 생계활동을 이어가야 했고 나름의 생활의 기술이 필요했을 터다. 토박이 여성 주민이자, 주민운동가로서 오늘의 김순복 활동가를 있게 했던 삶의 여정은 주민들이 함께 겪어온 세월과 그리 다르지 않아 보였다.

 남편분이 직장 다니며 얻는 수입만으로 생계가 빠듯해 이런저런 부업도 많이 하셨다 들었어요. 식구 여럿 챙기랴 가계 살림 꾸리랴 여러모로 힘드셨을 것 같아요.

 옛날에 물지게 하나에 10원이었나 그랬어요. 시집가서도 물지게는 계속 졌고, 연탄도 내가 다 날랐어요. 그 비용 덜 들어가게 하려고. 근데 그 돈 내가 못썼어요. 근데 왜 그랬는지 모르겠는데……. 지금 같으면 안 했을 텐데요. 그때는 너무 생활이 어렵고 궁핍하니까 이거라도 도움이 되려고 했던 건데, 우리 시어머님은 그걸 모르는 거예요. 그래서 내가 지금 생각하면 너무 바보같이 살았다는 생각도 들어요. 그러니까 우리 어르신들 만났는지는 몰라도. 지금 생각하면 몸이 아픈 게 그때 너무 많이 몸을 무리하게 썼다는 생각이 들어요. (옆자리 어르신: 그래서 지금 복 받고 이렇게 살고 있는 거야.) 이 동네에 점집이 많거든요. 예전에 무당 한번 찾아간 적이 있어요. 막내 네 살인가 됐을 때. 가서 엄청 울었어요. 남편이 속마음을 얘기해주지 않아서요. 그때 1983년도인가 1982년도에 남편이 사우디에 가서 돈 벌어오겠다는 거예요. 근데 경제권이 저한테 없잖아요. 남편이 돈 많이 벌면 뭐해요, 나한테 경제권이 없는데. 그때는 제가 애들 데리고 앙고라 장갑, 손가락장갑 (부업)하고 있었거든요. 이웃 한 엄마랑 만신집에 갔는데, 심지어 2000원을 꿔서 갔어요. 그때 부업해서 한 달 벌어야 1만 3000원 버는데 2000원이면 엄청 큰 거죠. 갔더니 그냥 하염없이 눈물이 나더라고. 왜 우냐고 그래서, 애들 아빠가 사우디를 간다고 그러는데 본마음을 말도 안 하고, 앞으로 우리 식구가 어떻게 살아갈지 같이 계획 얘기도 하나도 안 하고……. 하여간 그날 많이 울고 집에 와서 생각했던 게 뭐냐면, 저렇게 남의 앞길 봐준다는 사람도 자기 앞길은 모르고 저런 일을 하나 싶어서 그냥 그 뒤로는 점 보러 안 갔어요. 아니었으면 계속 찾아다녔겠지요. 답답하니까. 이 동네에 답답한 사람이 많다는 얘기예요. 점집이 그렇게 많다는 건……. 남편은 사우디에 갔다 1년 만에 돌아왔어요. 다시 간다고 했는데 그때 애들이 많이 아팠어요. 제가 엄청 말렸죠. 그때 (남편한테) 12만 원가를 받아봤는데, 그렇게 큰돈을 만져본 적이 처음이어서 가슴이 뛰고 누가 훔쳐 갈까 싶고 그랬어요. 부업은 계속했지만 그거 다 시어머니 드리고 저는 타서 쓰고 그랬거든. 큰 아이가 학교 가고 나서부터 제가 (시어머니로부터) 경제권을 받았는데, 20만 원인가 그때 당시…… 그때 막 가슴이 부풀었죠.

예전엔 동네에서 엄마들이 계도 많이 했다는데 일종의 적금 같은 개념으로 하셨던 건가요? 이 동네에서는 어땠나요?

동네에서 동계(洞契)를 하곤 했죠. 저는 동계는 안 해봤고 반지계 했었어요. 그걸로 시어머니를 먼저 해드렸는데 (자기) 딸내미 주더라고요. 그래서 그다음부턴 엄마 해드렸어요. 제 친구는 동계를 지금도 해요.

그건 모임에서 목돈이 필요할 때 하는 거죠. 예를 들어 31명이고 10만 원씩이면 300만 원 타잖아요. 근데 나중에 탈수록 유리해요. 한번 타면 무조건 1만 원씩을 더 내요. 그게 은행보단 비싸지만 일반(사채로) 빌리는 것보단 싸요. 아는 사람들끼리만 하는 건데 계속 무리해서 하면 큰일 나죠. 그러다 사고 난 사람 많아요. 먹고 튈 확률이 많아요.

여기 계신 어르신들도 다 계를 하셨다고 했는데, 지금은 (관악사회복지에서 만든) 나눔조합이 있잖아요? 일종의 신용협동조합 같은 것으로 보아야 할 텐데 여기 계신 분들 다 조합원이세요?

네. 다 조합원이세요. 이쪽은 제가 출자를 매주 화, 금 받고 있고요. 출자금은 1만 원에서 5만 원까지. 최고 5만 원까지 출자를 할 수 있고, 대출은 10만 원에서 50만 원까지. 근데 요즘 어르신들은 대출을 거의 안 하세요. 대출을 안 하니까 (조합이) 장사가 안 되죠. 나눔조합은 지금 자산이 3000만 원이 넘어요. 조합원은 200명이 넘고요. 저희 어르신들 같은 경우는 출자금 100만 원이 넘으면 중간에 탈퇴하시는 분들이 많고. 임대로 생활하시는 분은 임대료도 내야 하니까 상환이 어려워서 대출을 안 하죠. (옆자리 어르신: 아니 생각해보니까 우리 손자 등록금 할 때 해주면 좋지.) 맞아요. 그렇게 해도 괜찮아요. 어르신들은 거의 대출 없어요. 오히려 젊은 활동가들이 많아요. 아무래도 소비가 많으니까. 그리고 긴급하게 될 때 어디 가서 개인적으로 빌리는 것보단 거기서 빌리는 게 훨씬 효과적이니까요.

가정에서 가계 꾸리시던 거랑 이렇게 이웃들하고 주민운동 활동가로 만나실 때 어떤 점이 같고 또 달랐나요?

 집에서나 나와서나 빈곤은 비슷한 거 같아요. 내가 활동을 한다고 해서 경제적으로 확 달라지는 것도 아니고요. 아까도 낮에 누구한테 얘기했는데, 집에 있는 게 여기 있는 거 같고, 여기 있는 게 집에 있는 거 같고 그래요. 그런데 어르신들이 돈이 몇 만 원이 없어서 예방접종을 못 맞고 왔다, 영양제를 못 받아왔다 이런 얘기들 하시면……. 우리 같으면 이후에라도 카드로 딱 하는데, 어르신들은 그런 게 없잖아요. 그래서 나눔조합을 빨리 하게 됐어요. 제가 예전에 성당에서 신협 활동을 좀 했기 때문에……. 근데 또 어르신들 중에서도 시어머니 같은 분도 있고 엄마 같은 분도 있고 그래요. 어떤 분은 계획했던 대로 일을 안 하고 엉뚱하게 해서 제가 한번은 화를 낸 적이 있어요. 1년에 한 번 어르신들이 연합 실버운동회를 하는데, 시장에서 양념된 음식을 사 오기로 했어요. 근데 이분이 돈 덜 들어가게 하려고 양념 안 한 걸 사가지고 온 거예요. 그러고는 저한테 빨리 와서 양념하라고 전화를 하는 거예요. 그 모습이 시어머니랑 똑같은 거예요. 그래서 막 화를 냈어요. 화나면 말을 해야 돼요. 표현을 안 하면 앙금이 생기니까. 그러니까 그 다음부턴 안 그러더라고요.

 여러 가지 사소하다면 사소하다고 할 만한 잡음이나 힘든 점도 많으실 텐데 언제 특별히 활동의 보람을 느끼시나요?

저라고 매번 어르신들하고 좋았겠어요? 중간중간 그만두고 싶고, 사회복지 그만둘까 하는 생각도 했죠. 근데 순간순간 떠올랐던 거는 나를 지지해준 사람들을 실망시키고 싶지 않다는 거예요. 내가 좋았고, 그리고 이 일이 의미가 있고 보람이 있잖아요. 나보다 약한 어르신들한테 친구 같고 어리광부릴 수 있는 것도 있었지만, 힘들 때 받은 교육과정들이 나를 현장에 있도록 하게 한 건데, 그만두면 내가 나 스스로 실망이 되고, 내가 지는 거잖아요. 근데 중간중간 힘들 때, 특히 어르신들이 어떤 일을 하려고 할 듯하다가 안 하실 때 실망이 되는 거예요. 아, 저분이 저러다가 주저앉아 버리면 어떡할까. 어쨌든 뭔가를 함으로써 이분들이 딛고 일어설 수 있는 기회가 되잖아요. 그걸 놓아버리면 계속 마음이 가라앉을 텐데 뭔가 의욕적으로 이분들을 변화시킬 수 없는 걸까, 하는 생각들이 들죠. 내가 이렇게까지 해야 되나, 하는 생각을 하지만 순간순간 어렵게 딛고 일어선 과정이 나를 자꾸 잡고 있는 거죠. 저는 몇 년 안에 제가 어떤 걸 해놓고서 그만두겠다는 생각이에요. 후임자 들어와서 한 1년간은 같이 일을 하고. 근데 누가 있던 자리에 새로운 사람이 들어가서 일하기가 참 힘들어요. 특히 노인 어르신 세대는 새로운 사람이 들어가면 적응하기 힘들 텐데. 지금 내 뒤를 이을 사람이 없어서 찾아야 돼요. 진짜 큰일 났어요. 계획을 세워야죠. 그래도 그 전까지는 제가 할 수 있는 한 최선을 다해야죠.

빈곤 노인과 주민운동의 의미

개인의 자립과 공동체의 책임

김순복 활동가 개인이 살아온 삶을 통해 빈곤에 대한 그녀의 태도가 어디서 비롯되었는지 이해할 수 있었다. 은빛사랑방은 활동가와 회원 구분을 넘어 어르신 회원들과 편안한 분위기에서 이야기를 나눌 수 있는 공간이었다. 인터뷰 후 우리는 두 가지 주제로 이야기를 나누었다. 첫째, 김순복 활동가의 삶과 빈곤에 대한 생각이 어떻게 서로 맞물리는지, 그리고 은빛사랑방의 활동이 여성 노인의 빈곤 문제에 시사하는 바가 무엇인지 고민해볼 기회였다.

김순복 활동가는 결혼 후 오랫동안 시집살이의 고충과 경제적인 어려움을 동시에 겪었다. 인터뷰 도중 살림이 나아져서 처음으로 큰

돈을 쥐게 되었을 때의 기쁨을 강조할 때 입가에 미소가 번졌다. 어려운 가운데 노력을 통해 궁핍함을 견뎌낸 스스로의 경험이 강렬했기 때문일까? 빈곤을 개인의 개별적인 역량이나 성격 등에 귀속시키는 모습이 종종 발견되었다.

"제 아이들이 어렸을 때 아이들 옷을 얻어 입히면 그때 나름대로 환산을 해봤어요. 이 돈은 얼마 정도 되겠다, 하고 그만큼을 은행에 넣어요. 돈을 그런 식으로 저축해서 생활을 했어요. 그래서 제가 그렇게 생활을 해봤기 때문에 어르신들도 당연히 (공짜) 반찬이 생기면, 예를 들어 이 콩나물이 얼마니까 생각하며 이 돈을 저축하시지 않을까 생각을 했는데, 전혀 그게 안 되는 거 같더라고요…… 그건 그만큼 노력을 하지 않았겠죠. 있는 대로 쓰고 있는 대로 먹고. 생활방식이 다른 거죠. 저는 그렇게 어렸을 때 했었는데……"

"지금 푸드뱅크 한 지 20년이 지났는데 그때부터 지금까지 쭉 이용하기는 쉽지 않잖아요. 근데 무한정 이용하시는 분들이 계세요. 그럼 이분들이 뭔가를 깨우치고 다른 사람한테도 뭔가 기여할 수 있으면 좋은데 그게 아니라서 안타까운 거죠. 내가 받은 만큼 그대로는 아니더라도 10분의 1이라도 누군가에게 한다면 이게 보람 있는 거잖아요. 근데 그게 안 되는 거예요."

같은 사람이 푸드뱅크를 지속적으로 이용하기보다 푸드뱅크를 순환제로 운영함으로써 더 많은 가난한 사람들이 혜택을 볼 수 있기를 바라는 취지의 발언으로 해석할 수도 있지만, 한편으로는 지속적으로 푸드뱅크 시스템의 혜택을 받는 이들이 빈곤을 탈출하지 못하는 것에 대한 안타까움을 드러낸 것이라 볼 수 있다. 가난을 개인의 문제로 보는 것은 빈곤한 개인을 낳은 사회구조적인 맥락을 소거하고, 빈곤의 책임을 사회적 약자에게 전가할 위험이 있다.

인터뷰 중 "근데 진짜 수급자는 어디 가든 끝없이 받잖아요. 복지관 가도 중복 서비스 진짜 많이 받고요."라고 언급하며 빈자가 혜택에 많이 의존하는 것을 경계하는 태도를 보였을 때 우리가 수업이나 책을 통해 빈곤에 대해 배운 바와 달라 혼란스럽기도 했다.

기초생활수급자가 많은 혜택을 받는 것처럼 묘사될 때 국민기초생활보장제도가 가진 문제점은 은폐된다. 또한 자신의 소득에 더해 인연이 끊긴 부양의무자 소득 때문에 수급자에서 탈락되거나 수급자격을 유지하기 위해 저축이나 노동일을 주저하는 상황이 초래되는 등 제도상 문제점도 상당히 많다.

자신의 삶의 경험에서 빈곤을 극복해본 경험이 강한 영향을 끼쳤기 때문에, 그리고 한편에선 은빛사랑방 총무로서 많은 빈곤 노인들에게 공동체를 제공하는 역할을 지속해왔기 때문에, 활동가의 삶에서 빈곤을 개인의 자립 문제로 보는 관점과 공동체가 함께 책임질 문제로 보는 관점이 혼재된 것이 아닐까 생각해보았다. 개인의 역량 강화를 강조하는 인터뷰의 한 부분에만 집중하기보다, 사회적 안전망을 제공하여 빈곤이 개인의 문제로만 남지 않도록 하기 위한 주민운동을 김순복 활동가가 오랫동안 함께해 왔다는 점도 주목해야 할 것이다.

여성 노인의 가난과 취약성

김순복 활동가와 은빛사랑방 어르신들과의 만남은 청년 빈곤 등 여타 빈곤 의제들과 구분되는 노인 빈곤의 특수성에 대해 고민해볼 계기를 제공했다. 질병으로 몸과 마음이 고단하고 및 죽음에 취약해진 상태에서, 빈곤한 노인은 사회적 관계의 단절을 경험할 가능성이 커진다. 은빛사랑방의 서로돌봄 짝꿍마을 사업은 마을에서 실제로 발생한 고독사를 계기로 시작되었다.

노인 자조모임인 은빛사랑방은 소속감과 연대의 공간을 제공함으로써 노인 빈곤, 소외 문제에 대응코자 했다. 밥상모임 당번을 정하고, 짝꿍마을을 운영하고, 총무, 회장 등 회원들의 직함을 토론을 거쳐 정하고, 해바라기 합창단처럼 할 일을 직접 만들어내면서 은빛사랑방 어르신들은 사회적 네트워크에 스스로를 편입시켰다.

김순복 활동가가 어르신들에게 애써 소속감과 책임감을 부여하려는 노력은 인터뷰 당일에도 드러났다. 인터뷰 질문에 대한 답을 함께 앉아 있던 은빛사랑방 회원들에게 자연스럽게 되물으며 참여를 유도했다. 모두 자녀와 떨어져 살고 있고 자녀가 없거나 소원한 경우도 많은 어르신들이 혈연 가족에 기댈 수 없게 되었을 때 은빛사랑방은 분명 새롭게 소속감을 느낄 만한 공간이 되었다.

노인 인구와 빈곤층 인구가 많은 관악 지역에 위치한 은빛사랑방의 회원 구성의 한 가지 특징은 대다수가 여성이라는 점이다. 인터뷰 자리에서, 처음 온 학생들이 낯설었던지 은빛사랑방 어르신들은 별말씀 없이 우리의 대화를 듣고 계셨다. 하지만 김순복 활동가가 부업을 하고 가정 살림에 기여하면서도 "돈을 타서 써야" 했던 시집살이 경험을 얘기하자 함께 아파하고, "첫아이가 학교 들어갈 때"가 되어서야 비로소 가정 내에서 경제권을 가지게 되었다고 했을 때 같이 한숨을 쉬셨다.

시어머니, 시누이와의 관계에 지치고, '계'를 통해 어려운 살림을 간신히 지탱했던 경험을 되새기고 공유하는 일이 은빛사랑방의 공식 활동을 얘기하는 것보다 더 자연스럽게 이분들을 모이게 만들었다. 생계가 버겁기도, 함께 늙어가기도 마찬가지인 김순복 '주민 활동가' 가 아니었으면 가능하지 않았을 모임 같았다.

은빛사랑방 어르신들과 김순복 활동가는 서로를 성장시켰던 것처럼 보인다. 활동가 덕분에 어르신들도 좁은 방에서 홀로 죽음을 기다리는 고립된 삶을 벗어나 자신들의 장소를 찾았고, 어르신들 덕분에 활동가는 자신의 노력으로 주변과 사회가 변화하는 기쁨을 만끽했다. 은빛사랑방 10주년을 회고하는 김순복 활동가의 글 일부를 옮겨본다.

"처음 활동을 할 때 나에게 복지운동, 주민운동은 쉽지가 않았다. 용어도 어렵고 특히 행정 문서나 컴퓨터를 다루는 일들은 나를 참 힘들게 했다. 그렇지만 도중하차하지 않고 지속적으로 한 발 한 발 내딛으며 여기까지 왔다. 아이가 처음 걸음마를 시작하듯 나도 그랬다. 그 길에 관악사회복지 사무국 식구들의 도움이 참 컸다. 그들의 도움이 없었다면 지금의 나도 없었으리라 생각된다. 그리고 어르신 한 분한 분의 변화하는 모습이 나에게는 큰 힘이 되었다. 어르신들이 자신만 생각하지 않고, 다른 어르신들을 돕거나 지역사회의 다양한 활동에 참여하는 모습을 보며 감동하고 더욱 기대를 하게 되었다. 나를 가장 성장시킨 것은 어르신들의 변화였다. 나에게 어르신들은 꿈이고 희망이었으며, 용기를 내고 힘을 낼 수 있는 원천이었다."[7]

우리는 처음 은빛사랑방을 방문했을 때 신촌에서 함께 택시를 타고 곧장 주소지로 이동했다. 골목길 올라오면서 새로 단장한 재래시장을 봤는지 교수님이 물어보셨을 때 대답을 할 수가 없었다. 이 점이 가장 후회스러웠다. 신림역에 가까워질수록 지하철 안에 점점 더 많이 들어차는 노인 승객들의 모습을 미리 볼 수 있었다면, 신림역에서 은빛사랑방까지 어르신들이 이용하는 마을버스를 타고 걸어서 앞에 있던 시장 구석구석을 둘러봤더라면, 뉴타운 지정이 철회되고 관악구 내에서도 주택 조건이 가장 열악하다는 사랑방 주변의 지역을 미리 둘러봤더라면 첫 인터뷰 때 관악사회복지와 은빛사랑방을 더 잘 이해할 수 있었을 텐데 말이다.

우리는 추후에 지하철을 이용해 마을을 다시 둘러보는 시간을 갖기도 했다. 각기 다른 위치에 발 딛고 서 있는 사람들끼리 서로를 이해하는 데는 어려움이 따른다. 연대란 완전한 일치와 공감이라기보다는 타인과 나 사이에 차이가 있다는 것을 깨닫고 그 차이를 함께 마주하며 공감을 시도하는 것이라고 생각한다. 지역의 어르신과 함께 꾸준히 활동해온 김순복 활동가가 그랬던 것처럼, 반빈곤운동 활동가를 만나는 대학생들의 연대 가능성도 그런 노력을 통해 만들어질 것이란 바람을 품어본다.

글: 고현창, 정소현, 허예은

1. 난곡지역 빈민운동에서 출발한 관악지역주민운동의 역사에 관해서는 4장 배지용 활동가의 인터뷰에서 다뤘다.

2. 관공서, 상점, 개인으로부터 식품을 기부 받아 소외계층에 지원하는 복지서비스를 주로 일컫는다.

3. 조문영, 2001, 「'가난의 문화' 만들기-빈민지역에서 '가난'과 '복지'의 관계에 대한 연구」, 서울대학교 인류학과 석사학위 논문.

4. 관악사회복지, 2000, 『K사회복지 활동사례집』 (미출간), p.4.

5. 한재랑·박영하·김의인·윤홍영, 2009, 『이런 사람 만나봤어? 따로 또 같이 일구는 관악사회복지 이야기』, 이매진.

6. '짝꿍'이 표준어이나 은빛사랑방에서의 표현대로 '짝궁'이라 쓰기로 한다.

7. 김순복, 2017, 「은빛사랑과 함께 한 10년」, 『은빛사랑 10주년 기념 자료집』, 관악사회복지.

6.
상호의존과 협동의 쪽방촌
동자동 사랑방마을 주민협동회 선동수

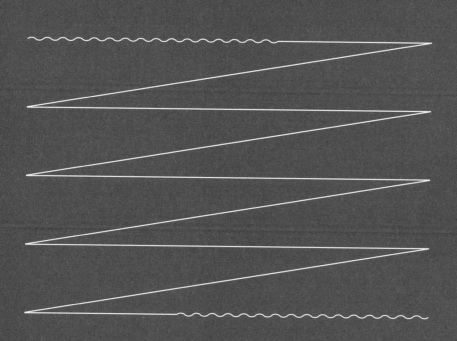

동자동사랑방과
사랑방마을 주민협동회

피난민과 이농민들이 형성한 쪽방촌

바삐 오가는 사람들이 가득한 서울역에서 대로를 건너 긴장감을 불러일으킬 정도로 높은 고층 빌딩들 사이를 지나 골목에 들어서면 동자동 쪽방촌이 있다. 우리는 미디어를 통해 만들어진 쪽방촌의 이미지를 찾으려고 했던 것일까. 서울 용산구에 속해 있는 동자동 쪽방촌은 예상과는 다른 모습이었다.

새꿈어린이공원을 중심으로 골목에 이어진 거리를 걷다 보니 몇몇 뚜렷하게 낡아 보이는 쪽방 건물을 제외하고는 쪽방인지 원룸인지 빌라인지 겉으로 식별하기 어려운 건물들이 늘어서 있었다. 여관, 여인숙과 작은 교회들도 여럿 보였다. 골목 사이사이에 있는 식당에는 점심시간이면 건너편 빌딩 직장인들이 찾아온다고 했다. 선동수 활동가의 표현에 따르면 이는 '비가시적 빈곤'의 풍경이었다. 최근 건물 일곱 동이 게스트하우스로 탈바꿈했다는 쪽방촌의 모습은 우리의 상상과 사뭇 달랐다.

피난민들과 이농민들이 산비탈이나 하천변에 지은 무허가 판자촌으로부터 비롯된 쪽방은 도심의 한 주거 형태로 아직까지 남아 있다. 일자리를 구하기 쉬워 역 주변, 도심 인근에 형성된 주거지에서 가족 단위가 거주하는 주택을 말 그대로 쪼개어 지금의 쪽방을 만들었다고 한다. 현재 동자동에는 쪽방 건물 70여 개가 있고, 쪽방 주민 수는 약 1000명으로 추정된다. 대부분 보증금 없이 지불하는 월세는 17만 원에서 25만 원선이다.

동자동 쪽방촌은 1978년 재개발구역으로 지정되었지만 개발은 추진되지 않다가 2005년 도시환경정비구역으로 지정되면서 일부 개발이 진행 중이다. 워낙 가난한 주민들이 몰려 사는 곳인 데다 개발에 관한 이견이 많아 아직 대부분의 건물은 예전 모습 그대로 남아 있다. 서울시의 '저렴쪽방 사업' 논의도 오가지만 쉽사리 이뤄지기에는 복잡한 문제들이 여전하다.

1990년대 말 외환위기를 거치며 다양한 주민들이 많이 유입되었는데 서울역에서 노숙을 하다가 형편이 나아져 쪽방촌으로 들어오는 경우도 많다. 주민의 약 4분의 1가량은 기초생활보장 수급자이며 소득 활동을 하더라도 소득이 매우 낮다. 공용 화장실을 사용해야 하는 등의 생활 여건 때문에 여성 가구는 드물고 주민 대부분은 50대 이상에서 80대까지 중고령층이며 독신 남성 가구가 대다수다.[1] 가족과 단절된 채 살아가는 주민이 대부분이라 사망할 경우 몇몇 경우를 제외하고는 무연고 사망자로 마을 차원에서 장례를 치르기도 한다.

주민들의 시급한 문제를 해결하기 위한 주민협동회

2008년에 '동자동사랑방'이 만들어졌다. 쪽방 주민이던 엄병천 씨가 마을공동체를 꾸려나가기 위해 주민들과 함께 만든 것이었다. '홈리스행동'(7장 참조)의 전신인 '노숙인복지와인권을실천하는사람들'을 통해 조직되었던 쪽방 노숙인 당사자 조직 '한울타리회'의 역할이 컸다.

동자동사랑방은 텃밭 일구기와 같은 친교 활동, 사랑방밥집 운영 등 주민의 일상 나눔 활동에서부터 기초생활보장제도의 개선을 위한 활동, 반빈곤연대 활동을 펼쳐나가는 거점이다. 동자동사랑방을 매개로 모여든 주민들은 마을의 시급한 문제들을 해결해나갔으면 좋겠다는 의견을 모았고, 그 시급한 문제 중 하나는 바로 주민들의 금전 문제였다.

많은 주민들이 낮은 신용 등급으로 인해 일반 은행 대출을 이용할 수 없는 상황에서 소액대출 사업에 관한 논의가 본격화되었다. '한국주민운동정보교육원(CONET, 이하 코넷)'에서 주민조직 사업을 진행하면서 한울타리회 이태헌 씨를 포함한 주민들이 자활공제협동조합 아카데미에 참석하였고, 이를 통해 공제협동조합 추진위원회가 결성되었다.

그리고 마침내 2011년 3월, 창립 총회와 함께 사랑방마을 공제협동조합이 세상 밖으로 나온다. 한 달 후에는 대출이 가능하게 되었고, 2014년에는 출자금 1억 원을 달성하기에 이른다. 설립 당시 이름은 '사랑방마을 공제협동조합'이었는데 협동조합 기본법에 의해 '협동조합' 명칭 사용에 규제를 받으면서[2] 2018년 3월, '사랑방마을 주민협동회(이하 협동회)'로 명칭을 변경하였다.

협동회는 다음 세 가지 설립 목적을 세웠다. 첫째, 회원의 저축성을 함양한다. 둘째, 회원의 경제적, 사회적 지위 향상과 삶의 질을 높인다. 셋째, 함께 협동하여 스스로를 돕고 나누는 공동체정신을 실천한다. 2018년 10월 현재 협동회는 411명의 조합원으로 구성되어 있으며, 이사장, 이사, 감사, 고문 등 조합원 투표에 의한 임원진을 갖추고 있다.

현재 동자동 실 거주자 조합원은 300명 정도이며 이사를 간 주민도 조합원 자격을 유지하고 있기도 하다. 출자금 액수나 주기에 대한 엄격한 기준이 없고 가입과 탈퇴를 자유로이 할 수 있으며 탈퇴 시 출자금은 돌려받는다. 현재 출자금 규모는 1456만 4500원이며 지금까지 총 66건의 대출이 이루어진 바 있는데, 대출금 1704만 5000원 중 상당 금액이 상환되었고 상환율은 89.2%에 달한다.[3]

사랑방과 주민협동회의 다양한 활동들

소액대출 사업은 주민협동회의 가장 중점적인 활동으로, 일반 대출,

소액대출, 범위 내 대출로 구분된다. 출자금을 낸 조합원이 분할상환 가능하며, 상환 기한을 넘겨도 징벌 조항이 없다. 신규 조합원 교육을 통해 협동회의 취지를 강조하고 상환 의무에 관한 문자메시지를 전송하는 것이 전부다. 조합원들은 주로 생계비, 의료비, 주거비 문제를 해결하기 위해, 그리고 가족 및 지인에게 송금하기 위해 대출을 신청하며, 대출 건수가 점점 증가하고 있는 추세다.

의료비 실비 보상을 해주는 상호부조 사업으로서 '1천 원의 행복' 사업도 운영 중이다. 또한 주민 교류 활성화를 위해 영화모임, 탁구모임, 공부모임, 여성주민모임 등 다양한 소모임을 만들었는데, 현재는 격주로 진행되는 마을청소 소모임이 지속되고 있다.

사무실을 같이 쓰며 활동 공간과 내용이 겹치다 보니 동자동사랑방의 사업에도 조합원 참여가 활발하다. 주민에게 점심식사를 1천 원에 제공하는 사랑방의 '식도락' 사업에 참여하고 있으며, 마을잔치를 열거나 무연고 사망자 장례를 함께 치르기도 한다. 어버이날에는 어르신들에게 식사를 대접하고 꽃 달아드리기 행사를 갖고, 추석에는 합동 차례 상을 차리고 민속놀이나 주민노래자랑을 개최한다.

동자동사랑방이 초창기에 박스나 공병을 모아 만든 돈으로 국수를 대접한 것이 마을잔치의 유래였는데, 지금은 많은 주민들이 십시일반 후원금을 모으고 밤새 음식을 장만해 잔치를 벌인다. 동자동에는 무연고로 돌아가시는 주민이 일 년에 스무 분이 넘는다고 한다. 장례치를 가족이 없는 주민의 장례를 마을에서 치른다. 쪽방촌 곳곳에 부고를 붙이고 새꿈어린이공원에 분향소를 마련하고 파주 무연고 추모의 집이나 시립승화원 유택동산에 모신다.

이외에도 협동회는 기초생활보장 수급자가 아닌 주민이 잉어빵, 군고구마 노점 등을 할 수 있도록 초기 자본을 지원하고, 주민이 병원 갈 때 동행하고, 생필품을 공동 구매하고, 방 청소를 서로 돕고, 각종 후원 행사를 개최하는 등 다양한 활동을 벌이고 있다.

선동수 활동가는 신학대학교에 다니던 청년 시절, 도시빈민선교회 동아리 활동을 통해 "평생을 가난한 사람들과 함께 하고 싶다."는 삶의 지향을 갖게 된다. 코넷 활동을 하다가 2003년부터 2011년 말까지 외국인 노동자센터에서 활동한 그는 잠시 활동가의 삶을 접고 쉬던 중 동자동 이야기를 듣게 되었다. 그와 마찬가지로 활동가의 삶을 살고 있는 아내 강인남 씨⁴와 코넷의 대표였던 최종덕 씨로부터 전해 들은 쪽방촌 주민들의 협동회 이야기는 그에게 "기적과 같은 일"로 다가왔다.

2012년부터 협동회의 간사로 일을 시작했고, 주민조직가로서의 활동을 지속하면서 출자금과 대출을 관리하는 회계 업무를 비롯해 각종 사무 업무를 맡아왔다. 그는 자신은 "절대로 무대에 서거나 조명을 받으면 안 되는" 사람이라고, 주민지도자란 "주민을 직접 만나고 조직하는 역할"을 잘할 수 있도록 돕는 사람이라고 강조했다. 주민들이 자기 문제를 스스로 해결할 수 있기 위해 역량을 쌓아나가는 것을 돕되 자신은 앞에 나서지 않는다고 했다. 동자동 쪽방촌 주민들이 스스로 계획하고 준비하고 실행하고 평가하는 주민운동의 주체가 되도록 지원하는 것이 자신의 역할이라고 담담히 말했다.

사랑방마을 주민협동회와
선동수 활동가

|

2018년 11월 18일과 28일, 서울특별시 용산구 동자동사랑방 사무실에서
소보겸, 이지은, 임혜민, 임효정, 홍현재 그리고 조문영이 묻고,
사랑방마을 주민협동회 선동수 활동가(남, 50대)와 협동회 임원인
유영기 이사장(남, 65세), 김정호 이사(남, 60세), 조두선 이사(남, 56세)가 답한 내용을 기록했다.
협동회 임원들은 선동수 활동가와 두 번째 인터뷰를 진행했을 때 만났다.
이때 마을을 둘러보고 식도락 사업에서 함께 식사를 하면서 동자동 쪽방촌 주민들의
생활 영역을 접할 기회를 가졌다.
여기서는 두 번의 인터뷰를 구분하지 않고 질문에 맞는 맥락으로 재구성했다.

"꾸준히 인사하고 만나고 얘기하고"

선동수 활동가는 동자동 쪽방촌에 처음 온 날 동네에 싸움이 벌어져 피투성이가 된 사람이 구급차에 실려 가는 것을 보았다. 그런데 주민들은 크게 개의치 않아하는 데 더욱 놀랐고, 험한 동네에 뭣 하러 왔느냐는 말도 들었다. 술 취한 주민이 행패를 부려 사무실 문을 열지 못할 지경이었던 날도 있었다며 폭력적인 분위기에 회의를 느끼기도 했지만, 형편이 어려운 주민들이 협동회에 함께하며 자부심을 느끼는 모습을 보면서 활동의 희망을 얻었다고 말했다.

쉽지 않은 활동이었을 것 같습니다. 특히 돈 문제가 개입된 사업을 하시면서 주민들에게 신뢰를 얻는 일도 어려웠을 텐데 어떻게 활동을 이어오고 계시나요?

 쪽방 주민 중에 (기초생활보장) 수급자가 많고 신용불량 상태인 분들이 많다 보니 돈이 필요해도 어디 손 벌릴 데가 없는 거예요. 그걸 우리가 해보자 해서 사람 모으고 돈 모아서 협동회를 하게 된 건데, 주민들 자부심이 대단해요. 임원 연수를 갔는데 교육하러 오신 분이 그라민은행⁵이랑 동자동 중 어디가 더 훌륭하냐 물으니까 주민이 자신 있게 손 들고 말씀하시더라고요. 우리가 더 훌륭하다, 왜냐면 거기는 돈을 정부나 기업, 외부에서 지원해서 마련한 거지만 우리는 주민들이 스스로 한 거니까 더 훌륭하다고요. 협동회 처음 만들 때는 주민들이 의심이 많았죠. 집집마다 찾아다니며 사람 모으고 출자금 모으러 뛰어다닌 사람들이 욕도 많이 먹었죠. 이태헌 전 이사장님은 주민한테 두들겨 맞기까지 하고요. 니들이 뭔데 동네에서 그런 걸 하려고 하냐, 그 돈 가지고 도망갈 거 아니냐, 어떻게 믿느냐 하면서 말이죠. 또 외부의 편견도 그때나 지금이나 심하죠. 시간이 가니까 조금씩 신뢰가 쌓여갔죠.

 [조두선 이사] 꾸준히 만나고 꾸준히 얘기하고, 서로 믿을 수 있도록 노력하는 게 제일 중요했죠. 내가 매일 동네 돌면서 인사하는 것도 신뢰야. 내가 그 시간에 나온다는 것을 알아. 근데 안 나오면 뭔 일이 있나 보다 하고 물어봐. 그런 게 서로 간의 신뢰인 거야. 아무것도 아닌데, 내가 그냥 인사하고 다닐 뿐인데 신뢰를 얻는 거지. 꾸준함. 저 사람은

꾸준하다. 그런 거 같아요. 그냥 말이 다 통한다고 믿음이 생기는 게 아니라 돌아서면 끝날 수도 있잖아. 서로 믿을 수 있게 행동으로 노력한 거죠. 또 선 간사님이 항상 웃는 모습으로 주민들을 대하고.

인사가 만사인 것 같아요, 진짜. 모르는 분에게도 계속 인사를 하다보면 몇 달 지나면 저한테 말을 걸어 와요. 날씨 얘기를 한다든지 궁금한 걸 물어본다든지요. 너무 반갑죠. 그런데 이게 시간이 한참 걸리는 거죠. 제가 외국인센터에서 일할 때 어떤 한 개인을 개인으로 보지 않고 '어느 나라 사람'으로 보는 시각이 참 싫었어요. 근데 리더 역할을 하는 주민지도자분들이 리더 역할을 맡는 순간 그분이 곧 사랑방이고 협동회라 인식하는 면이 있기는 해요. 그 사람을 보고 협동회를 판단하는 거죠. 그러니 지도자 한 분 한 분이 어떻게 살고 있는지가 중요하죠.

[조두선 이사] 어쩔 때는 나도 짜증 나고 힘들 때도 있지만 내색을 안 해. 자리가 사람을 만들어요. 뭐 개인이었으면 나도 똑같이 화내고 욕하고 그러겠지만, 내가 이사직을 맡으면서 이 조합의 간판이 됐잖아. 이제는 화를 못 내겠어. 그냥 다 들어줘. 그런 거에서 또 하나의 신뢰를 얻는 거지. 여전히 우리를 못 믿으면 가입을 안 하는 거고. 주민들이 나 쓸 돈도 없는데 무슨 출자를 하냐 그러면 꾸준히 얘기하는 거지. (술) 한 잔만 덜 드시면 할 수 있다, 그러면 "한번 해볼까?" 이렇게 되는 거예요. 서로 경쟁이 붙어. 같이 술 먹던 사람이 출자금 얼마 했다 그러면 자기도 좀 모아야겠다고 하는 거지.

주민지도자들의 행동을 통해 신뢰를 얻는다는 건 참 좋은 이야기이지만 한편으론 위험할 수도 있겠다는 생각이 들어요. 특정 개인에 의해서 전체 조직이 좌지우지될 수도 있고 말씀대로 주민 한 사람으로 힘들고 지칠 때도 있는 거잖아요.

 협동회의 두 번째 이사장이셨던 우건일 씨가 동자동을 떠나면서 큰 어려움이 있었어요. 그분은 동네에서 절대적인 신뢰를 받았고 제 평생 다시 그런 주민지도자를 만날 수 있을까 싶은 훌륭한 분이었어요. 조합원은 말할 것도 없고 주민이 1000명이면 한 900명은 알았을 거예요. 그런데 그분이 개인적인 일로 몸이 망가지고 지역을 떠날 수밖에 없었어요. 사실 본인을 돌보지 않고 헌신적으로 일하시다가 몸이 완전히 소진됐던 거죠. 슈퍼맨처럼 동네를 헤집고 다니면서 모든 주민들 일을 다 봐주고 그러다 무리가 왔던 거예요. 그걸 보면서 제가 느꼈던 게 한 개인이 너무 무리해서는 안 되겠다, 집단 조직력이 필요하다는 생각을 했죠. 그분이 갑자기 떠나시니까 출자금 3000만 원을 떼먹고 도망을 갔다느니 교도소에 갔다느니 온갖 소문이 난무하는 거예요. 그러니까 조합원들이 탈퇴하기 시작했거든요. 그 빈자리를 메꾸기 위해서 임원분들이 굉장히 애를 먹었어요. 주민들도 더 자주 만나고 오해들을 풀기 위해 많은 대화를 나눴죠. 그러다 보니 오히려 여러 사람이 함께 더욱 열심히 하게 되는 계기가 됐어요.

주민협동회의 일상의 나눔과 협동 활동

협동회 이야기를 소개한 2012년 EBS 지식채널e 〈문턱 없는 은행〉 영상에는 "이 돈이 어떤 돈인지 알기 때문에 잘 갚으려고 해요."라는 말이 나온다. 협동회는 매달 신규 조합원 교육을 하면서 그 영상을 함께 본다. 어려운 사람이 십시일반 모은 돈은 급히 돈이 필요한 사람에게 가고 그것이 다시 협동회로 돌아와 모이는 과정 자체를 선동수 활동가는 '협동'이라는 단어로 인식하고 있었다. 협동은 다만 사업으로 실현되는 것이 아니라 서로의 안부를 묻는 일상의 삶이라는 게 그의 설명이었다.

동자동 협동회가 소액금융대출 사업으로 유명한 방글라데시의 그라민 은행과는 다른 것 같아요. 그라민은행은 상환율을 높이기 위해서 이웃 간에 연대책임을 지우고 주민자활 사업을 강요한다든지 하는 문제가 있다고 알고 있어요.[6] 협동회에는 그런 규정은 없는 건가요?

대부분 서너 달이면 다 갚으시는데 정말 형편이 어려운 분들은 못 갚으시는 경우도 있어요. 인사 문자하면서 넌지시 말씀드리는 것 외에 돈 갚으란 얘긴 안 하죠. 지연된 거지 상환을 포기하신 분도 없고요. 제일 중요한 건 협동인 거 같아요. 저희 이름이 처음에는 공제협동조합이었다가 주민협동회가 됐는데 '협동'이라는 말이 살아 있어서 다행이라는 생각이 들어요.

협동이라는 말은 좀 추상적으로 들리기도 하는데 협동회가 이야기하는 협동의 사례는 어떤 걸까요?

 마늘하고 콩을 심어서 농사를 한 적이 있어요. 약을 하나도 안 쳤더니 실패했거든요. 수확도 안 좋았지만 그래도 이사님들이 열의를 갖고 하셨어요. 굉장히 많은 분들이 같이 가서 했다는 점이 좋았다고들 말씀하세요. 그런 협동의 경험은 돈 주고 살 수 없는 거다 하시면서 협동을 강조하시는 거죠. 사업뿐만 아니라 일상이 그래요.

 [조두선 이사] 자꾸 찾아뵙고 인사하고 문안드리고 하다 보니까 주민들이 마음의 문을 조금씩 열어요. 서로 걱정하고 안부도 묻고 하다 보니까 옛날에는 옆방에 누가 사는지도 몰랐는데 지금은 아픈 분도 서로 보살펴주는 거죠. 예전에 아파서 누워 있을 때 누가 내 방문 한번 열어줬으면 싶었어요. 당이 떨어지면 내가 움직일 수가 없는 거야. 그럴 땐 누구한테 뭐 사다 달라고 부탁도 한번 하고 싶은 데 그런 게 아쉬웠던 거야. 서로 챙겨주는 분위기가 생기다 보니까 요새는 제가 일일이 찾아가지 않아도 이웃 주민이 누가 많이 아픈데 병원에 좀 데리고 가달라, 그런 말도 해주고 하죠.

조두선 이사님이 직무 대행을 하시면서 너무 무리를 하셨어요. 일주일에 세 번 투석을 해야 하고 워낙 편찮으셨거든요. 그런데 일을 너무 열심히 하시다가 올 초에 뇌경색이 와서 8개월이나 병원 치료를 받으셨죠. 오른쪽이 다 마비가 올 만큼 힘든 상태였는데 지금은 다 이겨내고 이렇게 계시는 거죠. 지금은 동네를 항상 돌고 계시고, 주민분들이 참 좋아하시죠.

[유영기 이사장] 여기 잘난 사람도 못난 사람도 없어. 다 똑같은 사람이야. 여기는 부모형제고 형제자매고 그런 거죠. 다 동등하니까. 누가 돌아가시면 저세상에 가서나마 마음이 평안하시라고 한 사람 한 사람 예를 표하고 하는데 우리가 남남이지만 친형제보다 더 따뜻하게 말해줘요. 나도 주민들 걱정하지만 주민들도 저를 걱정하죠, 몸은 어떠냐고. 그런 것이 오고 가는 정이야. 노인네들이 아파도 겁나서 병원에를 안 가요. 돈이 많이 나올까 봐, 의사들이 겁주면서 무시할까 봐. 데리고 가서 진찰받고 약도 지어 오고 이따금 들러서 들여다보고 하죠. 음식이나 물건들 못 버리고 방에 그냥 두는 사람들 방 청소도 해줘요. 그러면 그분들이 고맙다면서 협동회 가입도 하고 사람도 차츰 늘어나고 그러죠.

Q 어려운 처지의 주민들이 서로 교류하고, 서로의 집에도 찾아가고 이런 것들이 일상의 협동 같네요. 그런 과정에서 친해질 수 있을 텐데, 주민들이 더 깊이 교류하면서 알아가고 공동체를 경험할 수 있는 자리가 마련되는 건가요?

A 그게 영원한 숙제인 것 같아요. 주민들이 같이 만나고 모일 수 있는 활동들을 계속 만들어나가는 게……. 예전에 되게 많은 소모임 활동을 시도했었거든요, 여성모임이나 탁구모임, 공부하는 모임도 만들기도 하고 영화 보러 가는 모임도 있었고요. 지금 남아 있는 건 마을청소모임. 이건 몇 년째 이어오고 있고요. 조합원이나 주민이 자유롭게 참여

할 수 있는 여러 모임을 활성화하는 게 주민들이 협동을 경험하고, 이곳이 공동체가 되도록 하는 데 영향을 크게 미칠 거라고 생각해서 많은 주민들이 참여할 수 있는 소모임을 더 많이 모색하는 것도 과제예요. 항상 자기 이익만 챙기기 바쁜 주민이 있었는데 하루는 마을 장례를 치르고 있는데 오셔서 3만 원을 놓고 가셨어요. 본인이 아파서 병원에 입원해 있을 때, 돌아가신 그분이 자주 찾아와줬다며 너무 마음이 아프다고 하셨어요. 다들 그런 마음들이 있는데 표현할 기회가 별로 없었던 거죠. 그런 기회를 마련하는 것이 협동회가 해야 할 중요한 일 중 하나예요. 그런 경험들이 쌓이면서 점점 우리끼리, 우리 힘으로 해보자는 생각들도 생기더라고요.

가난한 사람들이 인간답게 살 길은 협동

Q 주민들이 모이는 기회가 많아지고 주민들끼리 함께 뭔가를 하는 게 공동체를 형성하는 기반이 된다는 거네요. '우리 힘으로'라는 건 외부의 도움이 없다는 뜻인가요? 예전과 달리 지금은 마을잔치를 주민 모금으로 진행하신다고 들었는데 외부에서 도움을 받는 것과 어떤 차이가 있나요?

A 저희가 어버이날 행사랑 추석 행사를 해요. 그 전에는 여기저기 외부에 공문을 보내 모금을 해서 행사를 치렀는데, 이제 우리가 모아서 합시다, 그렇게 된 거예요. 모금통을 만들어서 동네를 돌아다녔어요. 첫

해에 주민 103명이 100만 원 정도 모아주셨고 그게 점점 늘어나서 올해 추석 행사하는 데는 230명 정도 주민이 300만 원 넘게 모아주셨어요. 처음 있는 일이었거든요. 음식 만드는 것도 외부 도움 없이 우리가 하자고 해서 사람들 조직하고 조끼도 새로 만들고 음식부터 서빙까지 전부 하는 거죠. 전 부치고 동그랑땡 하고 밥하고 국 끓이고 이런 거를 주민들이 밤새 해요.

꼭 마을 행사가 아니더라도, 이 동네에 정부나 기업, 종교 단체 등이 와서 주민들한테 뭔가를 계속 나눠줘요. 그러다 보니 여기 있는 분들이 받는 것에 길들여져요. 그래서 진짜 비인간화, 대상화되어 버리는 경우가 많죠. 주는 사람도 그냥 별 마음 없이 주고, 받는 사람도 감사한 마음이 딱히 안 생겨요. 오히려 그런 게 당연한 권리처럼, 안 주면 화가 나고 이렇게 되는 거예요. 서로 못할 짓을 하고 있는 것 같아요. 극히 일부는 그런 게 정말 필요할 수도 있겠지만요. 이런 지원 문제 때문에 임원들 내부에서도 갈등이 있었어요. 올 여름에 너무 더웠잖아요. 어떤 교회 목사님이 주민에게 나눠주라면서 냉풍기 50대 정도를 주겠다 하셨는데 협동회 이사회 회의를 통해서 거절하기로 했어요. 그런데 그걸 이사님 한 분이 개인적으로 받아와서 나눠주시려고 하다가 다툼이 있었죠. 여러 의견들이 있지만 무조건적으로 지원을 다 받는 게 능사는 아니라고 생각해요. 얼마든지 서로 도울 수 있고 마음을 표현할 수 있는 그런 분위기를 외부 지원이 해치기도 해서……. 저는 외부 지원 받는 문제를 비판적으로 봐요. 서울역 노숙하시던 분이 쪽방 들어와 이불이 없는데 이웃 주민이 자기 이불을 주는 것, 서로 아플 때 병원에 동행해주는 것, 그런 건 완전히 다른 문제죠. 주민지도자분들도 외부 지원 문제에 경계심을 갖고 계시고 심사숙고하시죠. 지원을 많이 하는 단체나 개인이 존경을 받을 수도 있지만 주민 스스로 서지 못하게 하는 관습이 굳어져버릴 수도 있으니까요.

Q 주민 스스로 서고 뭔가를 할 수 있다는 게 꼭 일을 하는 것, 그러니까 돈 버는 것만을 뜻하지는 않죠?

A 네. 주민들 다수가 연로하거나 장애나 질병이 있기 때문에 생계 수단으로 일을 하기는 쉽지 않아요. 하지만 기회가 마련되면 아주 작은 일이라도 뭔가 기여를 할 수 있어요. 예를 들면 여기 소식지가 있는데 세월호 리본이 노랗게 칠해져 있잖아요. 흑백 프린트인데 치매에 걸린 80세 조합원이 이걸 직접 색칠하시는 거예요. 치매 걸린 할아버지가 뭘 할 수 있을까 생각하겠지만 다 하실 수 있는 게 있고 되게 좋아하세요. 저는 웬만하면 주민들이 스스로 다 할 수 있다고 생각을 해요. 스스로 해야 된다, 라는 게 아니라 스스로 할 수 있다. 경제적인 측면으로만 접근을 하면 어려워지는 얘기죠. 가난한 사람들이 인간답게 살아갈 길은 협동이라는 거예요.

Q 반빈곤 활동을 계속해나가기 위한 과제는 뭐라고 생각하시나요? 저희 청년들, 대학생들이 함께할 수 있는 것이 있을까요?

잊지 않고 끝까지 진실을 밝히는 2018년!

사랑방마을 주민협동회
2018년 11월 소식지

(발행일 : 2018. 11. 7)

협동회 설립목적	①회원의 **저축성**을 **함양**한다. ②회원의 **경제적·사회적 지위** 향상과 **삶**의 질을 높인다. ③함께 **협동**하여 **스스로를 돕고** 나누는 **공동체 정신**을 실천한다.

한 협동회 조합원은 발행되는 모든 소식지에 흑백으로 인쇄된 세월호 추모 리본을 노랗게 색칠한다.

어떻게 하면 사회의 많은 사람들과 연대할 수 있을까, 그런 문제들이 고민이 돼요. 이 안에서 겪는 어려움을 극복하기 위해서 주민조직화를 하고 협동회 활동을 하고 있지만 조금 더 넓게 보면 가난한 사람들이 당연히 누려야 하는 권리를 찾기 위한 과제가 있겠죠. 우리끼리 잘 먹고 잘 살자고 하는 것이 아니라 결국은 이 세상을, 사회를 조금 더 정의롭게 하고, 가난한 사람들도 인간답게 살 수 있는 그런 권리를 확장할 수 있도록 나아가야 하고, 사회의 사람들과 같이 손잡고, 조직하고, 연대해야겠죠. 빈곤 문제에 관심을 갖는 젊은 사람들이 예전처럼 일방적으로 희생하면서가 아니라 활동을 지속할 수 있는 여건을 갖춰줄 필요가 있을 것 같아요. 저는 동자동 주민들이 잘되는 데에 제가 조금이라도 기여할 수 있다면 저 자신이 도구로써 잘 쓰이고 있는 거라고 생각하거든요. 그런 능력을 젊은 사람들에게 기대하는 곳이 찾아보면 있을 거예요. 젊은 사람들이 관심을 갖고 가지고 있는 능력을 활용하면서 함께 살아가다 보면 잘 될 거라 생각해요.

 [김정호 이사] 서울대 교수라는 누가 우리한테 "이렇게 살아가는 게 좋으냐, 어떠냐." 묻더라고. 그래서 내가 이렇게 답을 했습니다. 우린 보다시피 솔직히 가진 게 없어요. 힘도 없어요. 근데 진짜 기분 좋고 떳떳해요, 사람이. 너무나 기분 좋고 가진 게 없어도, 저녁 때 뭘 해먹나 걱정해도 편안하게 살아요. 그런데 가진 자들이 더 불안하고 더 힘든 세상을 살고 있는 거 같다고 생각을 안 해봤어요? 나는 학교도 안 나왔지만. 한 날 이렇게 만나가지고 잠깐 이야기하다가 돌아서면 끝이다, 이러지 말고 우리가 이야기하고 겪었던 일들을 항상 살아가는 데 마음에 담아야지……. 연말이면 여기 교회니 단체니 반짝 오고 끝이야. 국회의원도 마찬가지야. 당선되면 끝이야. 약자는 어디까지나 약자고 강자는 어디까지나 강자더라. 약한 사람들이 힘이 길러져야 한다고 하는데 힘 없어요, 우리는. 있는 사람들, 가진 사람들이 퍽 건들면 우린 팍 나자빠져요. 그러니, 강자가 약자들한테 보태준다? 절대 아니야. 마음을 같이 실어준다? 학생님들도 이야기를 듣고 나름대로 남는 거는 있겠지만 가고 나면 동자동을 언제까지나 기억하고 있을랑가……. 그건 몰라.

가난한 사람들의 공동체, 그 의미

주민협동회의 궁극적 목적은 공동체 형성

인간이 생존하기 위해서는 다양한 조건들이 충족되어야 한다. 그 많은 조건들 중에서 '관계'에 대해 이야기해보고 싶다. 부의 상실은 곧 인간관계의 상실로 연결된다.[7] 삶을 영위하기 위한 기초적인 경제적 자본이 절대적으로 부족해지면 그동안 쌓아왔던 직업적 지위들과, 그것이 떠받치고 있던 많은 사회적 관계들이 무너지기 때문이다. 이것은 때로 생존에의 위협을 의미한다.

동자동 쪽방촌이 급속도로 커지게 된 배경에서도 알 수 있듯이, 1990년대 외환위기를 거치며 많은 사람들의 경제 상황이 급변했다. 그 과정에서 무수히 많은 사람들이 경제적 자본을 잃게 된 것을 개개인의 탓으로 돌릴 수는 없을 것이다. 쪽방촌에서의 삶 또한 그렇다. 그곳에서 겪는 빈곤을 한 개인의 잘못이나 실수, 무능으로 치부하기에는 복잡한 층위의, 그러나 분명한 구조적 문제가 존재한다. 때문에 그 해결 또한 개인의 노력만으로는 쉽게 이루어질 수 없을 것이다.

그렇다면 인간관계성의 회복은 어떨까? 부와 경제력에 근거하지 않고도 사회적 관계를 회복할 수 있는 방법은 없을까? 어렴풋하게나마 우리는 동자동 공동체에서 그 방법을 찾을 수 있었다.

미디어 등 외부에서 재현되는 협동회의 모습은 대부분 협동조합의 소액대출 사업을 중심으로 한 주민들의 경제적 자활에 대한 것이었다. 짧은 시간 동안 얼마나 많은 출자금이 모였는지, 그래서 이것이 주민들의 경제적 자립에 얼마나 근사한 해결책이 되어줄 것인지가 가장 궁금하고, 또 중요했던 것이다.

하지만 협동회의 초점은 다르다. 소액대출 사업은 저축의 기회를 제공하고, 대출을 통해 주민들의 경제적 어려움을 일시적으로 해소해준다. 그러나 선동수 활동가는 "우리 협동회는 쪽방 주민들의 급전 문제 해결을 위해 만든 협동조합이다. 그리고 궁극적으로는 동자동을 공동체로 만드는 목적이 있다."고 말한다. 소액대출 사업은 그 자체가 목적이 아니라, 공동체 형성의 과정인 것이다.

동자동을 하나의 공동체로 엮어내는 것이 왜 협동회의 궁극적인 목적이 되었을까? 쪽방촌 주민들에게 함께할 수 있는 무리, 소속되는 공동체가 존재한다는 것은 어떤 의미이고, 이것이 왜 중요할까? 쪽방촌의 많은 주민들은 인간관계성의 상실을 경험했다. 인류학자 제임스 퍼거슨의 표현을 빌리자면, 이는 사회라는 실타래에서 풀려

나와 사회적 진공의 상태에 놓이게 되는 것을 의미한다.

그런데 이런 진공의 상태에서 협동회의 소액대출 사업을 통해 대출 자격을 얻고, 다시금 사회의 네트워크에 포함될 기회를 가지게 된 것이다.[8] 신용 등급이 아닌 상호 간의 신뢰에 의해 출자하고, 대출해 줄 수 있는 기관을 통하여 다시 인간관계를 만들어낼 수 있게 되었고, 이것이 작은 '사회'가 되어 많은 주민들이 소속되기 시작한 것이다. 진공 상태에서 사회적 관계 속으로 들어온 동자동 주민들은 생존의 새로운 활로를 트게 되었다.

동자동 공동체는 경제적 기반보다는 사회적 교류에 중점을 둔 새로운 의존 체계를 만들어나가고 있다. 일반적으로 '빈곤' 옆에 따라붙는 '의존'은 반의어인 '독립' 혹은 '자립'과 대비되어 무능력하고, 자유롭지 못하고, 때로는 수치스러운 이미지까지 불러낸다. 아마도 이는 임금노동, 즉 일을 해서 돈을 벌 수 있는 사람에게 일방적으로 기생하는 모습이 강하게 떠오르기 때문일 것이다. 하지만 의존의 의미를 곱씹어보면, 설사 가난하지 않더라도 이 세계에서 의존하지 않고 살아갈 수 있는 사람은 그 누구도 없다. 의존은 곧 사회적 관계를 의미하기 때문이다.

동자동에서 주민들 서로 간에 의미를 가지는 물음은 '임금노동을 수행할 수 있는가'가 아닌, '서로 의지하고 협동할 수 있는가'이다. 나에게도 의존할 수 있는 누군가가 생긴다는 것, 그것이 공동체 형성이 협동회의 궁극적인 목적인 이유다.

새로운 가치, 신뢰와 역할을 추구한다

그렇다면 이들의 공동체는 어떤 새로운 체계를 만들어나가는 것일까? 동자동 협동회의 '협동'은 지속적인 대면 만남을 통한 교류와 이를 통해 쌓이는 서로에 대한 신뢰를 기반으로 협동회만의 새로운 가치를 추구하는 듯 보였다.

서로를 호명하고 인식하는 과정에서 이름을 부르기도 하지만, 더 기억하기 쉽도록 특징을 살려 별명으로 부르는 데서부터 신뢰가 시작된다.[9] 협동회가 존재하기 이전에는 상상하지 못했던 상황이다. 주민들 간에 이름조차 모르는 익명의 관계에서 서로 얼굴을 마주하며 별명을 부르는 관계로 확장된 데에는 협동회 지도자들의 역할이 무엇보다 중요했다.

지도자들이 매일 같은 시간, 같은 장소에서 꾸준하게 인사를 먼저 건네는 것으로부터 신뢰가 단단해졌다. 또한 조두선 이사는 지도자 교육의 자리에서 주민 100명 이상의 이름을 외우고 불러주는 것을 제안하기도 했다. 두 번째 만남 때 12시가 되자 점심을 다 같이 먹는 시간이라고 해서 인터뷰를 황급히 끝내야 했다.

서로의 별명을 부르는 것 외에도, 각자가 자신의 자리와 역할을 만들면서 또 다른 체계를 형성해나갔다. 주민지도자분들은 "자리가 사람을 만든다."며 이사 자리에 오르고 난 뒤부터 행동거지를 바르게 하고 "이사직이 간판"이라며 모범을 보이려고 했다. 조합원의 경우, 출자와 대출을 활발하게 이용하여 협동회를 활성화시키는 데 많은 기여를 한다. 이때 해당 조합원이 얼마나 많은 금액을 출자했는지의 여부는 중요하게 여겨지지 않는다. 소액으로 자주 대출하고 상환하는 일련의 과정이 협동회를 활성화시키기 때문에 그 자체로 높은 평가를 받는다.

협동회를 통해 출자와 대출을 활발히 이용하는 이유로, 조합원은 "협동회의 지도자들이 나에게 많은 것을 베풀어주었기 때문"이라고 말한다. 협동회와 조합원이 쌓아온 신뢰의 깊이를 느낄 수 있었다. 협동회 소식지에 달마다 세월호 리본을 노랗게 칠하고, 거동이 불편한 분들의 집에 식도락 사업의 점심을 배달하는 등, 다양한 역할을 맡으며 조합원들은 각자 자신의 자리를 가지게 된다. 외부에서는 한 성원으로 인정받지 못하는 80대 치매 노인이, 노동하지 않는 자가 이곳에서는 '리본을 색칠하는', 그리고 '자전거로 배달하는' 역할을 갖게 된 것이다.

우리가 본 협동회는 '뛰어난 한 사람보다는 부족해도 여러 사람이 함께 움직이는 것'을 바람직한 방향으로 추구하면서 협동회라는 작은 사회 내부만의 가치를 형성해나가고 있었다. 기존의 경제적인 가치와는 무관하게 신뢰로 형성된 공동체 내에서 하나의 인격체로 대우받고, 각자가 참여할 자리가 주어진다는 점에서 새로운 협동의 방식을 보여주었다.

상호 의존하며 관계 맺는 협동

협동회는 일시적이고 일방적인 외부의 지원을 거부하고 있었다. 동자동은 기업이나 자선단체의 후원이 끊이지 않는 곳이지만, 앞서 언급한 냉풍기 사건에서도 알 수 있듯이 협동회는 일방적인 증여를 거부함으로써 대상화되는 것을 거부했다. 물론 한 이사가, 그래도 우리 옆집 이웃을 챙기고 싶다는 마음에 지원을 받기도 했다지만 중요한 것은 다른 임원들이 이에 대해 거세게 항의를 했다는 점이다. 이는 이사회의 결정과는 다른 개인적인 행동에 대한 항의였을 수도 있고, 대상화되기를 거부했던 지난날의 노력을 무색하게 만드는 행위에 대한 항의였을 수도 있다.

강자가 약자에게 베푸는 물질적인 후원은 되갚을 수 없기 때문에 어느 정도는 강자에 대해 존경심을 갖도록, 혹은 복종을 하도록 하는 기제로 작동한다. 마치 모두가 그러한 베풂에 동의하고 있는 것처럼 후원의 자비로운 측면만 강조되는 일방적인 도움은 약자가 목소리를 내고 싶은 결정적인 순간에 주저하게 만들고, 외부의 정해진 틀 속에서 제약이 가해지는 것을 비가시화한다.[10] 협동회는 그러한 지원을 거절함으로써 물질적 조건의 일시적인 향상보다는 하나의 인격체로 온전히 존재하는 자율성을 택한 것이다.

이들은 외부와의 수직적이고 위계적인 관계 맺기가 아닌, 협동회원끼리 상호 의존의 관계 맺기를 원칙으로 삼는다. 협동회의 소액대출 사업은 외부 지원 없이 오롯이 주민들의 출자금으로만 운영되고, 마을 행사비 마련을 위해 주민들이 자발적으로 모금 행사에 참여하며, 무료 급식소와는 다르게 주민들이 밥값 1천 원을 내고 식도락 점심 사업을 이용한다.[11] 이 모든 것의 '스스로 함'은 내부에서 같은 처지에 있는 사람들 간의 의존 덕분에 가능한 것이고, 결국 협동회의 자립은 상호 의존과 뗄 수 없다는 것을 증명한다.

이때 중요한 것은 출자를 했다는 것, 모금을 했다는 것이지 얼마를 냈는가 하는 그 금액은 전혀 언급되지 않는다. 마늘 농사를 실패했던 일도 주민들 스스로 다양한 사업을 운영할 역량이 있음을 확인했다는 점에서 의미 있는 경험으로 발현된다. 서로가 아플 때 병원에 동행해주거나, 필요한 물건을 대신 사다 주거나 하는 등 상호 의존의 관계 맺기는 일상에서 반복된다.

협동회는 소액대출 '사업'이라는 기존의 자활 담론의 프레임 밖에서 공동체를 만드는 궁극적인 목적을 품고 다양한 활동을 운영해왔다. 이 과정에서 협동회 지도자에 대한 믿음에서 시작된 주민들 간의 신뢰는 지속적인 교류를 이끌어냈고, 상호 의존의 관계 맺기가 협동의 경험으로 차곡차곡 쌓이면서 가난한 사람들의 공동체를 가능한 꿈으로 만들어내고 있었다.

우리는 어떻게 함께할 수 있을까

이처럼 협동회의 활동은, 내부의 숱한 어려움에도 불구하고 협동하는 공동체를 지향하면서 빈곤으로 인한 사회적 관계의 단절이나 생존에의 위협을 막아낸다. 협동회의 지도자들은 매일 쪽방촌 주민들에게 먼저 인사를 건네고 안부를 물으며 관계를 형성한다. 또한 주민들은 협동회에 가입함으로써 임금노동이나 경제적 활동과는 다른 각자의 역할과 지위를 갖는다. 이런 역할을 일상적으로 수행함으로써 협동회의 성원으로 인정받고, 협동회의 다른 구성원들과 관계를 맺는다.

앞서 살폈듯 협동회는 외부의 시혜적 기부를 거절함으로써 모두가 대상이 아닌 주체로 존재할 수 있음을 강조한다. 대등한 주체로 인정받은 내부의 구성원들은 상호 의존을 기반으로 한 관계 맺음을 지향한다. 이러한 원칙들은 협동회 구성원들이 서로를 동등한 인격체로 인정하고 존중하며, 서로에 대한 신뢰를 쌓아가는 일련의 과정과 경험이 가능하도록 한다.

빈곤으로 인해 총체적인 박탈 상황에 내몰린 사람들은 빈약한 생존의 조건들마저 없어질까 봐 절박함을 느낄 수밖에 없다. 협동회가 '협동'의 실천을 지향하고, 이를 일상에서 실현하기 위해 다양한 활동들을 진행하는 이유이기도 하다.

협동회의 활동에 대학생인 우리는 어떻게 함께 할 수 있을까? 선동수 활동가와 이 문제에 관해 고민을 나누던 중, "모두가 활동가로 살 수는 없다."는 이야기가 나왔다. 이는 다양한 뜻을 지닌 말이다. 모든 사람에게 반빈곤 활동가로서 필요한 역량이 있다고 보기 어렵기 때문에, 개개인이 자신에게 주어진 역량 안에서 반빈곤 활동에 기여하는 다양한 방식을 찾는 게 좋다는 뜻이기도 할 것이다. 선동수 활동가는 "각자 주어진 능력을 필요한 곳에 쓰도록" 조언하기도 했다.

한편 이는 활동가로 살아갈 때의 적은 소득이나 여러 삶의 조건의 제약을 누구나 무조건 감당할 수는 없다는 의미이기도 할 것이다. 또한 타인과의 유대와 공동체적 삶의 가능성이 미약해지는 오늘날 반빈곤 활동에 거대한 전망이나 미래를 그리기 어렵다는 점도 지적되어야 할 것이다. 일상 속에서 반빈곤 활동에 기여하기 위한 다양한 실천들을 모색할 필요도 있다.

협동회의 활동은 우리 대학생들에게도 의미 있는 질문을 던졌다. 주민들이 '존중받는 성원'이자 '우리'로서 존재할 수 있는 과정을 만들어내는 협동회 활동은 동자동 쪽방촌이라는 공간을 넘어서, 지금 한국 사회를 살아가는 사람들 모두에게 시사점을 준다. 협동하고 서로 의존하는 공동체, 위계적 지표와 경제적 가치 기준과는 다른 세계관을 만들어가는 공동체 안에서 주민들은 삶에 새로운 의의를 부여하게 되었다.

협동회는 성원들이 서로 기댈 수 있는 사회적 관계와 새로운 존재 의의를 찾을 수 있게 한다는 점에서 하나의 공동체 모델이 된 것 같아 보였다. 적어도 이런 활동을 통해 대안적인 공동체 모델에 대한 상상의 폭을 넓혀준 것만은 확실하다.

글: 소보겸, 이지은, 임혜민, 임효정, 홍현재

1. 2017년 9월말 기준으로 동자동 쪽방 거주자 수는 964명이다. 이 중 남성은 848명, 여성은 116명으로 남성이 압도적으로 많다. 2018년 1월 서울특별시 자활지원과 시립쪽방상담소 운영수탁기관이 작성한 쪽방 거주민 현황 참조.

2. 2017년 제정된 '협동조합기본법'에 따르면, 이 법에 따라 설립된 (사회적) 협동조합이 아닌 경우 유사한 명칭을 단체 이름에 사용할 수 없다.

3. 사랑방마을 주민협동회 2018년 11월 소식지 참조.

4. 강인남 활동가는 오랫동안 서울특별시 관악구에서 주민운동을 조직했고, 현재는 해외주민운동연대(KOCO) 대표로 한국 주민운동의 역사와 경험을 해외 반빈곤 현장에 전파하고 교류하는 작업을 수행 중이다.

5. 그라민은행은 방글라데시 출신 경제학자 무하마드 유누스가 설립한 소액 금융기관이다. 유누스는 빈곤 여성의 자립에 기여한 공로로 2006년 노벨평화상을 수상했다.

6. 라미아 카림, 박소현 역, 2015, 『가난을 팝니다-가난한 여성들을 착취하는 착한 자본주의의 맨얼굴』, 오월의 봄 참조.

7. 제임스 퍼거슨, 조문영 역, 2017, 『분배정치의 시대』, 여문책.

8. 아나냐 로이, 김병순 역, 2018, 『빈곤자본』, 여문책.

9. 선동수 활동가는 '선 간사', '앉은 간사'로 불렸고, 부산에서 온 강동근 이사님은 '부산갈매기 강'으로 불렸다. 그 외에도 '자전거맨', '땡칠이', '6호 아저씨', '여수 형님' 등 이름은 모르더라도 별명으로 부르며 서로를 기억했다.

10. Dinah Rajak, 2011, In Good Company: An Anatomy of Corporate Social Responsibility, Stanford: Stanford University Press.

11. 서울특별시 관악구 난곡 지역에서 1970~1980년대에 운영된 난곡희망의료협동조합(4장 참조)에서는 약을 무료로 제공하지 않고 100원에 판매했다. 당시 난곡에서 빈민운동

을 했던 김혜경 활동가는 적십자에서 약을 무료로 나누어주면 주민들이 약의 가치를 느끼지 못하는 경우가 많아 쌓아두기만 할 뿐, 복용하지 않는 경우가 많았다고 회상했다. 이 때문에 100원의 약값을 지불하도록 하여 약을 잘 복용할 수 있도록 동기를 부여하는 한편, 이를 기금으로 적립했다고 한다(한재랑, 2018, 『그 형편에도 같이 하는 게 좋더라』, 제정구기념사업회 참조). 식사를 사 먹는 것과 약을 사 먹는 것은 물론 차이가 있다. 하지만 빈민들에게 무료로 뭔가를 제공하기보다 소액의 비용을 지불하게 함으로써 그 가치를 느낄 수 있게 하는 활동은 과거에도, 또 지금도 중요한 의미를 지니는 듯하다.

7.
집 없는 사람들의 '몫'소리

홈리스행동 이동현

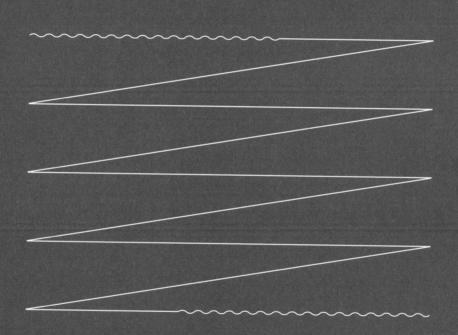

홈리스행동과 반빈곤운동

홈리스행동의 다양한 활동들

우리가 찾은 홈리스행동은 용산구의 길고 좁은 골목길 사이 낡은 주택 2층에 자리하고 있었다. 빈곤사회연대, 용산참사진상규명위원회, 노숙인인권공동실천단 등이 모여 '아랫마을'이라는 공간을 이루고 있었다.

복도와 교육장 곳곳에는 수많은 포스터가 붙어 있었다. '성평등한 홈리스야학을 위한 8가지 약속'과 같이 주로 홈리스야학 학생들에게 전하는 각종 알림과 학생들의 의견을 담은 쪽지들이었다.

'나는 야학에서 어떤 사람으로 보이길 원하나요?'라는 질문 아래 수많은 쪽지를 붙여놓은 포스터가 눈에 띄었다. '야학 동료들에게 편

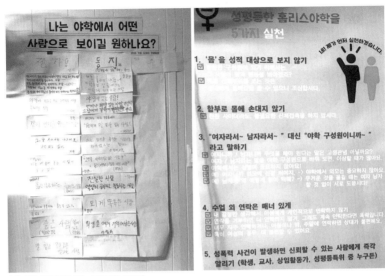

(좌) 계단 옆에 붙어 있는 포스트잇 활동지
(우) 야학 교실에 붙어 있는 포스터

하게 말 걸 수 있는 사람', '같이 언어를 확보해가는 사람' 등등, 야학
의 교사와 학생들이 자신이 되고 싶은 모습을 형형색색 글씨로 적어
놓았다.

홈리스행동은 2001년 만들어진 노숙인복지와인권을실천하는사람
들(노실사)의 활동을 이어받아 2010년 명칭을 변경해 출범한 단체다.
홈리스 상태를 자본주의 구조적 모순과 신자유주의 금융 세계화에
따른 빈곤의 한 형태로 보고, 이에 대응하기 위해 홈리스 대중을 조
직하는 것을 목표로 한다.

노숙인(露宿人)이라는 범주에서 홈리스homeless로 범주를 넓힌 것은 거
리의 삶과 불안정 주거 상태를 오가는 가난한 사람들을 만나기 위해
서다. 홈리스행동은 홈리스 문제를 개인의 게으름이나 무능 탓으로

돌리는 인식에 반대하며, 홈리스 당사자가 베풂과 동정의 대상이 아닌 권리운동의 주체로 서도록 하는 활동을 지향한다.

홈리스행동의 주요 사업 중 하나는 홈리스야학이다. 기초 학문, 문화·취미, 홈리스 권리의 세 분야로 나눠 수업을 진행하는 홈리스야학은 경제적 빈곤뿐만 아니라 사회적 관계의 어려움을 겪는 홈리스의 권리를 위한 중요한 사업이다. 노실사 시절 2005년 3월 '노숙인 문화권리 증진을 위한 월례 문화행동'을 시작으로, 2007년 '주말배움터'를 거쳐 2010년 5월 '아랫마을 홈리스야학'이 시작되어 현재까지 이어지고 있다. 함께하는 학생들의 교육 수준이 천차만별이라 수업 프로그램도 다양하게 구성되어왔는데, 기초적인 한글교실에서부터 컴퓨터교실, 노래교실이나 체육활동 등의 문화·취미 활동, 권리교실이 운영되고 있다.[1]

오랜 시간 야학을 운영해왔으나 홈리스야학의 확대 방안을 모색하기가 좀처럼 쉽지는 않다. 무학부터 대졸자까지 학력 수준이 다양하고 관심사와 개성이 다양한 홈리스의 수업 과정을 어떻게 짤 것인가 하는 문제도 항상 고민이 되는 부분이다. 운동 단체로서 각종 인권침해 사건과 정책 변화에 대응하고, 당사자 지원 활동도 지속해야 하는 상황이어서 야학에 온전히 집중하기도 쉽지 않다.

홈리스행동은 매주 금요일 저녁 인권지킴이 활동을 벌인다. 인권침해 감시와 복지지원 연계를 위한 현장 상담 활동의 성격을 띠는 것으로, 회원들이 모여 교육과 토론을 진행한 뒤 서울역, 용산역 일대의 노숙 현장을 찾는다. 홈리스 문제에 대해 당사자와 소통하고 자신의 요구를 편안하게 이야기할 수 있는 소통 창구를 마련하기 위해 꾸준히 진행 중인 활동이다.

공공 역사 주변에 노숙인이 몰릴 수밖에 없는 상황에서 노숙인 인권 탄압이나 이를 둘러싼 갈등이 끊이지 않아왔다. 특히 공공 역사가 민자화되면서 노숙인들은 더욱 갈 곳이 없어지고 있다. 2005년 겨울 서울역에서 노숙인이 사망했을 때 홈리스행동 회원들은 노숙인에 대한 정부의 비인간적인 처우에 항의했고, 2011년 서울역 노숙인 퇴거 문제 등 각종 인권침해 현실에 대응하는 한편, 주거 문제를 중심으로 복지지원 연계 활동을 벌여왔다.

반빈곤 연대를 일상적 활동으로

밤이 가장 길다는 매년 동짓날 서울역에서는 (이들이 '월동 투쟁'이라 부르는) 홈리스 추모제가 개최된다. 장례조차 치르지 못하는 홈리스의 죽음을 함께 추모하고 홈리스 당사자의 절박한 요구를 알리는 자리다. 주거 팀, 추모 팀, 여성 팀 등으로 준비 팀을 구성하고 여러 사회운동 단체와 협력하여 홈리스운동의 의제를 밝혀나가는 중요한 계기다.

지난 2018년 홈리스 추모제 주거 팀은 '서울시 주거취약계층 임대주택'의 보증금을 낮추는 성과를 거두기도 했다. 서울시가 운영하는 임대주택의 보증금이 높고 쪽방 주민만을 입주 대상으로 제한한 탓에 공가로 방치되어온 상황을 지속적으로 비판해왔다. 임대주택 입주 자격을 모든 주거취약계층에게 확대하고 보증금을 인하할 것을 요구하는 한편, 정확한 수요 조사를 통해 충분한 물량의 임대주택을 공급할 것을 요구하며 결의대회를 진행하기도 했다.

2017년에는 쪽방주민토론회를 개최해 정부가 발표한 '주거복지 로 드맵 쪽방 대책'에 실질적인 주민 요구를 반영할 것을 촉구하는 활동 도 벌인 바 있다. 한편 홈리스 추모제 기획단은 정부가 무연고사로 사망한 홈리스의 '존엄한 삶의 마무리'를 지원할 책임이 있음을 강조 하고, 서울시의회가 '서울특별시 공영장례 조례'를 마련하도록 노력 해왔다. 조례는 마련되었지만, 시장이 지원 대상을 임의로 지정할 수 있도록 하는 등 한계도 많다.

추모제 기획단은 대상자를 특정 계층에 한정하지 말고 기초생활수 급자와 차상위계층으로 확대하는 한편, 지원 내역을 실질화해야 한 다고 계속 목소리를 내고 있다. 2018년 처음 꾸려진 여성 팀은 여성 홈리스 문제를 다룬 다큐영화를 상영하고 제작에 참여하기도 했는 데, 현재는 비가시화된 여성 홈리스의 실태를 파악하고 제도 개선을 요구하기 위한 선전 및 기획 사업을 준비하고 있다.

홈리스행동은 정부나 기업의 재정적 후원을 받지 않는 것을 원칙 으로 하고 있다. 활동을 위한 재정은 대부분 300여 명 회원들의 후원 회비로 충당하며, 일부 활동에 한해서만 외부 공모 사업과 연계하고 있다. 교사회, 학생회 등 야학의 자치 모임과 단체의 살림은 구성원 들의 자발적 회비를 통해 꾸려진다. 형편이 넉넉지 않아 상근 활동가 의 활동비는 최저임금에도 미치지 못하는 실정이다.

빠듯한 살림과 열악한 조건 속에서도 수많은 일상 사업이 진행되 고 있다. 〈홈리스뉴스〉 발간, 글쓰기 모임, 영상 팀 등 미디어 사업은 물론, 복지제도나 인권침해 상황에 대한 법률 상담도 꾸준히 진행되고 있다. 홈리스행동의 활동가와 회원들은 아랫마을에서 1000원씩 내고 공동식사를 준비하며 일상을 함께하기도 한다.

반빈곤 연대 활동은 홈리스행동의 일상적인 활동 과제이다. 홈리스가 처한 조건이 주거, 노동, 사회복지, 의료, 금융 피해 등 한국 사회의 여러 빈곤 현안과 맞물려 있기 때문이다. 42개 반빈곤운동 단체가 함께하는 빈곤사회연대의 연대 사업에 참여하는 한편, 기초법공동행동 등 기초생활보장제도 개선을 위한 활동과 여러 사안별·의제별 반빈곤 연대 활동에 꾸준히 결합하고 있다. 아랫마을에서 함께 사무실을 사용하며 각 단체의 회의와 활동에 상호 결합하는 등 홈리스행동과 빈곤사회연대는 정책이나 사업 집행에서 맞물려 있는 부분이 많다. 각종 집회에 홈리스 당사자 회원들과 함께 깃발을 들고 참여하는 것 역시 홈리스행동이 오랫동안 추구해온 사회적 연대 활동의 하나다.

홈리스행동과 이동현 활동가

I

2018년 11월 25일 일요일 오후, 서울특별시 용산구 홈리스행동 사무실에서
권나영, 박채환, 원채린 그리고 조문영이 묻고,
홈리스행동의 이동현 활동가(남, 40대 초반)가 답한 내용을 기록했다.

홈리스 대중운동의 산증인, 이동현 활동가

충남 홍성의 가난한 시골 마을에서 자란 이동현 활동가는 목사가 되고자 신학대학교에 진학했다. '도시빈민선교회'라는 동아리에 들어가 철거 지역에서 아이들을 가르치는 공부방 활동을 하게 되었다. 철거민들의 아이를 함께 돌보는 개념에서 출발한 공부방은 그 무렵 정부 지원하에 제도화의 길을 걷기 시작했다. 서울시 · 전국 공부방 연합회 등의 간판이 걸리기 시작하고 다수는 지역아동센터로 변모했다.

도시빈민운동으로서의 공부방운동이 어려워졌다는 판단하에 도시빈민선교회는 빈곤 문제에 직접적으로 연대할 수 있는 운동을 모색

하게 되었다. 빈곤 문제를 치열하게 고민했던 그가 대학 시절 IMF 외환위기에 따른 급격한 사회 변화를 목격하며 실직 및 노숙인 문제에 주목하게 된 것은 어찌 보면 자연스러운 과정이었을 것이다.

이동현 활동가는 2002년 노숙인인권공동실천단(실천단) 활동을 계기로 홈리스운동과 인연을 맺었다. 당시 한일 월드컵을 앞두고 노숙인 인권 탄압 사례가 비일비재했는데, 홈리스행동의 전신인 노실사가 이를 감시하기 위해 자원활동가 모임을 조직한 것이다.[2] 그 후 이동현 활동가는 노숙인 지원 기관과 단체들의 협의체인 전국실직노숙자대책종교시민단체협의회, 노실사를 거쳐 2010년부터 홈리스행동 상임 활동가로 일하고 있다. 13년이 넘게 홈리스운동의 산증인으로 최전선에서 활동해온 셈이다. 오랜 세월 홈리스운동을 하다 보니 초창기 함께 활동하던 홈리스분들이 세상과 작별하는 상황도 빈번히 지켜봐야 했다.

홈리스 당사자들 대부분은 단시간에 활력을 되찾기 어려운 조건에 놓여 있기 때문에 조직화가 더딜 수밖에 없고, 따라서 사업 자체도 소규모 활동을 꾸준히 하는 식으로 이뤄지게 된다고 그는 설명했다.

인터뷰가 진행되던 일요일에도 종일 업무를 보고 있었고, 인터뷰를 마치고 함께 저녁을 먹고 나서도 일을 마저 끝내야 한다며 '아랫마을'로 되돌아갔다. "노숙인은 시장의 원리로 굴러가는 정글자본주의의 배설물 같은 존재지만, 그렇기 때문에 베풂과 동정의 대상이 아니라 당사자가 운동의 주체로 서야 한다."는 그의 신념은 인터뷰 곳곳에 배어 있다.

도시빈민 비주택 주거지 문제와 복지 지원

인터뷰 며칠 전 종로구 관수동 국일고시원에서 대형 화재가 발생해 7명의 고시원 거주자가 사망했다. 고시원은 불안정한 주거의 한 형태지만 법적으로는 주거 시설이 아니기 때문에 주거 시설에 관한 법률 적용을 받지 않는다. 화려한 도심 한편에 지어진 낡은 건물에 한 평도 안 되는 방마다 사람이 살고 있었다. 한 달 4만 원 하는 옵션 차이로 창문이 없는 방에 묵었던 사람들이 참변을 당한 것이다. 국일고시원 화재 참사를 사회적 의제로 만드는 작업에 홈리스행동이 앞장섰다.

국일고시원 화재 같은 일이 다시 일어나지 않으려면 정부 차원에서 어떤 해결책을 내놓아야 할까요?

(국일고시원 사고를 보면) 창 있는 방에 살던 분들은 목숨을 잃지 않았어요. 창 있는 방이 살기도 좋죠. 살기 좋은 방이란 안전한 방이었던 거예요. 안전한 주거를 만들어야 한다면서 (서울시는) 스프링클러, 비상구, 완강기 같은 소방시설, 안전시설 얘기만 하고 있는데, 그런 얘기에서 그칠 게 아니에요. 이런 고시원이라는 데가 있다는 것을 인정한다면, 그리고 고시생이 아니라 노동자들이 실제 이런 거처를 선택한다면, 우리 사회가 이런 불안정하고 불충분한 주거지를 용인했다는 것을 인정하고 이런 곳을 어떻게 좀 더 인간적인 주거지로 변모시킬 것인지

본격적으로 관심을 가져야 합니다. 면적 기준을 6m² 이상으로 한다, 벽체는 내연 처리를 한다 등등, 안전이 고려된 주거 기준을 맞추는 데 드는 비용 부담을 업주들한테만 전가하면 월세가 다 오르겠죠. 행정의 개입이 필요합니다. 앞으로 서울시가 노후 고시원 1800곳에 5년간 스프링클러를 설치할 예정이라는데, 여기에 살을 더 붙여서 비주택 주거지에 대한 최저 주거 기준을 정하고 그것을 이행하는 게 필요하다고 생각합니다.

안전기준 외에 어떤 기준이 더 마련되어야 할까요?

일단 아무리 좁아도 어느 정도의 면적 이상은 되어야 할 것 같아요. 감옥이 형벌인 이유 중 하나는 좁은 곳에 사람을 구금시키고 시선까지도 가둬놓는다는 거잖아요. 거리에서 상담하면서 만난 어떤 분은 한 3년 고시원에서 살다가 어느 날 갑자기 미칠 것 같아서 뛰쳐나와 다시 거리에서 노숙을 하게 되었다고 해요. 생활공간 안에서 벽만 쳐다볼 게 아니라 시선을 좀 뻗을 수 있어야 하잖아요. 서울시에서 제공하는 임대주택 같은 경우에도 다 원룸인데, 당사자분들은 집 같지 않다고들 해요. 면적 기준뿐만 아니라 방이 따로 있어야 한다고 생각하죠. 분리형 원룸 형식도 필요할 것 같고요. 비상 안전장치도 당연히 제대로 갖춰야겠죠. 국일고시원 같은 경우 비상문이 있다고는 하지만 비상문을 열고 나오면 딱 한 사람 서 있을 공간밖에 나오지 않았대요. 그래서 비상구로 탈출한 사람은 한 사람뿐이었다고 해요. 완강기 같은 것을 설치해놓아도 사용법은 아무도 몰라요. 지금 다중이용업소법이나 건축법에 안전장치에 대한 규정이 들어 있지만 그것만으로는 부족하죠. 그래서 비주택 거주지에 대한 최저 주거 기준을 만들자, 이걸 지키기 위해서 행정과 개인의 역할을 규정하자, 행정은 예산을 어떻게 사용하고 업주들은 어떤 의무를 다해야 할지 논의하자는 겁니다. 의무임대계약 조건으로 몇 년 간 임대료를 못 올리게 하는 등 부분적으로 조치가 이뤄지지만 여러 기준들을 고려해서 대책을 마련할 필요가 있습니다.

비주택이라고는 하지만 실제로는 사람들이 살고 있는 주택인 거잖아요. 비주택에는 여러 형태가 있다고 들었는데, 어떤 대책이 필요할까요? 활동가님이 생각하시는 '사람이 사는 집'이란 무엇인가요?

법적으로 주택이 아니더라도 오랫동안 사람들이 살아왔던 곳들이 많죠. 쪽방, 여관, 여인숙, 고시원 등등. 사람이 사는 집인 거예요. 쪽방 지역의 경우 벗어나고 싶어 하는 분들도 있지만 그렇지 않은 분들도 많거든요. 고시원과 다르게 동네에서 같이 살 수 있는 분위기가 좀 있는 거죠. 동자동 쪽방촌 같은 경우에는 마을 중간에 조그만 공원이 있어서 거기에서 명절 같은 때 이런저런 행사도 하고, 누가 돌아가시면 공원에다 분향소 차려놓고 십시일반 분향도 하거든요. 그런 '틈'들이 있는 거죠. 케이지(새장) 같은 방에서 살지만, 나오면 숨 쉴 수 있는 여지가 있고 거기서 교류가 만들어지기도 하거든요. 고시원은 그러기가 어렵죠. 교류도 하고 숨통이 트이는 공용 공간이 있어야 한다고 생각해요. 임대주택 공급할 때도 그런 공간을 꼭 두게 하면 좋겠어요. 쪽방 살다가 임대주택 입주했는데 외로워서 다시 오시는 경우도 있고, 임대주택 이사 가서서 목숨을 끊으신 사례도 있었어요.

쪽방의 입지적 특성을 보면 이동성이 좋다는 거예요. 서울, 대전, 대구, 부산 이렇게 경부선 라인으로 있고, 청량리, 동대문, 종로, 서울역, 영등포, 인천 이런 식으로 (지하철) 1호선 라인으로 있죠. 고시원도 그런 곳을 따라 늘어나고요. 아무래도 그래야 먹고살기 좋다는 거잖아요. 그런 이동성이 좋은 입지가 가난한 사람들에게 굉장히 중요하죠. 집다운 집이란 허우대만 좋아서는 안 된다는 겁니다. 저 푸른 초원 위에 그림 같은 집이 있어봤자 가난한 사람들은 거기 못 살아요. 돈 많은 사람들은 자가용 타고 살 수 있지만, 가난한 사람들은 서울역이나 그런 곳 근처에서 살아야 되거든요. 매입임대주택은 기존의 생활권을 보장해준다는 점에서 의미가 있었죠.[3] 지금 종로구에서 국일고시원 피해 생존자들에게 매입임대주택을 제공하겠다고 하는데, 개개인의 사정을 잘 고려할지 의문입니다. 그분들을 만나서 이야기를 들어봐야 하는데 관에서 차단을 하고 있는 상태예요. 어쨌든 많은 당사자분들은 기존 생활권을 크게 벗어나길 원하지 않죠. 나가길 원하시는 분들은 적절한 임대주택으로 갈 수 있도록 기회를 보장해야 할 테고요. 그러려면 임대주택이 더 확대되어야 해요. 쪽방을 불량 주거지로 보는 시각이 많은데, 공간은 허름해도 거기에서 일상을 꾸려가시는 분들은 계속 살기를 원하는 경우도 있거든요. 그럴 경우에 그분들이 좀 더 안전하고 쾌적하게 살 수 있는 정책 방안을 마련하는 것도 필요하죠.

그동안 홈리스 복지 지원이 시설 위주로 이루어졌던 것에 문제 제기를
해오셨잖아요. 활동가님은 홈리스 사안의 근본 대책을 어떻게 짚고 계
신가요?

 우리나라 사회복지가 대규모 시설 지어놓고 무조건 들어가게 하는 식
이었죠. 예전 IMF 외환위기 즈음에 '자유의 집'이 만들어졌는데, 600
명 규모로 지어진 곳에 일주일 사이에 1300명이 들어간 거예요. 홈리
스라는 존재가 유동적이기 때문에 눈에 보이는 숫자가 전부가 아닙니
다. 시설에 살기가 힘들다는 얘기를 많이 하세요. 여름에 선풍기 때문
에 싸움이 난다든지 그런 사소한 일들 하나하나가 다 힘들다고 해요.
시설이 가지고 있는 구조적인 한계죠. 같이 살다 보면 규칙이라는 게
필요하고 자기 행동을 제한하는 결과가 생기고 그러다 보니 다툼이 끊
이지 않을 수밖에 없는 거죠. 저는 시설은 다 없어져야 한다고 생각해
요. 시설 대신 주거를 제공해야죠. 시설은 공급자한테 좋은 거지 사람
들한테 좋은 게 아니거든요. 그런 문제의식에는 이제는 대부분 동의를
하는 것 같아요. 최근에 서울시 지원주택조례⁴라고, 시설을 기반으로
사회복지 서비스를 제공하는 게 아니라 주거지에서 직접 제공하는 것
이 법제화되었어요. 내년 (2019년)부터 임대주택을 연간 300호 공급한
다는데 대상은 노인, 장애인, 정신질환자, 노숙인…… 이렇게 넓죠. 이
사람들을 300호로 포괄한다는 거는 말이 안 되죠. 물론 첫해이고 앞으
로 매년 300호씩 늘린다고는 하지만 너무 느리죠. 당장 주택과 비주택
주거 기준을 마련하는 일은 시급한 과제예요. 여러 단체들이랑 힘을
합쳐서 빨리 결과물을 만들어내야 할 것 같아요.

낙인과 차별 속에 난무하는 자립·자활 담론

'노숙인'운동에서 '홈리스'운동으로 이름을 바꾼 것은 비단 용어의 변화에 국한된 문제가 아니었다. '거리에서 기거하는 사람'이라는 의미의 '노숙인'은 노숙과 불안정 주거를 오가거나 열악한 주거 현실에 놓여 있는 많은 사람을 포괄할 수 없다는 문제의식이 홈리스행동의 활동들에 녹아 있다. 이 문제의식은 주거의 문제를 중심으로 홈리스 당사자의 빈곤한 처지를 바꿔나가겠다는 의지의 표현이기도 했다. '노숙인'이라는 용어가 불러오는 선입견이나 편견이 심각하다는 인식도 명칭을 변경한 배경 중 하나였다.

 여전히 많은 사람들은 '노숙인'과 '홈리스'의 차이를 잘 이해하지 못하는 것 같습니다. 홈리스가 여전히 노숙인으로 이해되는 현실에 대해서 어떻게 보시나요?

 2012년에 '노숙인 등의 복지 및 자립 지원에 관한 법률'(노숙인 지원법)이 만들어졌어요. 그 이전에는 홈리스 지원을 위한 법 자체가 없었죠. 법이 만들어질 때 논란이 많았음에도 결국 '노숙인 등'이라는 개념 정의가 이뤄졌어요. '노숙인 등'에는 첫째, 거리에서 생활하는 사람, 둘째, 노숙인 시설에서 생활하는 사람, 셋째, 주거로서 적절치 않은 곳에 상당 기간 사는 사람들이 포함돼요. 개념 자체가 모호하죠. 아동 '등', 장애인 '등', 노인 '등'에 관한 법률 따위는 없잖아요. 누구를 대상으로 정책을 시행할지 구체화하려면 개념 정의는 명확해야 하는 거죠. 이런 (모호한) 방식으로 개념을 정의한 건 있을 수 없는 일이라 생각해요. 현재 전국적으로 봤을 때 거리 노숙하는 사람으로 카운트되는 인원은 1000명이 조금 넘어요. 이번에 화재가 난 고시원 같은 데 사는 경우가 15만 가구 정도 되고, 비주택 거처에 사는 분들이 전체적으로 37만 가구 정도로 추계되는데, 이런 상황임에도 굳이 '노숙인'이라는 단어를 고집하는 건 정책 대상을 키우지 않겠다는 노골적인 의도를 드러낸 거죠. 2016년 복지부에서 실태 조사를 했는데 1만 1800명밖에 안 나왔어요.[5] 민간 연구기관이 집계한 37만 명이라는 숫자와 차이가 엄청 나죠. 거리와 시설 그리고 쪽방 사는 사람만 포함해서 그래요. 쪽방 옆에 있는 고시원이라든지 만화방, 여관, 여인숙, 다방, 피시방, 사우나에서 사는 사람들이 많고, 여성분들의 경우 패스트푸드점 같은 곳에 계시기도 한다는 걸, 다 알면서도 카운트를 안 하는 거죠. 정책 대상을 과소하게 잡는 악순환 상태니 저희 같은 단체에서 '홈리스'라는 용어를 쓰자고 주장하고 있는 거고요. 또 노숙인이라는 존재가 IMF 이후에 확 늘어났잖아요. 자연히 생겨난 가난한 사람들이라기보다 한국 사회가 도시화, 자본주의화하면서 잉여노동력을 만들어내는 과정에서 생겨났죠. 또 IMF를 거치면서 사회구조가 크게 흔들리고 재편되는 과정에서 (가시적으로) 나타난 것 중 하나가 홈리스 문제인데, 과거에 있던 용어를 그대로 갖다 붙이는 것도 적절하지 않아요. 그것도 모자라 '노숙인 등'처럼 억지 작명을 하는 문제에 대해 저희가 비판해왔고 '홈리스'라는 용어를 계속 쓰고 있습니다.

Q 홈리스들이 베풂이나 동정의 대상이 아니라 주체, 당사자가 되어 운동에 참여해야 한다고 말씀하셨는데, 사실 홈리스에 대해 자활이나 자립이라는 말이 상당히 강조되기도 하잖아요. 자활이나 자립을 위해서는 무엇이 필요할까요?

A (국일) 고시원 화재 사건 이후에 고시원 거주자분들을 취재하는 경우가 많았는데, 언론에서는 고시원에 살면서 일을 나가시는 분을 소개해달라고 하더군요. 사실 저희가 많이 만나는 분들은 대개 복지수급으로 생활하시거든요. 조건부 수급으로 자활 사업에 참여하거나 공공 일자리 사업에 나가시는 분들이 많지 일반 임노동시장에 고용된 분들이 많지는 않아요. 복지로 생활하는 사람들에 대해 도덕적인 어떤 혐의를 두는 경우도 많고, 그렇기 때문에 자활, 자립이라는 것이 더욱 장려되곤 하죠. 그런데 자립, 자활의 조건을 만들 수 있는 사람들이 실제로 얼마나 될까요. 홀로 설 수 있는 토대가 마련되어 있을 때 버팀목에서 손을 조금씩 떼고 자기 발로 서는 것일 텐데……. 여기 계신 (대)학생 분들도 그렇잖아요. 당장 자립, 자활을 해낼 수 있는 사람이 흔치는 않죠. 그런데 그런 논리가 가난한 사람들에게 과도하게 요구되는 것은 아닌지, 사회가 어느 정도 보조하는 가운데 사람이 살 수 있게 역할을 해주는 게 중요한 게 아닌지, 저는 지금 상태에서 자립, 자활을 일방적으로 요구하는 게 과연 정당하냐고 묻고 싶어요.

서울시 자활사업 공모도 많이 했었죠. 몇몇 사례가 떠오르는데요, 몇 년 전에 박원순 시장이 청계천 다리 밑에 카페 하나를 열어 홈리스 당사자분에게 장사를 하라고 했어요. 3개월 영업하면 그 이후에는 노점을 제도적으로 보장하겠다고 했던 거죠. 그 당사자분은 바리스타 교육까지 받고 열심히 했는데, 문제는 3개월 후에 그 장소에서 (음식) 조리를 할 수 없게 된 거예요. 담배나 과자 같은 것만 팔라고 하고. 200만 원 정도 되는 보증금도 3개월 장사해서 마련할 수 없는 금액이었고, 커피 판매는 불가능하게 되었고, 이러지도 저러지도 못하는 상태가 되었죠. 그런데 (서울시는) 그분들의 스토리를 동영상으로 찍어서 멋있게 영어 번역해서 해외로 광고하고……. 예전에 이명박 시장 시절에는 노숙인 일자리 갖기 프로젝트라는 게 있었어요. 건설 현장에 사람들을 일용직으로 보내는 거였어요. 당시 지하철 9호선 건설이 한창이었는데 거기에 홈리스 당사자를 보내면서 다른 색깔의 모자를 쓰게 했어요. 현장에서는 "어이, 노숙자 아저씨." 이렇게 되는 거죠. 또 누구나 건설 일용직을 할 수 있는 것도 아니고 체력이나 경험, 과거 경력 등 여러 문제가 고려되어야 하는데, 그렇지 않다 보니 이탈률이 굉장히 높았어요. 적성이나 체력에 맞지 않는 데다 차별이 만연한 건데, 결국엔 그게 또 '아, 쟤네들은 안 된다', '결국 못 버틴다' 이렇게 화살이 거꾸로 돌아오는 거죠. 빨리빨리 사회 복귀, 자립, 자활시켜서 되돌려 보내려고 하는 그런 성급함은 홈리스에 대한 불인정으로부터 출발한 조급증 아니었나 생각해요.

 차별이나 낙인을 수반하는 '빈곤의 형벌화'라는 용어도 책을 통해 접한 적이 있습니다. 사람들의 편견이 많이 작용하는 것 같은데요, 홈리스에 대한 구체적 인권침해 사례는 어떤 것들이 있었나요?

2011년도에 서울역 강제 퇴거[6] 사태가 있었어요. 시민들의 민원 때문이라고는 얘기했지만, 공간 자체가 상업화된 것이 중요한 배경이죠. 2004년에 서울역 신역사가 들어섰는데 이건 민자 역사잖아요. 과거의 공공 공간이던 곳에 민간 자본이 새 건물을 짓고 일정 비율을 기부채납해 역사(驛舍)를 새로 지은 건데, 사실상 지금 서울역만 해도 역무 공간이 전체 공간의 10퍼센트가 채 안 돼요. 기차를 이용하는 데 필요한 공간 말이죠. 그런데 지금 역사가 대부분 민자 역사로 바뀌고 있잖아요. 기차 타고 백화점 간다는 말이 나오죠. 국가 땅 위에 민자 역사 주식회사가 건물을 짓고 30년간 돈을 엄청나게 버는 거고, 기차역을 이용하려는 많은 사람들이 머물 공간은 상업 시설밖에 없으니 서울역의 공간 자체가 과밀한 거죠. 1일 유동 인구가 30만 명이라는데 벤치는 몇 개 없고 그러다 보니 빨리빨리 이동을 하라는 거죠. 공간 회전이 빨라져야 하는 거예요. 식당에 테이블 회전이 잘돼야 하는 것과 같은 원리죠. 공항철도가 개통되면서 서울역에 사람들도 더 모이고, 광고주들이 몰려드는 판에 구매력 없는 홈리스들은 빨리빨리 내보내야 하는 거죠. 공공 기관인 철도공사도 그런 수익성 논리를 앞세우고요. 그러면서 서울역 강제 퇴거가 일어난 겁니다.

이런 홈리스 형벌화 조치를 방어하지 못하면 홈리스에 대한 사회적인 불인정을 용인해버리게 되는 것이라 우려했어요. 그때 농성도 하고 몇 년간 싸웠는데 코레일의 입장 자체는 바뀌지 않았어요. 다만 심하게 강압적으로 탄압하지는 않고 있는 상태예요. 나가라면 나가고, 간혹 쫓겨나기도 하는 일들이 일상적으로 일어나죠. 서울역에 못 있으면 어디로 가겠어요? 4호선 지하철 역사 쪽이나 숙대 쪽으로 내려가게 되겠죠.

홈리스들이 모이니까 그쪽 상인들이 환경개선연합회라는 것을 만들어서 또 퇴거시켜요. 공기업이 그냥 밀어붙이니 여기저기서 (홈리스들이) 만인의 축구공이 된 거죠. 벤치에 팔걸이를 심어 눕지 못하게 한다거나, 빌딩 앞이나 다리 밑에 뾰족한 장식 같은 것을 심어놓는다든가 하는 일은 굉장히 오래됐죠.

홈리스에 대해서 인식을 개선해야 한다는 말들을 많이 하잖아요. 그런데 그 '인식'이라는 게 캠페인으로 가능하지는 않은 것 같아요. 인식이라는 것은 이해관계에서 뻗어 나오는 것이니까요. 철도공사의 홈리스 강제 퇴거는 매장 임대수입이 굉장히 큰 이유죠. 광고 수입이라든가 하는 것들…… 이윤 문제죠. 거기에 민원은 들러리예요. 민원 데이터 공개하라고 해도 개인정보라고 하면서 안 보여줘요. 서울역 상인들이 환경개선연합회 만들고 사람들 내쫓으면서 요구했던 것 중 하나가, '따스한 채움터'라는 무료 급식소 문을 닫으라는 거였어요. 밥을 공짜로 주니까 식당에서 밥을 안 사 먹는다는 이유를 들면서 말이죠. 그런데 홈리스들이 사 먹어봤자 얼마나 사 먹겠어요. 다른 데 가서 급식을 먹지 무슨 돈으로 사 먹냐고요. 또, 서부역 쪽 자이아파트 주민들이 파출소에 홈리스 퇴거 요구를 그렇게 많이 해요. 집값에 부정적인 영향을 미칠까 봐 우려하는 거예요. 그런 식으로 어떤 경제적인 이해관계에서 출발한 부분이 많아서, 캠페인을 통해서 바꿀 수 있는 게 아니라 그냥 부딪칠 수밖에 없는 거라고 생각하거든요. 권리와 권리가 부딪치는 건데, 제대로 부딪칠 수 있는 힘을 만드는 것이 저희의 할 일이지, 뭔가 이해를 구해서 해결할 수 있는 수준이 아닌 것 같습니다.

여성 홈리스 문제와 인권지킴이 활동

 여성 홈리스들의 문제는 좀 더 복잡할 것 같은데요, 올해부터 추모제에서 여성 팀을 운영하고 있다고 들었습니다. 어떤 활동을 주로 하시나요?

 거리에서 여성 홈리스가 산다는 것은 정말로 쉽지 않은 일이죠. 서울역 강제 퇴거 당시 화장실에서 숨어서 주무시던 할머니가 어디로 가야 하냐고 호소하신 적이 있어요. 역 안은 그래도 경찰이나 역무원이 있어서 안전했는데, 그 다음부터는 계단 같은 데 계시니까 불안하셨던 거죠. 지나가는 사람들의 시선뿐 아니라 대부분 중년 남성인 홈리스 당사자들이 더 큰 위협으로 다가오겠죠. 심지어 인권지킴이 활동을 하는 여성 활동가들도 거리 상담을 그만둘 정도로 힘들어한 일도 있었어요. '예쁜 언니'라고 부르며 성애화한다거나, 신체 접촉을 위해 악수를 하려 한다거나 하는 문제들 때문에 활동 자체를 하기 힘들어했는데, 깊게 고민하고 적절히 대처하지 못했어요. 일단 지금 성평등한 인권지킴이 활동 매뉴얼 작업을 하고 있어요. 이런 문제에 대해 같이 공부하고 함께 대처해나가자는 문제의식을 담아 매뉴얼북을 만드는 거죠. 또 한편으로는 성평등한 거리노숙 문화 만들기에 대해서 저희가 발행하는 신문인 〈홈리스뉴스〉에서 지속적으로 이야기하고 있어요. 홈리스 정책 자체가 몰성적이고 여성 배제적이거든요. 그냥 공용 노숙인 시설이라고 하면 남성 홈리스가 대다수를 차지합니다. 그건 그냥 남성 시설이거든요. 그런 정책을 바꾸기 위한 계획도 세우고 있고요. 여성 노숙인 요양시설 인권 실태 조사를 준비하고 있는데, 여성노숙인 생활시설 중 요양시설 같은 경우는 입소 기간이 20년 이상인 입소자 비율이 제일 높아요. 사실상 시설에서 평생 사는 거예요. 남자들의 경우 5~10년 정도 입소하는 게 제일 많으니까 성별 간 차이가 크죠.

몰성적인 남성 일시보호시설만 있는 상황인데, 몇 년 전 여성 일시보호시설이 하나 만들어졌어요. 연세대학교 교차로 밑에 있는데, 거길 서울역 홈리스들이 어떻게 가냐고요. 인권지킴이 활동을 통해 여성 홈리스를 새롭게 만나도, 모르는 남자 활동가들이 와서 같이 얘기하자, 같이 (시설에) 가자고 하면 그게 쉽지 않죠. 현장에서 바로 다이빙(이야기하고 상담 지원, 복지 연계)할 수 있으려면 여성 홈리스들이 이용할 수 있는 공간도 현장 근처에 있어야 하는데, 그런 공간이 없어요. 서울역 주변에 그런 공간을 마련하려면 굉장히 큰돈이 필요하고요. 우리 활동 팀에도 여성 활동가가 부족한 상황이에요. 성폭력적인 거리노숙 문화도 문제라 여러 가지를 모색해봐야 할 것 같아요.

 홈리스분들을 만나고 조직하는 주된 방식은 인권지킴이 활동인가요? 정부 지원 등을 통해서 제도화된 서비스를 제공하거나 사업을 진행하시는 건 없는 건가요?

 인권지킴이 활동은 당사자들이 있는 현장으로 직접 나가 만나는 아웃리치outreach 형태인 거죠. 홈리스들에게 자연스럽게 접근해서 이야기할 수 있는. 그런데 그런 활동이 제대로 되려면 현장 주변에 공간이 필요해요. 일시보호시설을 운영하는 것도 한 방법이겠지만 그러면 운동의 역할이 원활하게 될지 고민이에요. 제도 내로 포섭이 되는 거라 운동이 사업에 잡아먹히지 않겠냐는 우려가 있어요. 홈리스라는 건 굉장히 상태적인 개념이잖아요. 장애인 등의 인구학적 특성과 또 다르죠. 임대주택에 들어가 계신 분이 일시보호시설 개선하라, 이런 요구를 얼마나 함께할 수 있겠어요? 자기 현안이 해결되면 홈리스 당사자로서의 투쟁이 계속되기는 힘든 거 같아요. 그래서 당사자들이 직접 참여해서 노숙 현장에서 고물상이든 뭔가를 사업화하고, 당사자들이 그 공간에서 움직이면서 삶을 변화시켜 나가는 게 필요한데, 그러려면 어떤 사업을 하고 제도적인 지원을 받아야 하니까 운동성의 문제가 걸려요. 이런 점에서 딜레마가 많이 있어요.

만성화된 빈곤, 강요되는 자립

Q 추모제를 통해 무연고 사망자들의 장례 문제를 계속 제기한 끝에 서울시에서 공영장례를 보장하는 조례를 만들었다고 들었어요. 어떤 과정이었나요?

A '시체 해부 및 보존에 관한 법률'(시체해부법)에 문제가 있었어요. 재작년에 헌법재판소에서도 헌법 불일치 판결이 났죠.[7] 무연고 사체는 특별한 이유가 없으면 해부 실습용으로 제공된다는 조항이 있었어요. 인권이라는 게 신체로부터 출발하는 건데, 사후 자기결정권을 완전히

무시한 거죠. '무연고자, 그러면 가난하게 살았겠네. 복지 지원을 좀 받았겠지. 그럼 죽어서 봉사해야지.' 뭐 이런 논리 아니겠어요? 무슨 이유가 있겠어요. 그 조항 자체도 문제적이라서 당연히 없어질 거라고 생각했는데, 어떤 국회의원이 어처구니없는 시체해부법 개정안을 2016년에 냈어요. "생전에 반대 의사가 없는 경우에 한하여 해부용 시체를 제공할 수 있"게 한다는 내용으로요. 그게 현실화되면, 무연고로 추정되는 사람이 죽기 전에 주머니에 '저 죽으면 카데바(해부용 시체)로 쓰지 마세요.' 이렇게 하고 다니지 않는 이상 또 해부가 되는 거예요. 그 점에 대해 문제를 제기해서 결국 그 법안은 폐기됐죠. 추모제를 준비하는 여러 팀 중 추모 팀에서 그런 이야기를 많이 했어요. 무연고 사망자에 대한 공영장례를 도입하라고 꾸준히 제기해왔죠.

홈리스 당사자들은 빈곤에서 벗어나기 위해 어떤 주체적인 움직임을 보이고 있나요? 그것이 힘든 상황이라면 어떤 배경 때문일까요?

빈곤의 하향 곡선을 그리다가 거리 노숙이란 상태가 오기 때문에, '아, 내가 힘을 내서 일해서 벗어나야지.' 하는 생각을 갖기가 힘들 것 같아요. 사람은 기계처럼 고장 나면 고쳐서 쓰는 게 아니잖아요. 여러 활동 기능이 저하되고 어려움을 겪는 분들이 많고 정신적으로도 힘들다 보니 알코올이나 약물에 중독되시는 분들도 계시죠. 당장 직업을 줘서 금방이라도 일어난다는 게 쉽지 않거든요. 노숙자 출신 CEO? 그런 사람 없어요. 어느 정도 보호된 일자리가 필요해요. 그런데 현재 그런 일자리는 최대로 할 수 있는 기간이 11개월밖에 안 돼요. 퇴직금 문제 때문이죠. 단순히 급여의 문제가 아니라 오래 일할 수 있는, 생활의 안정을 준비할 수 있는 일자리를 만드는 게 중요해요. 게다가 혼자 일어나고 싶어도 명의도용 때문에 불가능한 케이스가 많아요. 법률 상담할 때 보니 홈리스 4명 중 1명은 명의를 도용당한 상태였어요. 사업자등록이다, 대포차다, 대포폰이다, 신용카드다……. '조금만 도와주면 일어난다'는 인식이 아니라 좀 장기적인 시야가 필요해요. 저희 활동을 함께하는 사람들도 많이 바뀌었어요. 잘돼서 떠난 사람보다 죽어서 떠난 사람이 많죠. 홈리스행동 초창기 때 함께 활동하던 분들이 많이 돌아가셨어요. 조직하는 것은 굉장히 느려요. 그러니 활동 능력이나 여건이 확 늘지 않고 고만고만하게 활동을 이어가고 있어요.

홈리스와 비주택 주거지 권리

집이 없지만 어딘가에 머물고 있는 홈리스

홈리스는 고정된 정체성이라기보다 홈리스homeless, 즉 집이 없는 상태라고 볼 수 있다. 인터뷰를 마친 우리는 '홈home(주거)', '리스less(인식의 부족)'라는 측면에서 '홈리스 상태'에 관해 재고해보았다. 사전적 의미로 '주거'는 일정한 곳에 머물러 살거나 또는 그러한 집을 일컫는다. 따라서 홈리스란 '머무름'이 불가능하거나 머물러 살 '일정한 곳'이 없는 상태가 된다. 고시원, 여인숙, 찜질방과 같은 비주택은 제2종 근린생활시설로 분류되며, 해당 시설은 '주거'로서의 의무를 갖지 않는다. 면적 500m² 이상의 고시원의 경우도 법률상 '주택'이 아닌 '준주택'으로 분류된다.

그러나 한국 사회는 주택이 아닌 '비주택'에서 거주할 수밖에 없는 사람들이 태반이다. 주거 공간으로서의 관리감독 대상에서 제외된 국일고시원에서 살던 사람들은 화마에 속절없이 목숨을 잃었다. 많은 사람들이 실제로 살아가고 있는 비주택을 안전하고 인간적인 주거지로 변모시키고, 이들이 제대로 된 주거에 접근할 수 있도록 하는 일은 매우 시급한 과제다.

홈리스에 대한 대책으로 흔히 이야기되어 왔던 것이 '시설'이다. 이동현 활동가에 따르면 IMF 외환위기 이후 급증한 홈리스를 수용하기 위한 시설이 천편일률적으로 만들어졌다. 종합사회복지관에 강제적 의무를 지워 컨테이너를 급조하거나 홈리스의 생활 여건을 전혀 고려하지 않은 시설들이 우후죽순 생겨났다. 홈리스 실태에 대한 체계적 인식이 부족한 상태에서 시설만 지은 탓에 수용 인원의 두 배가 몰리는 상황이 발생하기도 했다. 많은 시설이 현재도 운영되고 있지만, 개인의 조건이나 실정이 반영되지 않는 수용 위주의 집단생활은 홈리스에게 대안이 될 수 없어 보인다.

시설은 주거로서의 기능을 할 수 없기 때문에 이동현 활동가는 시설을 폐지하고 주거 우선 접근 정책을 도입해야 한다고 말한다. 이를 위해서는 공공임대주택이 급선무인데, 한국 사회에 장기간 거주할 수 있는 공공임대주택은 현재 전체 주택 수 대비 5퍼센트에도 미치지 못하고 있다.

이동현 활동가는 서울시 조례를 통해 2019년부터 시행 예정인 '지원주택'의 공급 물량도 대폭 늘려야 한다고 덧붙였다. '주거취약계층 주거지원 사업'[8]을 통해 임대주택에 입주하게 되는 과정에도 문제가 있다는 지적이다. 자활계획서를 작성해야 하거나 입주자선정위원회의 심사를 받는 등 홈리스를 선별하는 절차가 포함되어 있기 때문이다. 제도 자체에 홈리스에 대한 차별과 선입견이 녹아 있는 것이다.

열악한 주거 환경은 형벌이 된다. 이동현 활동가의 말을 빌리자면, 감옥에서의 수감 생활이 형벌이 되는 이유는 시야와 행동반경이 좁아진다는 점 때문인데, 열악한 주거 역시 거주자에게 비슷한 악영향을 끼치고 있다. 이동현 활동가는 주택의 필수 요건으로 최소 면적, 독립된 방, 안전 설비, 이웃과의 교류, 생활권의 보장 등을 언급했다. 열악한 주거 환경을 감내해온 수많은 홈리스 당사자들이 그동안 요구해온 내용들이기도 하다. 비주택 거주지에 대한 최소한의 주거 기준을 세우는 작업은 홈리스 당사자뿐 아니라 우리 모두의 인권을 존중받는 길이다.

홈리스의 권리를 말할 언어가 절실한 현실

이동현 활동가는 홈리스에 대한 차별적인 시선이나 편견은 이들에 대한 무지에서 비롯된 것일 뿐만 아니라 어떤 이해관계에서 뻗어 나온 것임을 강조했다. 법 제도가 확장된 홈리스 개념 정의를 거부하는 것도 정책 대상을 축소하려는 의도와 무관치 않다고 말했다.

2002년 한일 월드컵을 앞두고 서울시는 홈리스들을 모아 3박 4일간 지방의 청소년수련원으로 '연수' 보낼 계획을 발표하기도 했다. 홈리스를 시야에서 아예 지워내는 국가폭력은 활동가들의 노력 덕택에 많이 줄었지만, 앞서 소개한 노숙인 일자리 사업에서 보듯 홈리스에 대한 차별과 선입견은 그대로 존속하고 있다.

국제 인권법상 홈리스는 '노숙인뿐만 아니라 고시원, 쪽방, 컨테이너 등에서 생활하는 사람'을 포함하는 용어이다. 하지만 현재 우리 사회의 제도는 '노숙인'이라는 용어를 고집함으로써 정책 범위를 한정하고 수많은 홈리스 문제를 비가시화한다. 2016년 보건복지부의 실태 조사에서는 노숙인을 약 1만 1000명이라고 산정했지만, 고시원에 사는 사람만 해도 약 15만 가구가 있고, 비주택 거주자는 약 37만 가구에 달한다고 이동현 활동가는 지적했다. '노숙인 등의 복지 및 자립 지원에 관한 법률'이라는 명칭처럼 '노숙인'에 의존명사 '등' 하나를 붙여서 정책 대상을 자의적으로 조정하기에 편리한 방식으로 개념을 정의했다는 것이다.

이러한 상황에서 가뜩이나 숨어 지내는 여성 홈리스의 경우 정책 대상으로 포괄하는 것 자체가 어려워진다. 폭력적인 거리 문화에 불안해하며 자신을 드러내길 꺼리는 여성 홈리스들은 위와 같은 개념 정의를 따르자면 지원 대상으로 포착되는 것 자체가 어려워지기 때문이다.

홈리스를 정의하고 홈리스의 권리를 말할 언어가 절실하다. 그 출발점은 홈리스의 존재를 인정하는 것이다. 우리 사회에서 홈리스가 누구인지, 어떤 문제를 겪고 있는지 이야기할 수 있어야 당사자가 더욱 힘 있게 조직되고 홈리스에 공감하는 제대로 된 공론장이 형성될 수 있을 것이다.

이동현 활동가는 자본주의 역사 속에서 홈리스 상태가 만들어지는 것이라는 관점을 갖고 있다. 우리가 인터뷰를 통해 깨달은 것은 자본주의는 비단 홈리스 '상태'를 만들 뿐만 아니라 자립, 자활이라는 강력한 '담론'을 만들어낸다는 점이었다.

자본주의라는 바퀴로 굴러가는 이 사회에서 '올바르게 적응 잘하는 사람'이 되는 것은 인간으로서 반드시 갖춰야 하는 규범이 된다. 열심히 일해서 스스로 삶을 꾸려가는 사람만이 사람대접을 받을 수 있다는 것이다. 사회는 홈리스에게 자립하라고, 자활할 수 있다고 이야기한다. 하지만 인터뷰 과정이나 여러 사례를 살펴보면 그것이 쉽지 않고, 때로 불가능에 가까운 이야기임을 알 수 있다.

영국에서 창간된 〈빅이슈〉라는 잡지가 있다. 한국을 포함해 호주, 일본 등 11개국에서 15종의 언어로 발행되고 있다. 수익금의 50퍼센트가 거리에서 직접 잡지를 판매하는 홈리스에게 돌아간다. 〈빅이슈〉 사업은 홈리스의 자립을 돕는 기회를 제공하는 사업이고, 어느 정도 긍정적인 성과도 거두고 있는 것으로 보인다.

하지만 자활의 성패가 개인의 노력에 달려 있다는 사업의 전제를 문제 삼지 않을 수 없다. 사회구조나 제도의 책임을 묻기보다 홈리스 당사자의 '자립'만을 강조하는 행위는 홈리스 문제를 정부 정책이나 불평등한 사회 현실과 연계하여 공론화할 기회를 배제한다.

정부 차원의 홈리스 자활 정책 역시 갈 길이 멀다. 인터뷰 과정에서도 언급되었듯 2015년 2월 서울시가 청계천에 문을 연 노숙인 자활 까페 '별일인가(家)'는 화려한 선전과는 달리 허점투성이의 사업이었다. 홈리스에 대한 부정적인 인식과 편견을 바꾸는 것이 사업의 주된 목표라고 하지만 바리스타 교육을 받고 열심히 사업에 참여한 홈리스 당사자들은 이 사업을 통해 실질적 자활의 기반을 마련할 수 없었다.

홈리스 일자리 지원 사업은 대부분 서울시에 집중되어 있는 상황이며 규모가 작은 자치단체의 정책은 찾아보기 어려운 실정이다. 노숙인지원법은 국가와 지방정부가 홈리스를 위한 지원 사업을 책임지고 추진해야 한다고 명시하고 있지만, 난무하는 자립, 자활 담론에 비해 실질적인 지원도, 예산도 턱없이 부족하다.

홈리스에 대한 자립, 자활 담론은 홈리스를 일할 '능력은 있으나 의지가 없는' 사람으로 규정하면서 지탄과 폄하의 대상으로 만들고 있다. 예컨대 '노동하고 싶으나 할 수 없는' 장애인 대 '노동능력이 있음에도 일하지 않는' 홈리스라는 이분법적 인식에는 신체란 무언가를 '생산할 수 있는' 수단이어야 한다는 전제가 깔려 있다.

무조건적으로 자립과 자활을 강요하는 것은 다양한 처지에 놓인 홈리스의 현실을 파악하고 실질적인 지원을 마련하기 위한 방향이 될 수 없다. 집 없는 사람들의 목소리가 개인의 외침으로 잦아들지 않고 우리 사회의 '몫'소리가 되도록, 그리하여 홈리스로부터 출발한 운동이 주거권이 '기본'인 사회를 만드는 동력이 되도록 홈리스행동 활동가들은 여전히 고투하고 있다.

글: 권나영, 박채환, 원채린

미 주

1. 2018년 11월 현재 홈리스야학 교사는 12명, 학생은 30명이다.

2. 현재 실천단은 별도의 활동 단체로서 홈리스행동과 협력하여 활동을 지속하고 있다.

3. 매입임대주택이란 임대사업자가 주택의 소유권을 취득하여 임대하는 주택을 말한다. 국가, 지방자치단체, 한국토지주택공사, 지방공사 및 주택임대사업을 하기 위해 등록한 사람이나 조합 모두 임대사업자 역할을 할 수 있다.

4. 서울시의회 도시계획관리위원회 소속 의원들이 발의한 '서울시 지원주택 공급 및 운영에 관한 조례안'이 2018년 4월 통과되었다. '지원주택'이란 '65세 이상인 사람, 장애인, 노숙인, 정신질환자 등 주거취약자를 대상으로 지원 서비스와 함께 공급되는 임대주택'으로, 주택과 함께 입주자의 특성과 욕구를 반영한 사회복지 서비스가 제공된다.

5. '2016년 노숙인 등의 실태조사 결과 및 향후 대책(안)'에 따르면 보건복지부는 노숙인을 1만 1340명(거리 1522명, 이용시설(일시보호시설) 493명, 생활시설(자활·재활·요양) 9325명), 쪽방 주민은 6192명으로 집계했다. 그러나 국토교통부의 '주택 이외의 거처 주거 실태조사'에서는 오피스텔이 아닌 비주택에 거주하는 이를 37만 가구로 추정하였고, 그중 고시원 거주자가 15만 2000가구였다.

6. 2011년 7월 말 코레일은 서울역 노숙인 강제 퇴거 조치를 발표했다. 서울역 맞이방 내 노숙인을 8월 1일 23시 이후 강제 퇴거시키는데, 이는 민원과 테러의 위협에 따른 것임을 밝혔다. 이 같은 코레일의 처사에 홈리스 지원 단체 등은 '서울역 노숙인 강제퇴거 방침 철회 및 공공 역사 홈리스 지원 대책 마련을 위한 공동대책위원회'를 구성하여 대응했다. 코레일은 8월 22일 이후 '야간 노숙 행위'를 전면 금지한다고 말하며 시기와 명칭만 바꿨을 뿐 강제 퇴거에 대한 입장은 바꾸지 않았다.

7. 2015년 헌법재판소는 인수자가 없는 시체를 생전 본인 의사와 무관하게 해부용 시체로 제공할 수 있도록 규정한 '시체 해부 및 보존에 관한 법률' 제12조 제1항의 위헌을 확인했

다. 헌재는 본인의 의사와 무관하게 처리될 수 있다고 한다면 자신의 시체의 처분에 대한 자기결정권을 침해하고 있기에 해당 조항이 헌법에 위배된다고 보았다.

8. LH공사에서 공급하는 일반주택전세임대주택과 일반주택매입임대주택의 보증금을 더 낮게 책정해 , 쪽방, 여인숙 등에 거주하거나 노숙인 쉼터 3개월 이상 거주자 등에게 지원하는 정책이다.

8.
장애인이 살 만한 사회,
우리 모두 살 만한 세상

노들장애인야학 한명희

교육을 통한 장애해방운동

장애해방운동의 산실, 노들야학

1993년 노들장애인야학이 개교했다. 장애인운동청년연합의 산하 단체로서 장애인의 교육, 노동, 이동의 권리를 증진하고 장애인 자립생활을 모색하기 위한 운동의 일환으로 교육 사업에 주목한 것이 노들야학의 시작이었다.

사회로부터 격리되고 고립되어온 장애인들이 오랜 침묵을 깨고 사회로 나가기 위한 중요한 조건이 바로 교육이었다. 교육을 매개로 만난 장애인 주체들은 서로의 처지에 공감하고 억압의 조건을 사회문제로 인식하게 되면서 사회 변화를 위한 장애인 인권운동에 나서게 되었다. 즉 장애인들의 연대와 사회적 행위의 조건으로서 '교육'은 중요한 활로였던 것이다.

　노들야학은 오랫동안 장애인 당사자의 교육 공간인 동시에 장애인 운동 활동가의 산실이었다. 2000년대 이후 벌어진 장애인 이동권 투쟁, 교육권 투쟁, 활동보조 등 사회서비스 확보를 위한 투쟁, 장애등급제 및 부양의무제 폐지를 위한 투쟁 곳곳의 중심에 노들야학이 있었다. 노들야학은 기존 활동 공간이었던 정립회관에서 퇴거된 이후, 거리에서 천막을 지어 야학을 지속하는 한편 서울시와 정부에 장애인 교육에 관한 지원을 요구한 끝에, 지금의 공간을 마련하게 되었다. '노들장애인야간학교'에서 '노들장애인야학(野學)'으로 명칭을 변경한 배경이다.

　노들장애인야학(이하 노들야학)은 교육을 통한 장애해방운동을 지향한다. 전국장애인차별철폐연대[1]의 추계에 따르면 등록 장애인 인구를 포함하여 한국에는 450만 명의 장애인이 살고 있다. 이들 중 학교에 다니지 못하거나 초등학교만 다닌 장애인이 60퍼센트에 달한다. 장애가 있다는 이유만으로 장애인에게 교육의 기회는 지극히 제한되어 왔으며, 교육행정은 여전히 장애인에게 적합한 교육을 제공하지 못하고 있다.

　취약한 교육 문제는 장애인이 사회 구성원으로서 인간다운 삶을 영위하지 못하게 하는 주요 제약 조건이다. 노들야학은 '교육을 통한 해방'이라는 핵심 목표를 세워 꾸준한 교육 사업과 다양한 연대 사업을 벌여나가고 있다.

　노들은 오랜 역사와 다양한 활동 과정에서 지속적으로 성장해왔다. 2018년 현재 노들야학에는 총 11명의 상근 활동가와 20명 정도의 자원 교사, 70여 명의 학생이 있다. 비문해 장애 성인들에게 읽기, 쓰기, 말하기 등의 의사소통을 위한 교육이나 셈하기 교육을 통해 지역 주민들과 일상적 접촉과 상호 활동을 할 수 있도록 지원하는 문해 교육 사업, 초등·중등·고등 검정고시 교육 사업, 장애인 인권강사 양성 교육 및 파견 사업 등이 진행된다.

장애인 인권강사 양성 교육은 직장 내 장애인인식개선교육[2]이 의무화되는 등 장애에 관한 인식 전환이 요구되는 사회적 분위기가 형성되면서 가능해졌다. 장애인 당사자가 인권 교육이 필요한 현장에 나가 '살아 있는 인권' 교육을 할 수 있도록 당사자를 직접 강사로 양성하는 과정이 이루어지고 있다.

노들야학에서 함께 일궈나가는 승리의 기쁨

한명희 활동가가 노들야학과 인연을 맺은 것은 약 10년 전이었다. 선배의 소개로 한 야학 학생의 활동보조인으로 일한 것을 계기로 2008년부터는 자원 활동 교사를 하게 되었고, 2010년부터는 상근 활동가로 일하기 시작했다. 대학생 시절 학생운동에 참여한 그녀는 다양한 연대 활동을 경험했다. 비정규직 대량 해고에 맞서 노동자들이 파업을 벌였던 2006년의 이랜드 투쟁이나, 같은 해 용산 미군기지 확장 이전에 반발하여 평택 대추리, 도두리 주민들이 벌였던 투쟁 등에 참여한 경험을 '값진 패배'였다고 회고했다.

장애인운동의 현장에서 그녀는 승리의 기쁨을 느꼈다고 했다. 실질적인 정책이나 예산의 변화를 이끌어내기 위해 설득과 싸움의 과정을 함께하고, 운동이 바꾸어낸 삶을 직접 확인했을 때의 기쁨을 지금도 몸으로 기억했다. 매일 수업을 진행하고 학생들의 식사를 준비하고 일상생활을 유지하는 기본적인 업무에 더해 숱한 집회나 농성, 연대 활동을 이어가는 고된 일정을 이어갈 수 있는 비결일 것이다.

장애인의 일상과 투쟁은 비장애인의 그 속도와 조건과 확연히 다르다. 이 다름을 깨닫고, 함께 발맞추어 나가며 조금씩 일궈내는 성취는 비단 장애인들만 누리는 게 아니다. 대중교통이나 거리의 보행로 등이 교통 약자 전반에 편의성을 제공해야 한다는 생각이 보편적 상식이 된 것은 장애인운동이 일궈낸 이동권 투쟁의 성과 중 하나다.

그래서 한명희 활동가는 장애인 당사자운동은 장애 신체를 지닌 당사자에게만 한정되는 것이 아닌, 보이지 않는 연결 고리를 누구나 가지고 있다는 것을 발견해내는 일이라 여겼다. 사회적 약자들이 연대하고 스스로의 이야기, 서로의 이야기를 하는 것을 또한 중요하게 여겼다. "내일모레 장애해방이 된다고 해서 갑자기 여성해방이 되고 성소수자 해방이 되는 것이 아니잖아요. 그래서 이 여러 권리들의 연결 고리를 좀 더 탄탄하게 만들고 유지하는 것이 중요한 것 같아요. 같이 다양한 문제에 대해 공부도 하고 반성폭력 내규를 만드는 등의 합의도 이끌어내요. 무엇보다 문화를 바꿔나가는 게 중요하고 함께 살고 있는 사람들의 문화가 될 수 있도록 하는 게 필요하겠죠." 함께 외치는 구호는 무겁지만 각자에게 큰 힘을 줄 수 있다는 것이다.

노들야학과 한명희 활동가

┃

2018년 11월 23일 오전,
서울특별시 종로구 동숭동 노들야학 사무실에서
김지아, 남예지, 류아정 그리고 조문영이 묻고,
노들장애인야학의 한명희 활동가(여, 30대 중반)가 답한 내용을 기록했다.

자립생활을 꿈꾸고 실천하는, '졸업 없는 학교'

노들야학의 초창기에는 사고를 당해 중도장애인이 되었거나 수동휠체어를 탈 수 있는 학생들이 검정고시 학력 취득을 목표로 찾아오는 일이 많았다고 한다. 2008~2010년을 거치며 탈시설 자립생활을 시작한 장애인들이 많아졌다. 최근에는 뇌병변 장애인 학생이 많고, 발달장애인 학생도 늘어나는 추세라고 한다. 학생들의 장애 유형이 변하는 상황에 맞춰 교육 내용도 많이 변화해왔다. 과거에는 검정고시 위주의 수업이 많았다면, 현재는 평생교육 시설로서 다양한 교육 프로그램을 운영하고 있다. 이는 비단 '교육'에 국한되지 않는 장애인 당사자 학생들의 생존과 자립의 권리 그리고 일상을 공유하는 느리고 묵직한 걸음으로 이어지고 있다.

 학생들의 장애 유형이 달라짐에 따라서 노들야학 프로그램이 평생교육의 형태가 된 건가요? 평생교육 시설이 되면서 생겨난 프로그램에는 어떤 것들이 있나요?

저희 야학은 졸업이 없는 학교예요. 학생 중에는 거의 23~24년을 다니신 분도 있어요. 2008년경부터 시설에서 나와 살며 야학에 다니기 시작한 분들도 한 10년은 된 거고요. 같이 공부도 하고 학생들의 삶에서 확장될 수 있는 부분들을 같이 찾아보고 고민하는 거죠. 대부분 사회생활을 하시던 분들이 아니고, 시설에서 오래 계셨던 분들이 야학에 오시면 학습의 속도가 굉장히 더딜 수밖에 없어요. '가나다'를 배운다는 게 자음과 모음을 나눠 체계적으로 배우는 게 아니라 거의 통글자를 익힌다고 생각하시면 되거든요. 학교처럼 6년의 초등과정을 거쳐서 졸업을 하는, 그런 속도랑은 정말 맞질 않는 거예요. 한 학생이 거의 5, 6년을 해서 구구단을 떼고, 이런 속도로 진행되다 보니까 오셔서 계속 국영수만 하기에는 너무 지겨운 거죠, 학생들도. 그래서 저희 야학에는 인문학 수업도 있고 사회 수업 중에 장애학 수업, 시사반 수업도 있어요. 시사반에서는 현재 장애인이 뉴스에서 어떻게 다루어지는지를 보고, 지금 언론의 초점이나 이슈는 어떤 건지 보는 활동도 진행하죠. 이런 수업들은 예전에는 없다가 학생들의 실제 욕구에 따라 조금씩 생겨난 거예요. 야학을 찾아오는 학생들이 어떤 장애 유형을 가지고 있고 어떤 삶의 특성을 가지고 있느냐에 따라 조금씩 변화되고 있는 것 같아요. 지금은 학생들에게 성평등운동이나, 여성주의운동이나, 반성폭력 교육도 진행해요. 사회 시간에 성교육 관련 내용을 넣어서 '웅성웅성'이라는 수업 프로그램을 진행하기도 해요. 여러 사회문제에 민감성을 갖기 위한 것이죠. 가령 장애인 차별에 대해서는 굉장히 선도적인 학생이라 할지라도 노숙인이나 성소수자나 이런 분들을 혐오의 시선으로 바라보시는 분들도 있거든요. 스스로 약자인 상태에서 (같은 약자인) 노숙인분들을 만나 위협을 느끼거나 공포의 대상으로 받아들이는 경우들도 많아요.

다양한 신체적 경험과 상황들이 '장애'라는 이름 안에 하나로 묶여 있어서 야학 운영이 복잡하거나 어려운 면이 있을 것 같은데요. 학생들의 장애 유형에 따라 시설의 구조나 운영 체계에 대해서 고민을 달리하시기도 하나요?

장애인 당사자가 학교에 오기 위해서 무엇이 필요할까 고민을 많이 하죠. 이동의 권리도 필요한 거고. 혼자서 움직일 수 없는 사람이 있다면 누구와 어떻게 같이 올 거냐, 이런 문제에서부터 숱한 일상의 문제들을 고려해야 하죠. 일상의 문제를 함께 고민하면서 당사자들이 스스로 "나는 이런 게 필요하다."라고 요구할 수 있게 되는 것이 중요하다는 것을 깨달았어요. 그 요구의 메시지들이 사회의 법과 제도적 권리로 연결될 수 있게끔 이야기하는 단계까지 확장되기도 하는 것이고요.

저희 내부적으로 아직은 시청각 장애인들의 요구에 맞는 요건을 마련하지 못하고 있어요. 수업 교재에서부터 여러 가지 수업 보조가 필요하고, 구조적인 확장의 문제이기도 하고, 저희가 통합 학급으로 운영을 하다 보니 시각장애인 맞춤 교육을 하기가 쉽지 않죠. 굉장히 대안적인 공간을 꿈꿀 수는 있지만 실현하기가 만만치 않아요. 한번은 시각장애인 한 분이 야학교사 활동을 하러 오셨는데 쉽지 않아하셨어요. 전동휠체어 탄 학생분들이 슝슝 지나가고 그러니까 이 공간을 이용하는 것 자체가 힘들었던 것 같아요. 현재 학생들은 장애 유형으로 보면 지체, 뇌병변, 발달장애, 정신장애, 지적장애 등 다양한데 그중에서 지적장애 학생분들이 더 많으시죠. 정신장애인 분들도 중복장애를 가진 분들이 꽤 있으세요. 뇌병변 장애인이면서 지적장애인이거나 그래요.

교육이 이뤄지기 위해서라도 수많은 장벽에 도전할 필요가 있겠네요. 자립에 대한 권리 제반에 대해 함께 고민할 수밖에 없을 텐데요. 장애인에게 '자립'이란 무슨 의미인가요? 또 장애인 '자립'을 위한 운동에서 '탈시설'³이 강조되는 이유는 무엇인가요?

장애인들이 우리 사회에서 잘 보이지 않는 이유는 장애인 거주 시설에 있거나 집에서만 갇혀 지내는 분들이 많기 때문이에요. 학교에도 갈 수가 없으니 성인 장애인의 비문해율도 굉장히 높고요. 장애인이 사람답게 살아가기 위한 제도가 마련되어 있지 않기 때문에 시설이나 집에 갇혀 지냈던 거죠. 저희는 '장애인 자립생활 권리'를 이야기하며 제도를 계속 만들어가는 과정이에요. 활동보조인 제도가 없던 10년 전에는 상황이 더욱 심각했어요. '꽃님기금'이라고 있어요. 사지를 움직일 수 없는 장애인 언니가 시설에서 나와 살려면 하루에 3시간 정도의 활동보조 서비스만 제공이 돼도 가능한데 그게 없었어요. 사람들은 물어보죠. "몸도 불편한데 왜 밖에 나와서 사서 고생이냐." 근데 이 언니가 시설에서 살았을 때 꼼짝할 수 없었던 삶이 언니한테는 더 힘들었던 거예요. 다양한 중증 장애인들이 한 방에 모여 사니 나의 공간이라는 건 전혀 없었고, 시설장이나 일하는 사람들이 자기를 괴롭히는 일도 굉장히 많았거든요. 그 언니가 탈시설한 지 10년 되는 해에 자기 이름을 따서 '꽃님기금'을 만들었어요. 2000만 원을 모아서 장애인의 자립생활, 탈시설을 돕는 기금으로 썼으면 좋겠다고 기부한 거죠.[4]

장애인, '탈시설'과 '시설' 사이

탈시설을 하신 분들은 초기에 어떻게 정착하시나요? 노들야학도 지원 활동을 하나요?

서울시 관할 시설에 계셨던 분들 같은 경우에는 서울시 장애인자립생활센터가 운영하는 자립생활주택이나 체험홈[5]이라는 거주 공간을 임시로 2~3년간 이용할 수 있거든요. 워낙 사회와 단절된 삶을 살았던 분들이라 많은 지원이 필요하죠. 금전 관리 방법 같은 것들에서부터, 아예 숫자와 한글 개념이 없는 분들도 많고요. 요리를 하거나 지하철을 타본다거나 이런 체험 프로그램들이 2~3년에 걸쳐 지원돼요. 단절되었던 삶이란 게 되게 무섭더라고요. 스무 살에 교통사고를 당해 시설에 들어갔다 한 30년 후에 나오시면 다 (사회에서 살아가는 방법을) 잊어버리죠. 세상은 바뀌어 있고, 갑자기 휴대폰도 등장하고 사람들이 노트북을 가지고 다니고 그러니까요. 그게 무섭더라고요. 시설에서 단절되어 있는 삶이라는 게……

노들야학과 연계되어 있는 노들장애인자립생활센터가 이 건물 6층에 있거든요. 야학에서 직접 운영하는 것은 아니고 연계하는 거죠. 시설에서 처음 나오게 되면 많은 것들이 필요해요. 집에 세탁기를 놓고, 은행에 가고 뭘 사고 이런 것들, 정말 일상 지원이라는 걸 다 포함해요. 지금 발달장애인 지원 체계를 어떻게 만드느냐도 굉장히 고민인데, 이전의 지원 체계는 주로 신체적 장애인에게 초점이 맞춰져 있거든요. 활동 보조 서비스 같은 경우도 서비스를 받으려면 답해야 하는 질문들이 있어요. '밥을 혼자 먹을 수 있냐, 집까지 혼자 올 수 있냐, 단추 혼자 잠글 수 있냐, 화장실 혼자 갈 수 있냐' 등등. 정신적 장애인과 맞지 않는 질문인 거죠. 밥을 혼자 먹을 수 있는 분들도 많지만 사실 질문에 제대로 대답을 못 하시는 분들도 많겠죠. 그런데 다 할 수 있다고 대답해버리는 거예요. 그러니 조금 다른 지원 체계가 필요하죠. 야학에서도 발달장애인들의 비중이 늘고 있고 지금 거주 시설 조사 가보면 시설에 발달장애인들이 많이 계시더라고요.

 왜 시설은 지역사회 속에 존재할 수 없는지에 대해 고민을 했어요. 노들야학이나 장애인자립생활센터에서 일상생활 지원을 하는 것과 시설들의 차이는 뭘까요? 왜 시설은 그런 역할을 할 수 없는 걸까요?

 정책상의 거주 시설, 혹은 저희는 수용 시설이라고 부르는 시설들은 장애인을 보호해야 된다는 명분하에 있다는 점에서 차이가 크죠. 장애인이 지역사회에서 한 사람으로서 살아갈 수 있는 개인별 지원 체계를 만드는 것이 아니라, 모아놓고 살게 하면 행정적으로 제일 편하거든요. 그렇잖아요. 부랑자들을 형제복지원이나 대구시립희망원에 강제 수용하여 살게 한 사건들도 있었죠.[6] 술 취해 누워 있던 사람까지 데려가 수용해놓았던 사례도 있었고요. 그들을 안 보이는 데 두면 국가 입장에서는 가장 편한 거죠. 예산도 그 시설에 투입하면 간단하고요. 지금도 많은 예산이 시설에 쓰이고 있어요. 저는 장애인 지원 정책을 바라보는 가치 자체가 다르기 때문이라고 생각해요. 저희는 시설 입소에 지원할 것이 아니라 시설에서 나오려는 사람들에게 자립을 위한 예산을 지원해야 한다는 사회적 요구를 계속하고 있어요. 사회복지 시설이라는 게 간단치 않은 문제라 쉽지 않죠. 여전히 싸우는 중이에요.

자립생활 여건이 마련되어 있지 않다 보니 사실 탈시설하는 분들에 비해서 시설에 입소하는 분들의 수가 여전히 더 많아요. 하지만 앞으로 탈시설이 예정된 분들이 많죠. 인강원이라는 서울시 산하 시설에서 시설 비리와 폭력 사건이 일어났어요. 저희는 폭력이나 비리가 발생한 시설은 폐쇄하고 사람들을 탈시설하도록 해야 한다고 요구하고 있거든요. 문제는, 자립생활이 개인이나 장애인 가족들에게만 맡겨지면 감당이 어렵다는 거죠. 그러다 보니 인권침해로 논란이 된 시설에서 나와도 또 다른 시설로 옮겨가는 경우가 많아요. 작년 국정감사 때 대구시립희망원이라는 대형 시설의 인권유린 및 시설 비리 사실이 밝혀져 크게 논란이 되었어요. 그래서 시설 일부가 폐지되었는데, 거기 살던 거주민들을 위한 탈시설 지원예산 계획이 전혀 없다는 게 대구시 입장이었어요. 결국 그분들은 시설 이전 조치가 되는데 훨씬 더 열악한 곳으로 갈 수도 있거든요. 보건복지부와 대구시에 이분들의 자립생활을 보장하라고 요구하고 있어요. 최근까지도 대구의 장애인권 단체들이 농성을 했고요.

계속되는 삶과 운동 그리고 자립생활의 꿈

노들야학은 장애인 권리를 위한 운동의 역사에 늘 등장했다. 2001년 장애인의 자립생활 권리운동의 서막을 알린 이동권 투쟁을 주도한 장애인이동권연대, 진보적 장애 인권운동으로서 다양한 의제를 포괄하며 2007년 출범한 전국장애인차별철폐연대의 주요 운동 현장에 함께해왔다.

과거 노들야학을 거쳐 간 장애인 당사자들의 상당수가 각 지역 장애인자립생활센터를 운영하거나 장애인권 활동가로서 일선에서 활동하고 있다. 정책, 제도나 사회구조를 바꾸기 위한 투쟁도 계속되지만 장애인 당사자들의 삶도 계속되기에 노들야학은 쉼 없는 운동의 과정 속에서도 일상을 바꾸고 서로의 삶을 함께하는 가치를 강조해왔다고 한명희 활동가는 말했다.

Q 우리 사회의 경제문제나 빈곤에 관한 담론들이 이른바 '정상적 신체'를 전제하고 있다고 느껴집니다. '비정상 신체'로 규정되거나 사회적으로 일반화되지 못하는 신체적 경험을 겪는 장애인들에게 빈곤이란 어떤 의미인지 생각해보게 되는데요. 이런 조건에서 장애인의 '자립'을 위해 필요한 것은 어떤 것일까요?

A 야학 학생 70명 중 50명이 넘는 분들이 기초생활수급자예요. 빈곤을 증명하는 거죠. 가장 큰 이유는 노동하기 어려운 신체 조건일 거예요. 장애인 의무고용률이 점점 확대되어 고용률이 높아지고 있다고는 하지만 아직까지는 상상하기조차 어려운 노동환경이 대부분이죠. 중증 장애인의 신체로서는 도저히 노동할 수 없는 환경이니 일을 할 수가 없고, 그러니 당연히 가난할 수밖에 없어요. 시설에서 나온 대부분의 장애인은 기초생활수급을 받는 게 가장 우선이 될 수밖에 없는 거죠. 노동으로부터 소외되어 있는, 사실상 자본주의를 온전하게 거부하는 중증 장애인의 신체라고 하는 건, 가난이라는 것과 가장 가까이 있을 수밖에 없어요.

장애인 의무고용률이 법제화되어 있거든요. 국가, 지방자치단체, 공기업은 3.2퍼센트, 민간 기업은 2.9퍼센트(2018년 기준)로 정해져 있습니다. 이거 제일 안 지켜서 벌금 많이 내는 데는 삼성전자예요. 장애인 의무고용률 안 지키는 기업 1위 삼성전자. 차라리 벌금을 내버리고 말지, 장애인을 고용해서 거기 필요한 지원을 하고 속도 맞추는 것에 대한 고민이 없는 거죠. 저희는 장애인의 노동에 대해서 공공 일자리 등 제도적으로 보장해야 한다고 요구하고 있거든요. 장애인도 독립이라는 표현을 점점 쓸 수 있는 사회가 되면 좋겠고 그런 요구들이 제도화되었을 때 스스로 자립할 수 있는 기반이 생기는 거죠. 그렇게 하기 위해서는 제도적 장치나 정부 예산 같은 것들이 많이 필요해요. 그런데 장애인의 노동은 기존의 노동시장에 편승하는 것이 아니라 좀 다른 모습의 노동을 필요로 하는 것 같아요. 노동의 정의가 확장되는 것이 중요하다고 생각해요. 지금의 노동시장에는 들어갈 수가 없어요.

탈시설에 대해 이야기를 나누다가 지인이 "그럼 그 사람들이 시설을 벗어나면 장애인 가족들은 무슨 죄야? 장애인 가족들도 인권이 있잖아."라고 반응한 적이 있었어요. 착잡했어요. 장애인 부양의 의무가 가족에게 전부 전가되는 것이 문제잖아요. 활동가님이 2018년 서울시 탈시설 정책토론회 발제 글에서 "시설 밖으로 나와서 지역 속에서 살아가기 위해서는 기존의 정상성의 가족 범주를 넘어선 새로운 대안을 만들어가는 것이 필요하다."고 하셨더라고요. 이게 어떤 의미인지 설명을 듣고 싶어요.

현재는 기초생활보장 수급자가 되려면 부양의무제[7]가 걸리는 거예요. 당사자뿐만 아니라 부모나 자녀의 소득에 따라 판단하거든요. 가난과 장애가 가족이 책임져야 할 짐인 셈이죠. 장애인들이 시설에 입소할 때 가족에 의한 입소도 많지만 가족이 자신을 부양할 수 없는 상황이라는 걸 알아 자발적으로 혼자 입소하는 분들도 굉장히 많아요. 가난과 장애는 국가가 책임져야 한다고 계속 요구하는 게 중요할 것 같아요. 시설에서 나온 장애인들의 경우 회복할 수 없이 가족 관계가 단절된 분들이 많아요. 장애인 개인 당사자에 대한 제도적 지원을 통해 장애인이 스스로 지역사회에서 살아갈 수 있다면, 그래서 '자립생활'이 가능해진다면, 함께 살아갈 수 있겠죠.

Q 자립생활 권리를 위한 여러 운동 의제가 있을 텐데, 특히 복지제도와 관련해 장애등급제가 문제라고 보시는 것 같아요. 장애등급제에 대한 입장은 어떠신가요? 또 등급제를 폐지한다면 어떠한 복지제도가 마련되어야 할까요?

A 장애등급제와 부양의무제 폐지를 위해 2012년부터 광화문 지하 역사에서 5년 정도 농성을 했어요. 장애와 가난을 개인이나 가족의 책임으로 요구하지 말라는 것이었죠. 장애등급제는 행정 절차에 맞춰 사람들을 줄 세우는 거예요. 의사 판단에 의해 "넌 제일 많이 손상됐다!"고 1등으로 세우고 1등급에서 6등급까지 등급을 매기는 거죠. 등급에 따라 복지를 차등 제공하고 장애등급 자체가 박탈되기도 해요. 정부가 예산 논리에 따라 등급 심사를 까다롭게 해 많은 사람들이 장애등급 자체가 박탈되기도 했어요. 필요한 복지서비스를 받지 못해 돌아가신 분들도 계셨고요.[8] 문제가 끊이지 않았어요. 그래서 장애등급제처럼 모호한 기준을 통해 복지서비스를 제공하는 게 아니라, 개인의 삶에 맞춰 서비스를 제공하라고 요구했어요. 등급제가 폐지된다면 개인적인 필요를 조사해서 맞춤 지원을 하니 필요한 사람에게 필요한 서비스가 제공

되겠죠. "폐지되면 경증 장애인들까지 과한 혜택을 받는다."고 반박하는 사람들도 있는데, 실질적인 지원 체계를 마련하면 오히려 그런 문제가 덜 발생할 거라고 봐요. 정부로부터 폐지 약속은 받아냈지만 제대로 된 지원 체계를 위한 예산 마련이 또 문제예요.

노들야학 장애운동과 사회적 약자들의 연대

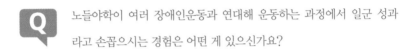

노들야학이 여러 장애인운동과 연대해 운동하는 과정에서 일군 성과라고 손꼽으시는 경험은 어떤 게 있으신가요?

노들야학이 장애운동을 하는 건 장애인이 지역사회에서 살기 위한 사회적 조건과 삶의 근간을 바꾸는 투쟁이 필요하다고 생각해서예요. 국가 차원의 제도가 너무나 부족하다 보니 그런 것들을 계속 요구해야 했어요. 장애등급제, 부양의무제 폐지 농성을 5년간 하는 동안에도 김주영 님, 송국현 님을 비롯해 많은 분들이 돌아가셨어요. 필요한 활동보조 서비스를 보장받지 못해 집 안에서 화재가 났을 때 대피할 수가 없었던 거죠. 저는 그런 일이 그전에는 더 많았을 거라고 생각해요. 예전 같으면 뉴스에서 거론조차 되지 않을 사건이었겠지만 그런 일들이 알려진 건 농성의 힘이 굉장히 컸다고 생각해요. 제도 때문에 희생된 사람들의 안타까운 죽음을 알리고 우리의 요구를 끊임없이 이야기할 수 있는 공간을 만들어낸 힘이 컸어요.

'탈시설'운동은 여러 정책, 제도적 변화를 이끌어냈어요. 탈시설이라는 개념이 없을 때부터 요구해온 제도적 지원이 조금씩 생겨났죠. 요즘은 복지부도 탈시설이라는 말을 쓰고, 서울시는 시설에서 나온 장애인에게 초기 정착금을 지원해요. 요즘엔 500만 원까지 지원을 하기도 해요. 그 지원금을 받은 분들이 체험홈에 머물면서 돈을 차곡차곡 모아 임대아파트 신청을 하기도 해요. 이런 정책들이 만들어진 것도 운동의 성과예요.

 장애 당사자운동은 어떻게 이루어져야 할까요? 비장애인이 장애인과 함께 연대할 때, 권력구조가 발생한다거나 어려운 점이 있을 수 있잖아요. 또 장애인을 위한 지원이 자선이나 시혜로 변질되거나 하는 우려도 있을 것 같아요.

장애인 학생들만이 장애인 당사자운동을 할 수 있는 건 아닌 것 같아요. 또 당사자라고 해서 무조건 같은 장애인인 게 아니라 빈곤이나 성(性)적 문제 등 여러 정체성이 있고 여러 문제들과 연결 고리를 갖고 있어요. 그렇게 때문에 우리는 사회적 약자들의 연대를 중요하게 생각해요. 여전히 장애인에 대한 동정과 시혜의 시선이 많잖아요. "어쩌다 이렇게 되었니." "불쌍하지, 쯧쯧." 이렇게요. 가끔 길이나 지하철에서 그냥 1000원씩 주시는 어르신도 있다고 학생들이 그래요. 딱하다는 마음이겠지만, 그냥 다르지 않은, 혹은 다른 주체로 바라봐주는 게 가장 중요한 것 같아요. 각자 생김새가 다양하듯, 성격이 다양하듯, 밥을 먹는 방식이 다 다르듯이요. 내가 여기까지 터벅터벅 걸어왔던 것처럼 누군가는 여기로 전동휠체어를 타고 올 수 있는 그런 다름. 근데 저는 갈 수 있지만 휠체어를 탄 제 친구는 갈 수 없는 거잖아요. 저희는 그런 구조들을 바꾸려고 하는 거예요. 거기에 턱을 없애고 경사로가 놓여 있다면 저와 휠체어 탄 친구가 그냥 같이 갈 수 있는 길이 되잖아요. 그러면 그 앞에서 장애는 발생하지 않거든요. 지금은 장애를 의학적인 기준으로 정하고 내가 얼마나 손상되었는지를 증명해야 하는 상황이죠.

그게 가난이랑도 맞물려 있다고 생각하거든요. 내가 얼마나 가난한지를 계속해서 증명해야 돼요. 우리 아버지는 언제 돌아가셨고, 우리 엄마도 돌아가셨고, 우리 집에는 아무것도 없고, 나는 이렇게 못살고 있다는 것을 계속 이렇게 증명하는 것. 장애를 손상의 정도로 증명해야 하는 것처럼요. 내가 기능을 이만큼 할 수 없다는 걸 나라에 계속 호소하는 거잖아요. 그런데 그런 게 아니라 그냥 구조적으로 편하게 갈 수 있는 길이면 그 길 앞에는 저와 휠체어를 탄 제 친구가 '장애'란 이름으로 갈라지지 않는 거죠. 그렇게 구조를 바꾸는 활동들을 노들야학이 했다고 생각해요. 처음 노들에서 활동을 시작할 때, 학생들이 스스로 하는 본인의 이야기나 외치는 구호 같은 것들이 무겁고 든든하게 다가왔던 것 같아요. 그게 굉장히 큰 힘이었다고 생각해요.

 앞으로 노들야학과 야학 학생들의 미래에 대해 어떻게 그리고 계신가요?

야학에 학생들이 많잖아요. 그분들이 전부 나라에 고용됐으면 좋겠어
요. 이런 (장애 인권) 활동, 그분들의 권리 옹호 활동이 지속되었으면
하고요. 구체적으로 서울시 생활임금 수준으로 생활을 영위할 수 있게
끔 지원받는 형태가 되었으면 좋겠고, 다양한 분야에서 활동하는 개개
인 활동가들이 생겨나면 좋겠어요. 각자의 활동 방식이나 내용들이 저
마다 다 다르잖아요. 가지고 있는 힘도 다 다를 것이고요. 이런 다양성
이 사회에서 인정되고 발현되면 좋겠어요. 그렇게 하려면 많은 것들이
필요하겠죠. 노동을 한다는 것도 그렇고, 이 다양한 사람들과 함께하
기 위해서는 세밀한 관심과 전 사회적인 논의가 필요할 테죠. 물론 지
금의 노들야학처럼 학교에 모여 조물조물 같이 공부하는 이런 모습이
유지되는 가운데, 삶을 함께 더 고민할 수 있고, 다양하고 자유로운 활
동이 보장되는 그런 방향으로 가면 좋지 않을까요?

장애인 탈시설과
'사회적인 삶' 찾기

'사회적인 삶' 만들어가기

우리는 '인간다운 삶이란 무엇인가'라는 근본적인 질문과 마주할 수밖에 없었다. '삶'을 그저 '생명을 유지'하는 일로만 생각한다면 노들야학의 학생들이 시설 밖으로 나올 필요는 없을지 모른다. 하지만 '산 좋고 물 좋다'는 시설에 '밥'은 있었지만 '나'는 없었고, 주어진 '일과'는 있었지만 '일상'은 없었다.

'탈시설'은 사회적 관계가 단절되었던 삶에 종언을 고하고 사람들 속에서 잃어버린 '나'를 찾고 '일상'을 찾겠다는 선언이다. 장애인들이 사회 안에서 함께 부대끼며 살겠다는 것이 탈시설의 중대한 의미이고 '함께 살자'는 소망이 인간다운 삶의 출발점이라는 것이다.

노들야학의 '교육'은 지식의 전달을 돕는 것뿐만 아니라 삶을 위한 사회화 교육이다. 수업 바깥에서도 장애인 학생들과 교사, 자원봉사자들이 함께 친분을 쌓고 함께 운동을 하며 관계를 맺어가는 '사회적 삶'이 재구축되는 현장이다. 장애인들이 사회 속에서 자신의 위치를 깨닫고 변화를 위해 고민하고 움직일 수 있도록 하는 것이다.

문제는 당장 시설을 나오면 생존이 위태로워진다는 점이다. 장애인을 위한 복지예산이 시설 위주 정책에 집중되어 있어 시설 밖 장애인들에 대한 지원은 턱없이 부족하다. 부양의무제는 가족에게 책임을 전가하고 장애등급제는 장애인의 등급을 매겨 서비스를 제한한다.

노들야학을 비롯한 여러 장애운동단체들은 장애등급제, 부양의무제, 장애인 수용시설을 장애인의 인간다운 삶을 가로막는 '3대 적폐'로 설정해 이를 폐지하라는 요구를 내걸고 2012년부터 2017년 9월까지 1842일간의 농성을 광화문에서 진행했다. 2017년 8월 25일 보건복지부 장관이 광화문 농성장을 찾아와 장애등급제, 부양의무제의 단계적 폐지 및 탈시설 자립생활 지원을 위한 민관 협의체 마련을 약속하면서 농성이 마무리되었으나, 그 후 정부가 내놓은 대책에는 한계가 있다.

2018년 3월 5일 문재인 정부는 장애등급제 단계적 폐지 계획을 통해 장애등급제를 없애는 대신 수요에 따른 '맞춤형 복지'를 제공하겠다고 밝혔으나 장애등급제의 대안으로 제시한 종합판정 도구는 장애를 '손상, 기능 제한, 사회적 불리'로 제한하는 장애의 의료적 모델을 전제로 하고 있다.

24시간 활동보조를 보장해달라는 요구 또한 수용되지 않았다. 종합조사표에서 최고점인 596점을 받아도 지원받을 수 있는 활동 시간은 하루 16.84시간으로 제한된다. 종합조사표를 통한 수요 조사를 거쳐 제공될 4가지 종류의 일상생활 지원에 '거주 시설 입소'가 여전히 포함되어 있는 것도 문제적이다. 장애인을 행정적으로 관리하는 대상으로 여기는 기존 인식에서 벗어나지 못하고 있는 것이다. 이러한 상황에서 장애인운동은 계속 목소리를 낼 수밖에 없다고 한명희 활동가는 말했다.

'의존'은 사회적 노동이 빚어낸 가치 있는 성취

우리는 흔히 '자립'이 혼자 힘으로 살아가는 능력이라고 오해한다. 하지만 자립을 위한 의존은 누구에게나 필수적이다. 우리는 결코 혼자서 세상을 살아갈 수 없기 때문이다. 자립이 자기 삶을 스스로 결정하고 책임지겠다는 의지라면, 주어진 조건과 환경 속에서 자립을 위해 어떤 의존이 필요한지 이야기할 수 있어야 할 것이다. 사회적인 관계 안에서 나의 위치를 인식하는 것이 그 출발점이 될 수 있다.

하지만 우리 사회는 장애인과 가난한 사람들이 의존하며 살아가는 것에 대해 가혹하게 바라보는 경향이 있다. '일은 할 수 없으면서 돌봄을 요구한다'는 점 때문이다. 그것은 '의존'과 '자립'을 대립적으로 보는 시각이다. 양자의 상호 보완 속에서 자립의 권리가 형성될 수 있다는 사실을 제대로 바라보지 못한 결과다.

각자도생하는 신자유주의 사회에서 노동할 수 없는 신체를 가지고 살아간다는 것은 가난의 필연적인 조건이 된다. 소비자, 노동자, 자본가 등으로 지금의 사회 체계에 참여할 수 없다고 여겨지는 장애 신체는 사회 밖으로 점점 밀려난다. 장애 신체의 소외 현상에 관한 한 연구[9]는 신자유주의 시대, 인간의 가치는 국제적 소비자 문화 안에서의 상대적인 효용성으로 측정된다고 분석한다. 특정 신체들만 입장할 수 있는 자본주의 시장이 구축된다는 것이다.

이 신자유주의적 자본주의 시스템에서 '이상한 신체'들은 대중으로부터 격리되는데, '정상 신체'들의 '정상 국가'는 이들을 박애의 대상으로 삼아 '친밀한 힘'을 행사하려는 태도를 갖거나 모든 신체를 최대한 생산적인 주체로 만들어내기 위해 '보완하고 개선'할 대상으로 대한다. 활동보조 지원을 '좋은 일'로 바라보는 것은 이 양자의 시각이 결합된 것이다. 장애인들은 이런 사회구조 속에서 빈곤에 더 취약해질 뿐만 아니라 빈곤 자체가 장애의 원인이 되기도 하는 것이 현실이다.

마이클 올리버는 빈곤과 장애의 연관 관계를 이렇게 설명했다.

"5억여 명의 세계 장애 인구 중에서 3억 명은 개발도상국에 거주하고 있고, 1.4억 명은 어린아이이며 1.6억 명은 여성입니다. 1억 명, 즉 전체 장애 인구의 5분의 1가량은 가난과 기근으로 인한 영양실조로 장애인이 됩니다. 개발도상국에서는 전체 장애 인구의 100분의 1도 안 되는 비율만이 재활과 치료의 기회를 가집니다. (중략) 의심할 바 없이, 장애와 빈곤 간에는 긴밀한 연결 고리가 있습니다. 선진국의 노동시장들은 계속해서 장애 신체를 차별하여 장애인들의 고용 비율은 비장애인 고용 비율의 3분의 1에도 미치지 못하고 있는 수준입니다. 많은 장애 아동들이 아직도 분리된 특수학교에서 교육을 받고, 1000분의 3도 안 되는 비율의 장애 학생들만이 중·고등교육으로의 진입 기회를 가집니다."[10]

한명희 활동가는 '장애인'이 사회적으로 만들어진 개념이자 집단이라고 지적하며, '훼손된 정도'라는 기준으로는 파악되기 어려운 다양한 장애 종류들은 물론 개개인의 특수한 필요와 맥락을 고려해야 함을 강조했다. 현재의 자본주의 체제에서 '비생산'적인 장애 신체들은 '일하지 못하는 신체'로 전락하지만, 한명희 활동가는 문제가 장애인들이 아니라, 장애인의 몸을 포괄할 수 없는 노동환경과 사회구조에 있음을 지적한다.

기업들이 법대로 장애인을 고용하는 대신 벌금을 지불하는 식으로 책임을 회피하는 실태를 꼬집으며, 장애인들이 노동하기 위해서는 노동에 대한 정의가 변화하고, 노동 공간과 시스템이 재구축되어야 할 것이라고 말했다. 현재는 장애인이 일하는 모습은커녕 장애인이 '사회'에서 살아가는 모습조차 받아들여지기 힘든 상상력 결여 상태라는 것이다.[11]

'돌봄'과 '피돌봄'의 이분법은 장애인을 일방적인 의존의 대상으로 만드는 또 다른 요소다. 2007년 사회서비스가 제도화되면서 활동보조 서비스가 시행되고 있다. 그러나 여기서도 장애인은 돌봄을 받는 대상이라는 전제가 활동보조인의 '돌봄 노동'을 저평가하는 근거로 작용하고 있다. 저임금의 빈곤노동자가 장애인을 돌보고, 돌봄의 대상이 되는 장애인 역시 빈곤 상태를 벗어나지 못하는 조건에서 양자는 서로에게 의존하여 삶을 부지해나간다.

이런 현실이지만, 활동보조 서비스를 이용하는 장애인 당사자가 '돌봄의 대상'에서 '권리의 주체'가 되는 과정을 통해, 활동보조인의 노동이 재평가되고 상호 동등한 관계 맺음을 구축해나갈 수 있을 것이다. 제임스 퍼거슨은 "타인에 대한 물질적 의존은 수동적 상황이 아니라 고된 사회적 노동이 빚어낸 가치 있는 성과다. 도덕화된 사회 정책에서 골칫거리가 된 '의존'은 이 점에서 보자면 '행위 양식'이자 심지어 성취로 이해될 수 있다."고 말했다.[12] 활동보조인과의 상호 의존을 통해 삶을 영위하는 장애 신체의 '의존' 또한 그들의 끊임없는 투쟁과 요구로 이뤄낸 하나의 '행위 양식'으로서의 성취다.

장애인이 살 만한 사회, 모두가 살 만한 세상

노동하는 신체와 노동할 수 없는 신체, 돌봄을 베푸는 자와 돌봄을 받는 자 사이의 간극은 어떻게 해소되어야 할까? 한명희 활동가는 이 이분된 존재 사이의 간극은 세상이 비장애인 중심으로 설계되어 있기 때문에 만들어진 것임을 강조한다. 세상은 재설계될 필요가 있다는 것이다. 휠체어가 지나갈 수 있는 길은 키가 작은 어린아이도 지나갈 수 있고, 무릎이 아픈 노인도 지나갈 수 있고, 유모차도 지나갈 수 있다. 한국 장애인운동의 큰 쾌거 중 하나는 모든 지하철에 승강기를 설치한 것이다.

장애인들이 가시화되는 것을 불편하고 께름칙해하거나 장애인들을 측은하게 보고 타자화하는 사람들이 여전히 많다. 장애인들의 이동권 투쟁의 수혜를 입은 노인들도 그런 시각을 가진 사람이 많다. 가장 '취약하고 훼손된' 신체들이 자유로이 돌아다닐 수 있는 살 만한 사회는 모두에게 살 만한 세상이 될 것이다. 장애 신체가 끊임없이 사회에서 비가시화되고, 주변화되고, 배제되는 것은 장애 신체 그 자체의 문제가 아니라 신체의 차이에 근거해 차별의 지점을 만들어내는 구조의 문제이다.

노들야학은 여러 특성을 가진 장애인들의 조건에 따라 각기 다른 지원과 공동생활의 구조를 만들어내기 위해 노력하고 있다. 장애 신체를 단순히 '정상' 신체로부터 동떨어진 무리로 묶는 게 아니라 장애인 '당사자성'에 대한 이해를 전제로 개개인의 상황에 맞춘 서비스가 필요하다는 관점에서 한명희 활동가는 '개개인 맞춤형 서비스'를 이야기한다. '장애'라는 모호한 범주로 상이한 신체적 경험과 상황을 묶는 '집합'이 아니라 '불균질한' 다면성의 가능성을 열어가자는 것이다.

이런 시야에서 경제적 빈곤이나 성차별, 성폭력 등 여러 조건이 복합적으로 연결된 연대의 문제로 부상한다. 교육과 일상의 실천을 통해 장애 당사자들이 자신의 권리를 깨닫고 힘을 모으고 다양한 사람들과 연대하는 목소리를 낼 수 있도록 장을 마련해주는 노들야학의 활동은, 그래서 미래의 가능성에 대해 열려 있다. 장애인이 시설을 벗어나 지역사회 안에 함께 자리하는 '사회적인 삶'을 찾기 위해 오늘도 노들야학의 활동가, 장애인 당사자들은 함께 살아간다.

글: 김지아, 남예지, 류아정

1. 전국장애인차별철폐연대(전장연)는 장애인 이동권 투쟁을 계기로 확장된 장애인 권리운동을 교육권, 노동권, 생존권, 자립생활 쟁취 투쟁 등으로 넓혀가는 한편, 장애인을 시혜와 동정의 대상이 아닌 권리의 주체로 세워나가는 것을 목표로 2007년 출범한 운동조직이다. 2012년부터 시작한 '장애등급제, 부양의무제 폐지 광화문 농성'을 1842일 동안이나 전개한 끝에 제도 변화를 이끌어냈다.

2. 장애인 고용 촉진 및 고용 안정화를 위해 2008년 직장 내 장애 인식 개선 교육이 의무화되었으며, 한국장애인고용공단 강사양성 과정 수료자 및 고용노동부 지정 장애인 인식개선 교육기관을 통해 실시해야 한다.

3. 2008년 석암, 성람재단 비리 문제를 겪고 시설에서 나온 장애인 8명이 자립생활 지원을 요구하며 서울 동숭동 마로니에 공원에서 전개한 노숙 농성은 거주 장애인 중심의 탈시설운동이 확산되는 계기가 됐다. 이후 서울시는 2008년에 '탈시설화 정책 및 주거환경 지원 학술연구'를 진행하여 2009년에 조사 결과를 발표하였다.

4. 꽃님 씨는 지난 10년간 생활비를 쪼개 모은 2000만 원을 '장애와 인권 발바닥행동(발바닥행동)', 노들야학에 '탈시설 자립생활 꽃님기금(꽃님기금)'이라는 이름으로 기부했다. 중증 뇌병변 장애인인 꽃님 씨는 태어나서 38년간 집에서만 살았고, 2002년 10월부터 약 4년간은 전남 영광의 장애인 거주시설에서 살았다. 그녀는 2006년 8월 20일 발바닥행동 활동가와 함께 시설에서 나와 서울 종로구 체험홈에서 자립생활을 시작했다. 2016년 8월 18일 출범한 꽃님기금은 탈시설에 힘쓰는 장애인 단체 활동가와 자립생활을 시작한 장애인을 지원하는 등의 용도로 사용된다("자립생활 10년 꽃님 씨, 자립생활 꽃씨 뿌릴 '꽃님기금' 만들다", 비마이너, 2016. 8. 18).

5. 체험홈은 탈시설 자립을 희망하는 시설 거주인들이 사회로 돌아가기 전에 단기간 거주하며 사회생활을 익히고 준비하는 공간이다. 지역마다 존재하는 장애인자립생활센터 등

이 운영하는 경우가 많다. 짝꿍이나 멘토를 맺어주는 등 함께 생활하는 과정을 돕는 일상 지원 프로그램이 있다.

6. 부산 형제복지원은 1975년부터 1987년까지 부산 일대에서 부랑자를 선도한다는 명목으로 불법 감금하고 강제 노역을 시키는 과정에서 인권유린이 자행되었던 곳이다. 1986년 기준 전체 수용자 3975명 가운데 경찰을 통해 입소한 인원이 3117명, 구청을 통해 입소한 인원은 253명이었다. 전두환 정권은 이곳에 매년 10~20억 원의 시설 운영비를 지원했다고 한다("형제복지원은 법의 사각지대였다", 시사인, 2018. 10. 17). 대구시립희망원은 1958년 세워져 위탁 운영되어왔다. 국내 세 번째 규모의 시설로 장애인 거주시설, 노숙인 재활시설, 노숙인 요양시설, 정신장애인 요양시설을 산하에 두고 있다. 대구시립희망원에서 입소자들을 감금 폭행하였고, 300여 명의 사망자가 발생한 사실을 고의적으로 조작하고 은폐하는 등 인권유린 및 비리 사실이 2016년 국정감사 등을 통해 드러나 논란이 되었다(조민제, "'인간 사육장'으로 불렸던 대구희망원, 희망은 있나", 미디어오늘, 2017. 4. 29).

7. 국민기초생활보장법상 수급자 선정 기준에 부양의무제가 적용된다. 재산이나 소득이 기초생활보장 수급자 선정 기준에 부합해도 일정 수준 이상 재산이나 소득이 있는 자녀 등 가족이 있으면 수급을 받을 수 없게 된다. 2015년을 기준으로 부양의무자 기준 등에 의해 수급을 받지 못하는 비수급 빈곤층은 93만 명에 달한다. 2019년 4월 보건복지부는 이 부양의무자 기준을 전면 폐지하겠다고 밝혔다("생계급여 부양의무제 폐지 시 극빈곤 53만 명에 수급권", 한겨레, 2019. 4. 18).

8. 박진영 씨는 장애등급 재심사에서 '등급외 판정'을 받고 기초생활 수급권을 박탈당한 이후 생활고에 시달리다가 스스로 목숨을 끊었고, 송국현 씨는 '3급 장애인'이라는 이유로 1, 2급만 신청 가능한 활동보조 서비스를 지원받지 못해서 주택 화재로 목숨을 잃었다.

9. David T. Mitchell and Sharon L. Snyder, 2015, The Biopolitics of Disability: Neoliberalism, Ablenationalism, and Peripheral Embodiment, Ann Arbor: University of Michigan Press.

10. Michael J. Oliver, 1999, "Capitalism, Disability and Ideology: A Materialist Critique of the Normalization Principle," in Robert J. Flynn and Raymond A. Lemay, A Quarter-Century of Normalization and Social Role Valorization: Evolution and Impact, Internet publication URL: http://www.independentliving.org/docs3/oliver99.pdf.

11. "우리의 관점은 신체적으로 손상된 사람을 무능하게 만드는 것은 사회라는 것이다. 장애라는 것은 우리가 불필요하게 고립되어 있고, 사회의 완전 참여로부터 배제되어 있다는 방식에 의해 우리의 손상에 부가되어 있는 어떤 것이다. 그러므로 무능하게 된 사람(disability, 장애인)이란 사회 속에서 억압된 집단이다." 김병하·곽정란, 2004, 「장애 담론의 정치적 이해: 장애인 당사자주의를 중심으로」, 『이론과 실천』 5(3)에서 인용.

12. 제임스 퍼거슨, 조문영 역, 2017, 『분배정치의 시대: 기본소득과 현금지급이라는 혁명적 실험』, 여문책.

9.
거리의 끈질긴 삶은 계속된다
민주노점상전국연합 최인기

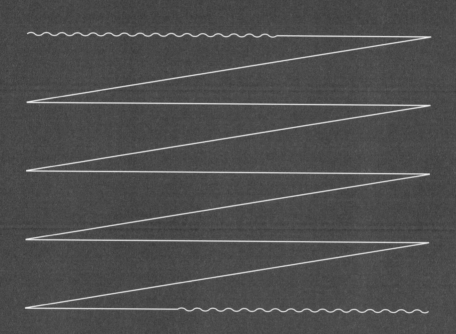

민주노점상전국연합과
도시빈민운동

구로 지역 노동운동에서 전국 노점상운동으로

고용이 불안정한 오늘날, 청년들이 빈곤 문제에 관심을 갖는 것은 필연적이다. 하지만 빈민이 이미 보이지 않는 곳으로 밀려난 도시에서 자라났으며 취업 압박과 미래의 불안에 시달리며 살아가는 청년들에게 타인의 빈곤에 공감하는 도덕적인 태도를 갖는 여유란 쉽게 주어지지 않는 것일지 모른다. 그래서인지 빈곤 당사자로서 사회변혁을 꿈꾸던 한 청년이 노점상 단체의 문을 두드렸다는 25년 전 이야기는 다소 낯설어 보였다.

최인기 활동가가 청년 시절을 보낸 1980~1990년대는 도시빈민운동이 폭발적으로 벌어지던 때였고, 그 중요한 한 축은 노점상운동이었다. 오랜 세월 도시빈민운동 활동가로 살아온 그의 이야기는 오늘을 살아가는 우리에게 익숙하지 않았지만, 그래서 더 많은 질문을 던지는 것 같았다.

최인기 활동가는 '민주노점상전국연합(민주노련)' 수석부위원장을 맡고 있으며, 민주노련과 전국철거민연합의 연대 조직인 '빈민해방실천연대'에서도 같은 직함으로 일하고 있다. 노동운동에 뛰어들었다가 노점상 단체에 몸담게 된 과정에 대해 그는 주변 환경 때문에 자연스럽게 반빈곤 활동가가 되었다고 말했다.

청계천은 그가 성장한 곳이었다. 아버지는 청계천변에서 인쇄소를, 어머니는 옷 장사를 했다. 젊은 나이에 처음으로 공장 노동을 시작하면서 온몸으로 착취를 경험한 곳도, 개발로 인해 밀려나는 사람들을 두 눈으로 목격한 곳도 청계천이었다.

청계천은 1960년대 이후 일자리를 찾아 상경한 노동자들의 일터이자 가난한 사람들의 삶의 터전이었다. 산업화 초기 의류(피복)산업의 본거지였던 청계천에는 열악한 처우 속에 고된 노동을 이어가는 노동자들이 많았다. 1970년 11월 13일 평화시장에서 "근로기준법을 준수하라!"며 분신한 전태일의 죽음은 청계피복노조 그리고 대한민국 곳곳의 노동조합운동을 촉발했다.

최인기 활동가는 고등학교를 졸업한 후 1987년부터 청계천에서 보석세공 노동자로 일했다. 그가 일하던 보석세공 공장 근처에는 청계피복노조가 있었고, 화염병과 최루탄이 날아드는 종로 거리를 활보하며 일감 심부름을 다니는 게 일상이었다고 한다. 몸소 느낀 노동자로서의 처지와 노동조합운동에 뛰어든 당시 청년들의 집단적 분위기가 운동가로서 자신의 정체성을 이루는 데 중요한 배경이었다고 회고했다.

구로 지역의 노동운동에 뛰어든 게 감옥살이의 첫 시작이었다. 1995년 인천 아암도에서 노점상 단속에 저항하며 망루 농성을 하던 이덕인 씨가 시신으로 발견되는 사건이 발생했는데, 이 사건을 규명하기 위해 연대하는 과정에서 최인기 활동가는 노점상운동에 본격적으로 뛰어들게 되었다.

외곽으로 밀려나는 노점상들을 위한 목소리

2003년 서울시는 청계천 복원 사업을 추진했다. 당시 서울시장이던 이명박 씨는 뉴타운 개발과 함께 서울이라는 도시 공간을 전면적으로 재편하는 계획을 일방적으로 밀어붙였다. 자연과 역사의 가치를 강조하는 이른바 신개발주의를 표방한 것이었다. 서울의 전통을 없애는 파괴적 근대화를 끝내고 서울의 역사와 자연을 되살린다는 서울시 주장과 달리 파괴적인 성장을 더욱 부추긴다는 점에서 '소비사회의 개발주의'라는 비판이 거셌다.[1]

한순간에 삶의 터전을 잃어버릴 위기에 처하게 된 청계천 사람들은 격렬하게 저항했지만 서울시장은 상인들, 노점상들과 적극적으로 소통하는 모양새를 취하며 대중의 지지를 받았다. 그러나 행정 권력이 당사자들과의 단절을 허울뿐인 합의로 가려버린 대중 포섭 방식에 불과했다는 것이 최인기 활동가가 본 실상이었다. '전통', '역사',

'개발', '위생' 등 갖가지 명목으로 쫓겨나는 사람들에 대한 애정과 수배 기간 동안 쪽방촌을 전전했던 자신의 경험을 바탕으로 사진 작업, 저술 활동 등 빈곤을 기록하는 일을 본격적으로 모색하기 시작했다.[2]

최인기 활동가는 다음과 같은 인식을 바탕으로 노점상운동을 이어왔다. 노점상은 "급속히 진행된 산업구조의 재조정을 거치며 공식적인 부문에서 밀려난 불안정 노동 계층이 급증"하며 생겨난 것이며, "우리 사회의 실업과 빈곤 문제, 그리고 유통시장 전면 재편에 따른 재래시장과 영세 자영업 몰락"의 총체적 결과이다.[3] 그는 노점상이 급속한 산업화와 이농 과정에서 발생한 구조적 문제이며, 공식 부문에 편입되지 못한 상대적 과잉 인구의 생존의 한 양상이라고 진단한다. 따라서 도시 공간 재편과 산업구조 변화 과정에서 노점상은 이리저리 축구공처럼 차이고 바깥으로 밀려나게 된다는 것이다.

2003년 청계천 복원 사업이나 최근의 노량진 수산시장 현대화 사업 추진 과정에서 노점상은 대중과 미디어로부터 손쉬운 공격과 비난의 대상이 되고 있다. 세금도 내지 않고 장사하는 주제에 도시 미관을 해치고 시민 보행권을 방해한다는 것이다. 규모가 크거나 별도의 직원을 고용하는 등 이른바 '기업형 노점'의 일부 사례가 노점상의 전부인 양 크게 다뤄지기도 하는데, 이런 논란 속에서 정작 대다수 가난한 노점상의 생계 대책 문제는 감춰지기 일쑤다.

2007년부터 서울시를 중심으로 '노점상 허가제'가 도입되었다. 그러나 까다로운 조건과 규제로 실제로 제도 내로 편입된 노점상은 전체 노점상의 일부이다. 최인기 활동가는 서울시의 거리가게 가이드라인이 노점상들의 생존권을 지키는 것보다 규제에 방점이 찍혀 있다고 비판한다. 그는 행정 당국이 대책 없는 단속과 철거를 중단하고 노점 당사자, 노점상운동 단체의 목소리를 충분히 반영해야 한다고 말했다.

최인기 활동가와 노점상운동

I

2018년 11월 21일 저녁,
서울특별시 용산구 청파동 민주노점상전국연합 사무실에서
임명준, 최바름 그리고 조문영이 묻고,
민주노점상전국연합 최인기 수석부위원장(남, 50대 중반)이 답한
내용을 기록했다.

도시빈민-노동자 정체성의 자각과 성장

최인기 활동가는 농촌에서 도시로 이주한 넉넉지 않은 형편의 가정
에서 성장했다. 그러나 친구들이나 주변 사람들과 생활수준, 경제적
조건 면에서 크게 다르지 않았다고 회고한다. 청년 시절 청계천에서
일하면서 같은 처지의 수많은 노동자들을 만나고 연일 가두시위가
벌어지는 종로 거리를 지나는 것이 다반사인 일상에서 그는 노동자
로서 존재의식을 형성해나가는 과정을 자연스럽게 받아들였다.

성장 배경이나 주위 환경이 사회문제에 눈뜨게 하더라도 누구나 운동
가의 길을 걷게 되지는 않잖아요. 활동가로 살아가게 된 결정적인 계
기가 무엇인가요?

 지금도 청계천에 가면 마치코바라고 소규모 공장들이 남아 있거든요.
보석세공 공장 다닐 때 근처에 청계피복노조가 있었어요. 거길 몇 번
가봤어요. 가면 노동자의 처지를 사회문제로 고민하는 사람들도 보게
되고 거기서 책을 주거나 하면 그 책도 읽고 하면서 '어, 이건 내 얘긴
데?' 하는 생각을 하게 됐죠. 그러다가 1989년도에 어떤 정치조직이
하는 정치학교 포스터가 붙은 걸 봤어요. 거길 한번 가봤더니, 현장 노
동자가 왔다고 사람들이 되게 좋아했어요. 무슨 말을 해도 칭찬해주
고 격려해주고. 거기서 제 존재감을 느꼈어요. 그러니 더 열심히 공부
하고 세미나를 했죠. "역시 너는 위대한 노동자계급이야!" "노동자인데
말도 잘하네!" 이런 얘기 들으면 엄청난 자부심을 느꼈고 데모 나가는
것도 재미있고 막 빨려 들어갔죠. (웃으며) 난 진짜 내가 위대한 줄 알
았어요. 그런 분위기에서 1992년 대선 당시 백기완 민중후보 선거운동
을 하게 됐는데, 그즈음부터 노동 현장에 가서 노동조합을 조직해야겠
다고 결심했어요. 그래서 구로 지역으로 갔습니다. 그 시기에 구로공
단의 사업장들이 외곽으로 점차 밀려나고 디지털단지로 바뀌기 직전
이었어요. 구조조정이 시작되었고 비정규직 문제가 드러나는 시기였
죠. 처음 취업한 곳에서 몰래 노동자들과 공부했는데, 노동조합이 만
들어져 싸울 때 지원투쟁을 했어요. 두 번째 취업한 곳에서 비공개 활
동을 하다 문제가 생겼죠. 그때 김일성 사망으로 공안 정국이 대대적

으로 조성되면서 청년 단체들에 대한 대대적인 검거가 있었어요. 저도 안기부에 끌려갔어요. 김영삼 정부 때라 심하게 고문을 하지는 않았지만 잠을 못 자게 하면서 조사를 받게 했어요. 결국 국가보안법 위반 혐의로 처음으로 구속이 되었는데, 오히려 그게 제가 의식이나 신념이 더 성장한 계기가 되었던 것 같아요. 6개월인가 형을 살고 나왔죠. 결혼을 앞두고 있던 때였는데 처갓집에서 반대도 심했고 우여곡절이 많았지만 감옥 가는 게 별거 아니더라, 하는 생각이 들었어요, 사실.

노동운동을 고민하다 결국 노점상운동을 하시게 된 계기는 뭔가요?

사실 (구속 이후) 블랙리스트에 올라 현장 취업이 어려웠죠. 그 당시는 청년 단체가 노동조합이나 대중조직을 만드는 데 역할을 많이 하곤 했는데, '전국노점상연합(전노련)'이라는 노점상 조직이 만들어지면서 상근 활동을 하게 된 거예요. 이덕인 씨 사건으로 벌어진 노점상 투쟁에 지원 활동을 하던 게 결정적인 계기가 됐죠. 그때 노점 단속은 정말 심각했는데, 인천의 아암도에서 장사하던 노점상들이 단속에 대응하기 위해 망루를 세웠어요. 1990년대에 철거민, 노점상들이 망루 농성을 하는 사례가 많았죠. 그런데 며칠 만에 노점상 회원 이덕인 씨가 변사체로 바닷가에서 발견됐어요. 손이 묶인 채였고, 몸에 맞은 흔적이 있었어요. 그게 1995년 11월 28일이었어요. 그 일에 함께 대응한 게 (노점상운동을 시작한) 중요한 활동 계기였습니다.

변화하는 노점상 정책, 노점상이 주체로 참여해야

노점상을 불법으로 낙인찍어 무자비한 단속 위주의 정책을 펼친 과거와 달리, 2000년대 중반 이후 노점상 일부를 합법화하거나 대화의 장으로 유도하는 정부의 태도 변화가 눈에 띈다. 그러나 최인기 활동가는 노점 허가제나 협의는 정부 정책 기조나 도시계획에 따라 언제든 노점상에게 불리한 방향으로 작용할 수 있다는 점을 지적했다. 그는 여전히 노점상 스스로 목소리를 내야 현실을 바꾸는 게 가능하다고 강조한다.

 활동가님께서는 노동자계급운동을 지향하셨다고 했는데, 노점상운동과 도시빈민운동을 하시면서 노점상에 대해서는 어떤 관점을 세우신 건가요?

 노동자, 농민, 도시빈민을 계급동맹 관점에서 본 거죠. 중심은 노동자계급으로 본 것이고, 생산수단을 중심으로 한 생산관계, 자본가와 노동자와의 관계, 그 안의 모순을 해결하는 방법이 우리 사회의 궁극적 문제들을 해결하는 계급성 중심의 방법이라고 보고 사회변혁을 생각한 거죠. 그런데 노점상을 어떻게 볼 것인가, 노동자로 볼 건가, 영세 상인으로 볼 건가에 대한 고민이 생기는 거죠. 크게 두 가지 논리가 있었죠. 하나는 비공식 부문, 하나는 상대적 과잉(인구론). 후자는 마르크스의 개념에서 나오는 것이고, 전자는 제3세계 모델에서 나와요. 발전이 더딘 나라는 광범위한 비공식 부문으로 자기 생계를 유지한다는 건데, 저는 한국 사회의 생산력이 어느 정도 궤도에 올라와 있기 때문에 비공식 경제 모델은 맞지 않다고 정리를 했어요. 즉 노점상은 상대적 과잉인구 중 하나이고, 고용과 실업을 왔다 갔다 하는 사람들 중에서 발생하기도 한다는 거죠. IMF (경제 위기) 때 실업자들이 엄청 늘어나면서 노점상으로 전락한 경우가 많았어요. 그러다 고정적인 직업으로 고착화되고 정체적 과잉인구가 되는구나, 저는 그렇게 규정했어요.

Q 노점상을 무조건 불법으로 규정해 단속의 대상으로 삼던 과거에 비해 여러 가지 노점 정책이나 합법화 과정이 있는데, 노점상운동의 대응 방향은 어떤가요? 정부와 협력 관계를 모색하거나 타협하는 방안은 없나요?

A 등록제가 시행되는 곳도 많고 푸드트럭 같은 합법적 노점도 차츰 확대되고 있어요. 노점상을 비공식 부문으로 보는 관점에 의거하는 입장에서는 해당 주체에 대한 실태 조사를 하고 제도화되는 흐름이 자연스러워 보일 수 있지만, 노점상운동의 논리나 실상과 상충하는 부분이 있어요. 경제적 어려움으로 새로 노점에 진입하는 사람들은 보호의 대상이 되지 않는다는 문제가 있죠. 무엇보다도 중요한 것은 실태 조사와 허가제는 규제가 따르기 마련이라는 점인데, 이 허가와 규제 가운데 무엇이 우위에 있는가는 정치적 역동에 따라 달라지죠. 자칫, 정부만

믿고 (제도 안으로) 덥석 들어가버렸다가 관리와 통제의 대상이 되어버릴 수 있는 거예요. 노점상의 자치 조직인 민주노련에 함께하는 주체들이 주체성을 상실하게 될 수 있어요. 상생은 정치적 역동과 파트너십에서 만들어지는 것이지 자연스럽게 주어지는 것은 아니라고 봐요. 우리는 끝없이 자신을 주체로 세우고, 자기의 주장을 통해서 세상을 만들어나가려고 해요.

푸드트럭, 가든파이브에 대한 시각 그리고 빈곤

 청계천 상인들이 집단 이주한 가든파이브 사례는 여러모로 문제적이었다고 들었습니다. 입지의 열악함, 시공 과정에서 업종 특성을 고려하지 않은 점, 분양가 문제, 거대기업 입점 시 특혜 문제 등이 지적되는데요, 정부와 상인 간 합의가 이루어진 사안임에도 왜 이런 문제가 발생했다고 보시나요?

 청계천 복원 사업 프로젝트를 포함해 뉴타운 개발은 이명박의 서울시뿐만 아니라 여야 막론하고 열광했던 사안이었죠. 환경 복원이니 문화재 복원이니 하면서 새로운 개발 청사진을 제시했는데 (현 환경부 장관인) 조명래 선생 같은 분은 옛날처럼 개발을 밀어붙이기 어려우니 여러 담론을 끌어오는 '신개발주의'라 비판한 바 있어요. 군사독재 성장주의의 잔재가 여전한 행정은 임기 내에 무조건 빨리빨리 목적을 달성하려고 하고, 국민들도 그런 의식에 상당 부분 젖어 있는 거예요. 그때 즈음이 제가 도시문제에 관심을 갖게 되는 시기였는데, 공간이 재편되는 과정 속에서 노점상 같은 사람들이 갈 길을 잃는구나 생각했고 정말 열심히 싸웠어요.

노점상들이 어마어마하게 저항을 하니까 2003년도에 서울시에서 대책으로 내놓은 것이 가든파이브예요. 상인들에게 송파구 문정동 가락시장 옆에 짓고 있던 거대 물류단지에 공구 물류단지를 별도로 형성해주겠다고 약속을 한 거죠. 그 과정에서 시민위원회 같은 게 만들어지긴 했죠. 이걸 두고 이명박이 자서전에 상인들을 몇천 번 만났다고 거짓말을 했어요. 당사자 불러서 대화했다며 합의를 강조하고 그런 합의를 거친 정당성이 있는 사업이라고 선전하는 거죠. 청계천 모델이 참고했다는 일본 오사카의 도톤보리천 복원 사업은 사업 과정에서 주민들과 협의하는 데만 10년이 걸렸어요. 청계천은 3년만인가에 사업이 진행됐죠. 그 안에 어떻게 합의가 되었겠어요. 합의의 외형을 둘러썼지만, 합의 과정 중에 상인들을 매파와 비둘기파로 편 가르고 일부 책임자들을 매수한 뒤에 기공식 때 가위질도 하게 하고 완장도 채워주고 인센티브도 주는 거죠. 나머지 강경파는 철저하게 배제하고요. 아직도 싸우는 사람들이 있어요.

합의라는 게 실제로 가능한지 의심스럽기도 하네요.

정책이라는 목적을 위해 국민이 철저히 수단화되기도 하는 거죠. 저는 합의는 싸움을 통해서 만들어진다고 봐요. 아주 보잘것없는 싸움이라도 장기적으로는 의미가 있고, 이것들이 누적되는 것이 사회가 좋아지는 일련의 과정이겠죠.

Q 요새 푸드트럭 얘기가 방송에 계속 나오는데, 어떤 면에선 IMF 외환위기 때 벤처기업 육성, 신지식인 담론이 나오던 것과 비슷한 맥락일 수도 있을 것 같아요. 특히 청년 창업 문제랑 연결을 시킨다는 면에서요. 이걸 계기로 노점상 연대의 목소리를 키우려는 계획이나 시도가 혹시 있으신가요?

A 푸드트럭 요즘 유행이죠. 대학교에서 사업 설명회를 하기도 하고 푸드트럭 청년 CEO 성공 모델 같은 것을 홍보하기도 하는데, 요새 청년들은 취업이 잘 안 되니까 엄마 아빠가 했던 노점상을 물려받는 경우도 있다고 하더군요. 푸드트럭은 아직 (노점상운동으로) 조직화가 되지 않았어요. 아직 탄압의 경험이 없는 거죠. 우리 단체에 전통시장 상인들도 노점상운동 주체로 조직되어 있기도 한데요, 격렬하게 싸우다가 자신들의 문제가 해결되어 안정화되면 조직과 관계가 느슨해지는 경우가 많아요. 허가제로 가판대 하시는 분들도 삶이 불안한 거죠. 재산이나 여러 조건을 따져 탈락되기도 하고, 다른 자리로 이동하도록 해서 장사가 전혀 안 된다든지 하는 문제를 겪게 되는 거죠, 단속은 없어졌더라도요. 그래서 (노점상 조직 탈퇴하고 허가제를 수용한 노점상들도) 경험 속에서 문제를 다시 보게 되는 거죠. 자신들의 권리를 주장할 수 있는 단체 또는 조직이 그래서 필요한 거죠. 마르크스는 인간의 의지가 아니

라 자기가 처한 조건이 혁명적 생각을 만들어낸다고 했어요.

 활동가님이 현장에서 직접 겪고 발견한 '빈곤'이란 무엇인가요?

 공동체의 붕괴라고 생각해요. 사실 빈곤을 정의 내리기는 쉽지 않죠.
상대적 빈곤, 절대적 빈곤, 사회적 빈곤, 다양한 개념이 있지만 단지
낮은 소득만이 문제는 아니에요. 그전에는 그랬는데, 요즘의 빈곤은
뚜렷하게 드러나지 않아요. 사람들이 심리적으로도 고립되고 사회가
붕괴가 되고 있다는 것이 문제라고 생각해요. 빈곤은 이제 정서적, 문
화적 현상으로까지 번져가는 것 같은데, 그럼에도 부산의 감천마을처
럼 빈곤을 상품화하는 세상이 되었죠. 자본이 침투하지 않는 데가 없
어요. 여하튼 빈곤은 아프지만 드러내야 해요. 그래야 진단과 치료가
가능해요.

노점상운동과 청년의 역할

한국 사회 노점상이 가지는 의미의 스펙트럼

노점상은 우리 사회에서 수많은 상징으로 점철된 존재다. 대중과 언론, 행정 권력에 의해 지칭되는 노점상은 특정 시기, 제도나 정책의 변화 등에 따라 상이한 모습을 보인다. 때로 노점상들은 불법, 탈세, 이기적인 장사치로 규정되거나 심지어 귀족 노점상이라는 단어로 표현되기도 한다. 그러나 동시에 빈민의 상징으로 공식적 경제활동에 포함되지 못하는 약자로 등장하기도 한다.

　노점상은 양극단의 이미지를 오가며 정치권력에 의해 이용되기도 하고 단속 또는 허가의 대상이 되기도 한다. 언론은 대중과 행정, 정치권력 사이를 줄타기하며 노점상을 돈은 많이 벌면서 세금은 내지 않는 점포로 프레이밍framing하거나, 정치권력의 '적선'을 무조건 따르고 그것에 감사해야 하는 무기력한 빈민층으로 격하시키기도 한다.

　정치권과 언론은 노점상에 대한 대중적 혐오를 부추기는 한편, 때때로 노점상을 '도시 풍물'이나 '한국적인 것'인 것으로 변모시켜 관광 자원화하거나 청년들의 창업 분야로 집중 조명하기도 한다. '노점상'이라는 상징은 각자의 이해관계에 따라 다양하게 이용되어왔지만, 정작 실제로 거리에서 장사하며 살아가는 노점상의 진짜 목소리는 들리지 않는다. 상징화된 노점상 개념은 실제 노점상의 현실과 들어맞지 않는 경우가 대부분이다.

　오늘날의 청년들은 '신자유주의', '신개발주의'가 지배 담론으로 자리 잡은 사회에서 성장해왔다. 과거 최인기 활동가가 청계천에서의 일상적인 삶의 경험을 바탕으로 도시빈민운동에 뛰어들었던 과정과는 상이한 환경이라 할 것이다. 이미 보기 좋게 정돈되고 보행하기 좋게 꾸며진 거리를 거닐고 있는 우리 청년의 눈에 도시에서 밀려난 사람들이 쉽사리 보일 리 없다. 나 자신에게 닥칠 빈곤의 위협만도 걱정스러워 도시 빈민, 타인의 빈곤에 공감하기 어려운 시대에서 살아가고 있다. 고용이 불안정한 상황에서 사회적 약자, 도시 빈민에 대한 도덕적 태도를 갖는 것은 사치로 여겨질 지경이다.

　한편 우리는 정치권과 언론이 활용하는 노점상 상징을 종종 무비판적으로 수용하기도 한다. 노점상을 세금도 내지 않고 장사하는 불법 점유자로 보는 시선, 보행권과 도시 미관을 해치는 공공질서 위협자로 보는 시선, 청년 창업의 틈새시장으로 선전하는 유혹 모두에서 우리는 자유롭지 못하다. 노점상은 자본주의사회의 구조적 모순이 지속되는 한 도시 틈새 공간에서 계속 생겨날 것이다. 노점상에 대한 제대로 된 인식과 공감 혹은 상호 인정을 가로막는 만들어진 노점상 상징은 안 그래도 구석으로 밀려나고 있는 노점상을 점점 보이지 않는 곳으로 몰아넣는 결과를 낳을 수 있다.

무자비한 개발과 강제 퇴거를 밀어붙이던 시절과 달리, 최근의 신개발주의는 환경, 문화 등의 가치를 접목해 거버넌스를 확장하는 모양새를 취했다. 이명박 서울시장 재임 당시 가장 대표적인 사례가 청계천 개발과 가든파이브 집단 이주다. 대중적 호응 속에 추진된 사업 과정에서 청계천변 상인과 노점상 간 갈등은 소통 행정을 통해 원만히 해소된 것 같았으나 최인기 활동가의 말에 따르면 이는 실상과 달랐다. 상인들을 편 가르고 일부는 포섭하고 대다수를 교묘히 탄압하는 보여주기식 행정이었으며, 가든파이브 이주는 결국 상인들과 노점상들에게 실효성 없는 결과를 낳았다는 것이다. 가든파이브는 도시문제의 핵심 당사자가 신개발주의라는 주류 담론에 희생되고 정치 권력에 이용당한 사례 중 하나인 것이다. 나아가 '충분한 협상'을 통해 이루어졌다는 겉모습만 부각되어, 그 협상 과정에 의문을 제기하는 상인과 노점상들은 그저 이기적인 집단으로 낙인찍힌다.

서울시는 몇 년 전부터 '밤도깨비 야시장'을 운영하는 등 푸드트럭을 양성화하는 정책을 펼치고 있다. 서울시 밤도깨비 야시장에 모습을 드러내는 푸드트럭들은 모두 허가받은 노점상들이다. 푸드트럭, 거리가게 등의 형태로 일부 노점상에 대한 허가와 지원이 이루어지고 있는 것이다. 언론은 청년 푸드트럭의 성공 사례를 반복해서 내보내며 이를 청년 실업에 대한 대안으로 선전하고 있다.

차별 없는 세상, 평등한 사회, 더불어 우리

하지만 최인기 활동가의 말에서 드러났듯, 허가된 형태의 거리가게 는 여전히 "불안"하고 "탈락"의 위험을 안고 있다. 민원이 들어올 경 우 보이지 않는 곳으로 언제든 밀려날 것을 감수해야 한다. 대대적으 로 선전되는 성공 사례에 비해 푸드트럭, 거리가게가 일상적으로 경 험하는 불안정성과 실패 위험은 좀처럼 조명되지 않는다. 또한 일부 허가된 노점상 유형은 여전히 불법인 채 남아 있는 빈곤 노점상의 현 실을 덮어씌워 보이지 않게 만들기도 한다. 노점상에 대한 정치권과 언론의 행태가 지금까지 그러했듯, 현재 긍정적인 것으로 상징화된 노점에 대한 인식은 언제든 손바닥 뒤집듯 바뀔 수 있는 것이다. 이 것이 가난한 노점상의 현실과 생존권을 외치는 목소리에 귀를 기울 여야 하는 이유다.

최인기 활동가는 '빈곤'을 어떻게 생각하는지 묻는 질문에 "관계와 소통의 단절"이라고 답했다. 우리 청년들은 개개인이 고립된 시대를 살고 있다. 우리에게 주어진 주변 환경이란 이미 신개발주의, 신자유 주의에 의해 포장되어 있는 시대와 공간이다. 무한 경쟁의 압박과 청 년 실업의 위협 속에서 주변 사람들에게 눈을 돌리기란 어렵고 사회 적 약자, 도시 빈민은 우리의 공간에서, 인식상의 경계 밖으로 자꾸 만 밀려난다. 도시 빈민의 상징이자 자본주의의 모순 속에서 힘겹게 생존하는 노점상들의 진짜 목소리를 들을 수 없게 하는 관계와 소통 의 단절이 우리들 각자를 고립된 빈곤 속으로 더 몰아넣을 수 있다.

최인기 활동가의 블로그 대문에 적힌 "차별 없는 세상, 평등한 사회, 더불어 우리"라는 말은 너무나 요원한 것으로 들린다. 무엇부터 해야 할까. 지배 담론에 의해 상징화된 노점상과 실제의 노점상이라는 주체 사이에 어떤 균열이 있는지 인식해야 한다. 그리하여 가난한 노점상이 무엇을 이야기하고 있는지 귀 기울이는 것이 첫걸음이 될 것이다.

'연대'는 우리에게 어렵고 버거운 단어가 되었지만, 오랫동안 가난한 사람들과 밀착된 삶을 살아온 최인기 활동가는 매일 연대하느라 바쁘다. 인터뷰가 있고 얼마 뒤 서울시 마포구 아현동 재개발 현장에서 철거민 박준경 씨가 처지를 비관하며 한강에 몸을 던져 목숨을 끊는 사건이 발생했다. 박준경 씨 사망 전 기자회견장에도, 사망 뒤 재건축 지역 세입자들의 권리 보장을 촉구하는 집회에도 '사진 찍는 빈민운동가' 최인기 활동가가 있었다.

"역설적이지만, 철거민과 노점상은 누군가 죽어야만 사회적으로 관심을 받게 된다. 그 관심이란 것도 대부분 '동정'에 가려져 좀 더 구조적인 문제는 비정한 사회 탓으로 돌려지거나, 신파적 결론을 끝으로 대중의 기억 속에서 사라진다……. 왜 결국 누군가 희생을 당하고서야 뒤늦게 수습하려 드는가? '다 필요 없다'는 유가족의 절규가 귓가에 쟁쟁하다."[4]

글: 임명준, **최바름**

1. 홍성태, 2004, 「청계천 복원사업과 청계천의 파괴: 이명박 시장의 신개발주의와 이익의 정치」, 『경제와 사회』 63.

2. 이후 최인기 활동가는 『떠나지 못하는 사람들』, 『가난의 시대』, 『그곳에 사람이 있다』, 『청계천 사람들』 등 다양한 기록과 저술 활동을 이어갔다.

3. 최인기, 2006, 「노점상들의 밥그릇을 함부로 걷어차지 마라: 영세 노점상 생존권 보장을 요구하며」, 『황해문화』 50.

4. 최인기, "아현동 철거민 박준경의 죽음"(2018. 12. 28. http://www.newscham.net/news/view.php?board=news&nid=103745).

10.
세상은 우리가 조금씩 바꿔나간다
맘편히장사하고픈상인모임 공기

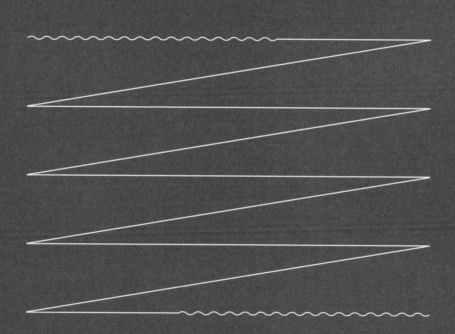

영세 임차 상인의
안정적 삶을 위해

맘편히장사하고픈상인모임과 공기 활동가

'맘편히장사하고픈상인모임(맘상모)'은 2013년 '우장창창' 곱창집 분쟁을 계기로 생겨난 단체다. 자영업으로 생계를 이어가는 소사장님들 상당수는 임대료를 지불하며 영업하는 임차인이다. 영세 상인의 안정적 생계를 보장하고 과도한 임대료 인상을 막기 위한 법적 장치로 2001년 처음 상가임대차보호법이 제정되었으나, '우장창창'은 상가임대차보호법의 사각지대에 놓인 임차 상인의 현실을 드러낸 계기였다.

당시의 상가임대차보호법은 각 지역별로 정해놓은 환산보증금 범위 이내의 임차인에게 5년의 계약갱신 기간을 보장하고 있었다. 그런데 우장창창의 경우 환산보증금이 정해놓은 금액을 초과해 법적 보호를 받을 수 없었다. 건물 소유주가 새로 바뀌며 일방적인 계약 종료를 통보했다.

이에 불복한 우장창창 임차 상인과 건물주 간의 분쟁이 이어졌고 법원 결정에 따라 임차인이 결국 건물에서 쫓겨나게 되었다. 우장창창 사건은 건물주가 유명 연예인이어서 언론의 집중 주목을 받았는데, 임차인(세입자)이 임대인(건물주)의 소유권을 침해한다며 여론의 뭇매를 맞기도 했다.

임대료는 점점 치솟는데 상가임대차보호법은 현실을 반영하지 않는다는 문제 제기가 이어졌다. 피땀 어린 노력과 자산을 투자해 생계 터전을 일군 수많은 임차 상인은 건물주가 계약 갱신에 합의해주지 않으면 그대로 내쫓길 수밖에 없는 처지가 되고 만다.

상가임대차보호법은 임대료 상승률 제한 규정을 두고 있지만, 일정 금액 이하의 임대차 계약의 경우 해당 사항이 없다. 보증금과 월세가 낮은 상가는 법적 규제 없이 건물주에 의해 임대료가 점점 오르고 그러다 일정 금액을 초과하면 임차 상인은 계약 갱신의 법적 보호를 받지 못해 대책 없이 쫓겨나게 되는 것이다.

도심에서 일상화된 '젠트리피케이션'은 이러한 문제를 논의하기 위한 대표적 언어가 되었다. 젠트리피케이션은 낙후된 구도심 지역이 활성화됨에 따라 새롭게 유입된 중산층 이상의 계층이 결국 기존의 저소득층 원주민을 대체하는 현상을 가리키는데, '젠틀'한 어감과 반대로 수많은 사람들이 피눈물 쏟는 형국을 낳았다.

특히 상가 지역에서는 부동산 가격 상승과 투기 목적을 가진 새로운 임대인의 유입으로 상권을 활성화 하는 데 오랫동안 기여한 임차인이 쫓겨나기 십상이다. 상권 가치를 극대화하려는 임대인이 건물을 리모델링하거나 자신이 원하는 상가를 유치하기 위해 월세를 급격하게 올리는 경우도 다반사다.

2018년 이른바 '궁중족발' 사건이 그 대표적 사례다. 궁중족발이 위치한 경복궁 근처 서촌이 관광지로 부상하면서, 건물의 새로운 임대인은 임차인에게 400퍼센트 인상된 월세를 요구했다. 임차인은 법에 의해 보호받을 수 없었고 갈등이 극대화되어 폭력 사태까지 발생했다.

맘상모는 부당하게 내몰리는 임차 상인들의 투쟁을 지원하면서 상가임대차보호법 개정운동에 적극 나섰다. 이러한 목소리가 반영되어 2018년에 상가임대차보호법 개정이 이루어졌고, 계약 갱신 기간은 5년에서 10년으로 연장되었다. 물론 환수보증금 기준이 철폐되지 않고 2019년 이전에 계약한 임차 상인에게는 개정법이 적용되지 않는 등 한계는 남아 있다.

'촛불 청소년'에서 맘상모 활동가로

공기 활동가가 맘상모와 인연을 맺게 된 배경은 2010년 '두리반' 시위로 거슬러 올라간다. 홍익대 앞 칼국수집 두리반은 공항철도공사와 연관된 '지구단위 계획구역'으로 개발계획이 추진되면서 강제 퇴거를 당하게 되었다. 재개발이 아닌 GS건설이 주도하는 재건축 사업이었기 때문에 세입자 보상이 이루어지지 않았다. 두리반은 쫓겨난 뒤 펜스를 뜯고 들어가 건물점거 농성을 531일이나 벌인 끝에 인근 지역에서 영업을 지속할 수 있는 수평적 이동을 위한 보상에 협의했다.[1]

당시 공기 활동가는 두리반 농성장에서 생활을 함께 했다. 고등학교를 자퇴하고 나서였다. 이후 재능교육 해고 노동자 복직투쟁, 세종호텔 노조 파업, 금융자본의 수탈에 반대하는 '여의도 OCCUPY', 현대차 성폭력 노동자 지지선언, 쌍용차 희망텐트, 한진중공업 희망버스 등 수많은 농성과 집회에 연대했다.

2010년 4월 정부에서 발표한 '금융 허브 프로젝트' 일환으로 명동 일대의 재개발이 추진되면서 명동에 있는 상가들이 강제 퇴거당하는 사건이 발생했는데, 공기 활동가는 2011년 명동 카페 '마리'에서 벌어진 철거반대 농성에도 참여하면서 상근으로 활동하기도 했다.

이 책에 등장하는 여타의 반빈곤 활동가들과 달리, 공기 활동가는 20대 중반의 청년 활동가다. 중학교 3학년이던 2008년 한미 FTA 촛불집회에 참여하면서 촛불 청소년모임과 '아수나로'라는 청소년 인권운동 단체를 만나게 되었다. 고등학교 1학년 때 일제고사를 반대하는 'say no("성적으로 줄 세우는 일제고사 반대한다! '세이 노우'라고 말해요!")'운동을 벌이며 시험 거부운동과 기자회견, 집회 등 다양한 활동을 주도했다. 청소년인권활동가 네트워크에서 학생인권 조례 제정 과정에 참여하기도 했다. 교육제도에 대한 불만으로 고등학교 1학년 때 학교를 자퇴했다. 기초생활수급자인 '도시 빈곤층'으로서 대학에 진학할 수 있을까 하는 현실적인 고민도 있었다.

이후 공기 활동가는 '투명가방끈' 활동을 이어갔는데, 투명가방끈은 입시경쟁 교육, 왜곡된 대학 교육, 학벌주의와 학력 차별 등을 반대하며 교육과 사회를 바꾸기 위해 활동하는 단체다. 공기 활동가는 『우리는 대학을 거부한다』와 대학 거부 이후의 삶과 주류에서 소외되어 차별받으며 살아가는 경험을 다룬 『대학 거부 그 후』라는 책을 공동 집필하기도 했다.

이 세상의 공기가 없어지면 어떡하냐며 울었던 어린 시절의 일화가 별명으로 굳어졌다는 공기 활동가는 진보신당, 노동당 등 정당 활동도 거치면서 철거반대 농성에 지속적으로 참여했다. 2016년 서대문형무소 맞은편에 있었던 옥바라지골목을 재개발 철거에 맞서 지키는 운동을 함께하던 중 인연이 닿아 맘상모에서 상임 활동가로 일하게 되었다.

제도교육을 거부하고
달려간 삶의 현장

I

2018년 11월 22일 오후,
서울시 마포구 노고산동 맘편히장사하고픈상인모임 사무실에서
김강민, 뢰이간, 오늘, 이다예 그리고 조문영이 묻고,
맘상모의 공기 활동가(여, 20대 중반)가 답한 내용을 기록했다.

학교 대신 거리로, 공장으로

공기 활동가는 2008년 광우병 촛불집회에 참여한 것을 계기로 청소
년인권활동 단체와 처음 인연을 맺었다고 한다. 고등학교를 그만두
고 두리반 철거반대 농성에 참여했지만, 이후에도 대학 입시에 대한
고민을 접은 것은 아니라고 허심탄회하게 말했다. 진로를 선택하는
과정에서 수많은 고민을 스스로 해야 했던 공기 활동가에게 운동은
삶의 조건의 일부로 일찍부터 자리 잡은 것처럼 보였다.

청소년 인권운동을 하시다 철거반대운동이나 상가 세입자 권리운동으로 이어진 계기가 궁금합니다.

 (고등학교) 자퇴를 하고 홍대 앞에 있는 두리반 철거 농성장에서 1년 반 정도 거기서 먹고 자고 사람들 만나면서 철거농성장 활동을 했었어요. 그 직전에 용산참사가 있었는데, 두리반과 용산참사 사건을 통해 철거민에 대한 이해와 국가 폭력에 대한 인식이 생겼죠. 아, 정말 어마어마한 일이 벌어졌구나, 억울한 사람들이 죽었고 죽지 않아도 되는 사람들이 죽었구나, 하는 게 충격적으로 와 닿았고, 이게 내 일이 되었을 수도 있겠다는 생각도 들었어요. 중3 때까지 부산에서 살았어요. 살던 집 옆에 롯데월드가 생긴다는 얘기가 한참 있었어요. 그러면 저희 집이 싹 밀려서 도로가 된다고 했거든요. 저희는 월세고 어떤 권리도 없으니까 나가라면 그냥 나가야 하니 그냥 일찍 나왔던 거죠. 두리반이라는 공간에서 많은 사람들, 특히 문화예술인들이랑 만나면서 각자의 영역에서 싸우는 다양한 방법들을 보게 됐어요. 내가 할 수 있는 역할은 무엇일까, 내가 싸우는 방식은 무엇이어야 할까라는 고민을 하게 됐고, 또 나이가 들면서 청소년활동이랑 약간 멀어졌죠.

 저희와 나이가 엇비슷한 청년 세대인데 경험하신 일이 정말 많은 것 같아요. 학교를 그만두고, 대학에 가지 않기로 결정하고, 또 이런저런 운동을 접하면서 진로 선택의 기준이 달라진 부분도 많았을 듯해요.

(고등학교) 자퇴한 뒤에도 열아홉 살 되어서 대학을 선택하느냐 마느냐에 기로에 서 있었어요. 대학을 선택할 생각은 애초에 없었지만 왜 거부를 하는 거냐, 안 가는 거냐 못 가는 거냐, 고민이 많았죠. 저는 지금의 대학은 사실 배움의 공간이라기보다 차별을 만드는 공간일 수밖에 없다는 생각을 많이 했어요. 대학에 간 사람과 못 간 사람, 대학을 서울에서 다니는 사람, 지방에서 다니는 사람, 이렇게 서열로 나누어져 있잖아요. 또 내가 정말로 대학에서 배우고 싶은 게 없었어요. 등록금을 내면서까지 대학에서 어떤 학문을 공부하는 게 무슨 의미가 있을까, 사실 졸업장 이외에 (다른) 의미가 없지 않나 하는 생각을 많이 했거든요. 그래서 대학 거부를 하게 된 거죠. 그치만 경제 사정이 가장큰 이유 중 하나였어요. 만약 제가 형편이 넉넉했거나 어떻게든 대학을 가야지만 이 체제 안에서 살아남을 수 있다고 믿는 부모 밑에서 자랐다면 그 결정을 쉽게 못 했을 수도 있어요. 저는 가라고 하는 사람이 없었기 때문에 그냥 몰랐던 거예요. 할머니랑 같이 살았는데, 할머니는 지금 사회에서 대학이라는 게 어떤 건지, 안 가면 얼마나 무서운차별을 받을 수밖에 없는지에 대한 감각이 별로 없으셨으니 "니가 무슨 대학이냐." 그랬거든요. 친구들이랑 대학 거부선언을 하고 그 이후의 삶에 대한 책을 썼는데 너무너무 우울한 책입니다. '대학에 안 가도우리는 잘 살 수 있어!'가 아니라, '대학에 안 갔기 때문에 더 힘든 삶이기다리고 있었고, 생각보다 심하더라', 이런 거예요. 그렇다고 대학을가야 한다는 게 아니라 이렇게 차별받는 상황이 문제라고 이야기하고싶었어요. 누군가에게 (대학 거부라는) 그 선택을 하지 말라고 자신 있게 말할 수는 없겠지만 한번 상상해보면 좋겠어요. 내 인생의 선택지

에서 대학을 지워버리면 어떨까 하는 상상. 우리는 그 상상까지도 못 가잖아요. 사실 이런 선택지는 우리 인생에서 많은데. 결혼도 마찬가지죠. 당연하다 생각하는 걸 낯설게 상상하면 훨씬 다양한 삶을 꿈꿔볼 수 있겠죠.

 활동가로서 살아간다는 게 쉽지 않은 일일 것 같아요. 생계 문제도 있을 테고. 어떻게 이어오고 계신가요?

 두리반 농성 이후에 명동 마리라는 철거 현장에 가기도 하고 노동문제에도 관심을 많이 가졌어요. 청소년 인권활동을 할 때도 청소년 노동에 대해 관심이 많았거든요. 특히 비정규직 문제가 심각했는데, 2011년에 있었던 현대차 사내 하청 여성노동자 성폭력 사건 관련해서 농성 연대를 하기도 했었고, 롯데손해보험 청소노동자라든지 다양한 현장에 연대했어요. 한진중공업 정리해고 문제를 사회 이슈화했던 김진숙 민주노총 지도위원의 투쟁에 참여하기도 하고요. 연대를 하는 건 너무나 좋았고 행복한 순간들이었는데, 제가 경제 상황이 너무 힘들어진 거예요. 용돈을 받거나 집안에서 지원을 해줄 수 있는 상황이 아니고, 학교도 안 갔지 대학교도 안 갔지, 뭔가 알바는 해야 하지 해서, 연대 활동 다니면서도 장애인 활동 보조 일을 틈틈이 하기도 했어요. 하지만 돈을 모으진 못했어요. 집에서 나와서 살고 싶고 보증금도 모으고 싶은데 그게 안 되니까 너무 우울해지는 거예요. 인생에 '현타('현실 자각 타임'을 줄여 이르는 말)'가 온 거죠. 아, 나는 어떻게 살아야 할까, 내가 원했던 삶은 이게 아니었던 것 같은데, 알바도 전전하고 하다가 스물한 살쯤에 결단을 내렸어요. 공장에 취직을 하자, 공장에서 돈을 많이 모아야겠다. 그래서 친구 집이 있는 창원에 내려가서 공장에 다니기 시작했어요. 처음에는 두려움도 많았어요. 당시 삼성 반도체공장에서 일하다 백혈병에 걸린 노동자를 보면서 나도 그런 위험에 똑같이 처할 수도 있겠다, 두렵더라고요.

처음에는 방산업체에 최저시급을 받으면서 6개월 정도 다녔어요. 제품 검사 업무였는데 제가 제일 어렸고 40~50대 이모들이 대부분이었어요. PCB보드(전자제품 회로판) 작업이었어요. 이모들이 납땜을 하면 현미경으로 들여다보면서 검사하는 건데 눈도 나빠지고 너무 힘들었어요. IPA라고 휘발성이 강한 용액을 사용하는데 몸에 안 좋은 성분이 많거든요. 우리가 쓰는 용액들이 다 해골마크가 있고 그렇더라고요. 너무 무서워서 여기서 더 일을 못하겠다 싶어서 조금 쉬다가 겨울에 LG에어컨 모터 만드는 라인에 들어갔어요. 천장에 달린 시스템 에어컨 모터 만드는 일을 파견직으로 하게 됐는데, 일주일 간격으로 주야 교대로 바뀌었어요. 6시 50분에 통근버스를 타고 7시 20분에 공장 도착, 안전화 신고 작업복 입고 7시 40분에 조회하고 국민체조를 해요. 8시 되면 학교처럼 종이 쳐요. 두 시간 일하고 10분 쉬고 그다음 12시에 일하고 한 40분 점심 먹고 체조를 또 시키고 또 조회를 한 다음에 3시 반에 한 번, 5시 반에 한 번 쉬죠. 대개 잔업이 있으니까 30분 만에 저녁 먹고 보통 두 시간 더 일하는 거죠. 그러면 이제 야간조가 와서 배턴 터치를 하죠. 일주일마다 그걸 주야로 돌리는 거고 기계는 24시간 계속 돌아가는 거죠. 정규직들은 이런 일을 어떻게 30년씩 하고 있나 신기할 정도였어요. 거기서 일할 때 할머니가 돌아가셨어요. 그렇게 공장에서 일해서 보증금 일천만 원 정도를 모았는데, 다시 서울 올라와서 그냥 그 돈 까먹으면서 2년을 일 안 하고 놀았어요. 그 와중에 서대문 옥바라지골목 지키기 활동을 하다가 맘상모에서 상근을 하게 된 거죠.

공장에 가기 전에도 활동을 계속 해오셨잖아요. 혹시 공장에서 노조활동이라거나, 공식적인 모임까지는 아니더라도 사람들을 만나면서 뭔가를 할 수도 있었을 텐데, 그런 건 생각 안 해봤나요?

저는 그게 싫었어요. 제가 공장 간다고 하니 주변에서 막 옛날 공활 가냐고 하는데, 저는 그게 너무 웃긴 거예요. 저는 진짜 돈이 없었거든요. 무슨 활동이에요 활동은! 진짜 돈이 없어서 가는 거고 임금을 모으려고 가는 건데, 공활이라고 얘기를 하니까 웃긴 거죠. 나는 이게 체험하러 가는 것도 아니고 활동을 하러 가는 것도 아니라 진짜 내 생계를 위해서 가는 거라는 걸 되게 확실히 했던 것 같아요. 그래서 거기서 잘 적응하려고 부단히 노력했던 것 같고 공장에서 일할 때랑 활동을 할 때의 저를 분리하려고 했어요. 공장에서는 유별나 보이지 않으려고 공기라는 별명 대신 원래 이름으로 살았고요. 그러니까 제가 나서서 변화의 주체가 될 생각은 없었고 그나마 제가 할 수 있는 선에서 같이 일하는 이모들에게 나의 생각 같은 걸 전하고, 필요하다면 이모들이 이 문제에 대해서 이렇게 생각해줬으면 좋겠다고 설득도 하고, 그 정도의 노력은 했던 것 같아요, 늘. 그리고 뭔가 부당함이 있었을 때에는 이게 왜 부당한 건지에 대해 이야기를 많이 했었던 것 같고. 저는 딱 그 정도 선이었던 것 같아요. 그게 중요하다고 생각을 했고요. 뭔가 그게 웃긴 거잖아요, 변화시키는 주체는 따로 있고 변화되는 주체가 또 따로 있고. 이런 게 옛날에 깨져버린 건데 흔히 쉽게 할 수 있는 오류 중 하나인 것 같았거든요. 저는 이모들이나 같이 일하는 사람들을 만나면서 할 수 있는 선에서의 나의 활동이라는 것은 이런 게 아닐까 라는 생각을 했던 것 같아요.

모든 문제는 다 우리와 직접 연결되어 있다

공기 활동가는 여전히 두리반 농성에 애정이 많았다. 유일하게 함께 웃을 수 있는 성과를 냈고, 그 이후엔 번번이 깨졌다고 말했다. 우울함을 느낄 때마다 이루고 싶은 꿈을 생각하는데, 빈곤 여성, 빈곤 청소년과 같은 사람들의 삶을 기록하는 만화가가 되는 것이 현재의 꿈이라고 한다. 그녀는 지금도 만화를 그리고 배우고 있다. 본인이 직접 디자인한 맘상모 배지를 보여주기도 했다.

 저희도 환경문제에 관심이 많아서 시민단체에서 일하고 싶거든요. 근데 그냥 관심만 가지고 하고 싶다고 생각하는 거랑 실제로 그 단체에 들어가서 일하는 거랑 너무 다르지 않을까 망설여져요. 활동가 개인을 만나 보면 별로 행복해 보이지 않기도 하고요. 활동을 직업으로 삼다 보면 즐겁지만은 않을 것 같은데 어떠세요?

아무래도 좋아하는 일이 의무적으로 해야 되는 일이 되었을 때 재미가 사라지는 건 어쩔 수 없는 것 같아요. 수많은 시민단체 활동가들이 스트레스에 업무 과다에 시달리고, 시민단체 안에서도 노동법 위반 사례가 엄청 많잖아요. 이것도 하나의 모순이죠. 우리가 만들어가자는 세계와 닮은 건 아니잖아요. 내가 일하고 있는 단체의 지향점과 현실 사이의 괴리가 굉장히 크고요. 내가 행복할 수 있어야 이 단체도 건강할 수 있거든요. 이 안에서 내가 행복할 수 있는 조건들을 계속 찾아가는 게 중요한 것 같아요. 그런 것들은 대개 수평적인 관계, 활동가들 간 위계가 없는 구조, 그리고 활동가를 위한 복지와 많이 연결되어 있어요. 어떤 단체 활동을 하고자 한다면 그런 것들을 잘 따져보셔야 해요. 이 단체가 변화하려고 끊임없이 노력하는 단체인지, 그런 구성원들과 함께 일할 수 있는 여건이 마련되어 있는지.

번번이 깨졌다고 말씀하셨잖아요. 좌절할 때도 우울할 때도 많았을 것 같은데, 그럼에도 불구하고 활동을 지속하는 원동력이 어떻게 생기는지 궁금해요.

정말 단적으로 건조하게 얘기하면요, 경제적인 부분이 원동력이 될 때가 있어요. 그런 얘기 있잖아요. 다음 달 카드값이 일을 시킨다. (웃음) 정말 맞는 얘기고요. 그런데 정말 지치죠. 지금 제가 안식월을 갖는 것처럼 좀 쉬어가면서 갈 수밖에 없는 것 같아요. 그리고 진짜 절망적이라 하더라도 결국에는 사람이 하는 일이라는 생각이 들어요. 그래서 우리가 하는 일이 인간적인 모습이면 좋겠고, 그것을 계속 확인하는 순간이 일을 계속할 수 있게 해주는 원동력인 것 같아요. 그런데 그게 깨지면 더 이상 일을 할 수 없어요. 제가 최근에 그런 것들을 많이 느꼈거든요. 다 사람이 하는 일인데 왜 (맘상모 회원인 일부) 사장님들은 사람이 하는 일이라고 생각하지 않는 걸까. 나는 사장님이 고용한 알바생이 아니라 이 단체를 운영하는 사람인데. 단체 회원들 위에 있다는 게 아니라 동등한 위치에 있는 건데, 그 사실을 일반 임차 상인이라고 이야기하는 사장님들이 이해하기는 어렵죠. 그걸 이해시키는 에너지도 저한테 별로 남아 있지 않기 때문에 쉼을 선택한 거죠. 물론 모든 사장님이 그런 것은 아니에요. 대부분은 동지를 얻은 기분이라고 너무 고마워하세요. 소수의 사장님들이 그런 태도를 보이시는 거죠.

저희가 생각하는 시위는 언제 물폭탄이 떨어질지 모르는 그런 무서운 느낌이거든요. 그리고 내가 당사자가 아닌데 과연 참여할 수 있을까 하는 두려움도 있어요. 농성 같은 데 참여할 때 완전 당사자는 아니신 거잖아요. 그런 시위를 참여하는 데에 어려움이나 진입 장벽 같은 건 없었나요?

그런 게 되게 위험한 프레임이에요. 희망버스를 탔던 사람들에게 "너희가 한진중공업 노동자들이 아닌데 왜 그래?"라고 이야기를 하고, 밀양 송전탑을 반대하며 연대하러 가는 사람들에게 "너네가 주민이 아닌데 왜 그래?"라고 말하는 것, 네가 당사자가 아닌데 네가 왜 연대를 하고 당사자처럼 행동하냐, 이런 것이 사실 '그들'이 원하는 프레임이라고 저는 생각을 해요. 거기서 우리가 균열을 낼 수 있는 건 이것은 우리의 문제라는 거죠. 다 우리와 연결되어 있는 문제이기 때문이죠. 사실 이 전기 같은 것도 밀양 주민들의 착취로부터 오는 것이고, 이 정리해고 문제가 해결되지 않으면 그 다음 현장들에서 또 생겨날 수밖에 없고, 그러면 내가 정리해고될 수도 있는 문제니까요. 그러니까 이걸 남의 일이 아니라 나의 일로 만드는 활동을 우리는 계속할 수밖에 없는 거죠. 그리고 시위라는 게 그냥 바깥에 모여서 어떤 구호를 외치고 노래를 부르고 발언을 하고 이런 방식만 있는 게 아니라 예술가들이랑 같이 음악회를 한다거나, 글 쓰시는 분들이랑 같이 낭독회를 한다거나, 여러 가지 방법들이 있어요. 그리고 그 방식이 확장되고 점점 다양한 방식의 변주가 생기고 있고, 그런 다양성에서 오는 흥미도 있어요.

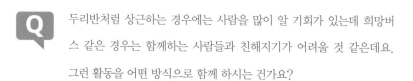

Q 두리반처럼 상근하는 경우에는 사람을 많이 알 기회가 있는데 희망버스 같은 경우는 함께하는 사람들과 친해지기가 어려울 것 같은데요. 그런 활동을 어떤 방식으로 함께 하시는 건가요?

A 결국엔 그래서 친구를 잘 만나야 한다고 얘기를 하는 게, 그 친구가 그 친구들이에요. 사실 저는 친구들이 다 운동권들밖에 없거든요. 가끔 그런 생각이 든 적이 있는데, 예전에 제 주변에 있는, 흔히 친구라고

얘기하는 사람들은 다 너무 명문대를 나온 거예요. 다 진짜. 정말 왜 그런지 모르겠어요. 그러니까 그만큼 운동권의 고학력 문제가 있겠죠? 학벌이 굉장히 좋은 그런 운동권들이 많고. 거기서 '현타'가 온 적은 있어요. '아, 나는 왜…….' 친구라는 건 좋아한다는 거잖아요. 내가 좋아하는 사람들이 다 왜 이런 사람들일까. '나는 가난한 사람들을 싫어하나?' 혹은 '나와 비슷한 사람들이 곁에 없는 것을 보면 뭔가 내가 나와 비슷한 처지에 있는 사람들을 곁에 두지 않는 이유라도 있나?'라는 고민을 해본 적이 있어요. 왜 내 주변에는 다 어느 정도 중산층 가정에 인서울 대학을 나온 친구들이 많을까. 물론 거리감을 느낄 때도 있어요. 저는 수능(시험)도 본 적이 없거든요. '가형', '나형'도 몰랐고, 검정고시 볼 때 알았어요. 어쨌든 대학생들만의 문화를 이야기할 때, 그리고 자기를 어떤 학과의 학생으로, 또는 몇 학번으로 자연스럽게 소개를 할 때도 (위화감을) 느끼죠.

"그들은 바꿔주지 않는다. 우리가 조금씩 바꿔나간다"

임차 상인의 문제가 빈곤과 어떻게 연결되는지 묻자, 공기 활동가는 "영세 자영업자에게는 가게 하나가 전부"라고 이야기했다. 비싼 임대료와 물가를 감당하느라 일가족이 매달리고 자신이 가진 전부를 쏟아붓는 임차 상인들에게 건물주가 일방적으로 나가라고 하면, 그 사람들은 모든 것을 잃게 된다는 것이었다. 그녀는 그런 사람들이 정말 많다는 것을 활동하면서 실감했다.

Q 아까 말씀하신 학생인권조례가 너무 공감이 되는 게, 경기도에서 저희 중 일부가 바로 그 혜택을 받았거든요. 그런데 저희는 당연히 그때 높은 어른들이, 교육감 같은 분들이 생각이 밝아져서 인권조례를 만들었을 거라고 생각을 했지, 공기 활동가님과 같은 학생들이 이런 활동들을 열심히 해서 만들어졌을 거라는 생각은 전혀 못 했어요. 이렇게 들어보니까 너무 공감이 돼요. 공기 활동가님이 같은 세대여서 그런지.

A 제가 처음에 활동을 시작하면서 했던 것이 일제고사 폐지운동이었어요. 이게 일등부터 꼴등까지 줄 세우는 거잖아요. 그 당시에 제가 가장 수준이 높은 저항의 방법을 선택했던 게 시험 거부였어요. 처음에는 좀 자신감도 없고 너무 엄청난 파장이 일어날 것 같아서 시험 날에 "시험 볼 상태가 아닙니다. 조퇴하겠습니다." 했는데 선생님이 안 믿어주시는 거예요. 그냥 시험 안 본다 하고 나와서 바로 달려가서 서울시 교육청 앞에서 기자회견하고 사람들이랑 막 노니까 너무 좋았죠. 그러고 나서 다음 날 학교를 갔더니 선생님이 난리가 난 거예요. 너 어디 갔었냐. 그래서 제가 "사실 학교를 빠지고 기자회견을 갔습니다. 그리고 대체 활동을 했습니다." 했더니 정말 푹 한숨을 쉬시면서 "너 이런 거 반대하는 활동 하는 이유 다 안다. 그런데 네가 진짜 이런 제도를 바꾸고 싶으면 (공부해서 나중에) 이런 제도를 바꿀 수 있는 사람이 되어야 한다." 하시는 거예요. 그 순간엔 그 말에 너무 공감했어요. 그래서 후기를 인터넷에 올리면서 선생님 이야기에 공감했고 제도를 바꿀 수 있는 사람이 되고 싶다고 썼더니, 한 친구가 이런 내용으로 답글을 달았어요. "선생님 이야기처럼 제도를 바꿀 수 있는 사람들은 지금도 존재하

고 있다. 하지만 그들이 바꿔주지 않기 때문에 우리가 바꾸려고 하는 것이고, 우리가 그 당사자이기 때문에 그걸 바꿀 수 있는 힘은 우리에게 있다. 꼭 높은 사람이 되어야지만 바꿀 수 있는 것은 아니다."라고. 그걸 보고 또 깨우친 거예요. 아, 이 말이 더 맞다. 누가 바꿔주길 기대하는 것보다 내가 조금이라도 뭔가 하는 게 맞는 거구나, 선생님이 나한테 거짓말 했구나 생각했어요.

Q 저희도 어릴 때 잘못된 것은 높은 사람이 되고 난 뒤 바꿔야겠다, 가령 대통령이 되어야겠다 생각했어요. 지금은 세상을 바꾸는 주체가 누가 되어야 한다고 생각하시는지요?

A 지금도 비슷한 생각을 해요. 물론 높은 자리에서 바꾸는 사람도 있겠지만 그냥 내 자리에서, 내가 서 있는 위치에서 바꾸는 것이 중요하다고 생각해요. 페미니즘 문제도 그래요. 저도 여성으로서 위협을 느끼고 있고, 지금의 한국 사회가 얼마나 여성에게 가혹하고 잔인한지 많이 느끼고 있거든요. 하지만 내가 그런 문제를 바꾸기 위해서 나중에 여성 대통령이 되어야지, 여성 국회의원이 되어야지, 그래서 법을 바꾸고 제도를 바꾸고 해야지, 이렇게는 생각하지 않아요. 지금 당장을 바꾸는 게 제 생존과 삶에 직결된 문제니까요. 하나하나 해나가다 보면 뭔가 달라질 수 있는 거고요. 저는 그러니까 지금 자기가 있는 위치에서 삶의 조건들을 바꾸어내는 활동들을 하는 게 중요한 것 같아요. 그게 아무리 작은 거라도, 작은 실천이라도 혹은 실천이 아니더라도

그 거리감이 좁아졌으면 좋겠어요. 되게 멀리 있는 게 아니라 지금 당장 할 수 있는 것들을 하면 되는 거라 생각해요.

 예전의 페미니즘 논쟁에서 젠더문제와 계급문제 간 갈등이 벌어지기도 했어요. 예를 들면 노동자 여성과 엘리트 여성은 '여성'으로 어떻게 연대해야 할까. 성인지 감수성, 젠더 감수성이라는 것은 탈계급적인 보편의 언어인가? 공기 활동가는 지금 대학생 여성들이 이야기하는 것과는 조금은 다른 문제를 고민해봤을 것 같기도 해요.

 예전에 10대 후반 20대 초반에 만났던 한 친구 집이 되게 가난했는데 동생이 엄청 많았어요. 동생이 다섯 명이었는데 피임을 하지 않으니까 그렇게 동생이 많아질 수밖에 없는 환경에 처한 거죠. 근데 그 친구가 그런 이야기를 하더라고요. 그 친구네 엄마가 정말 힘들 거라는 건 아는데, 엄마가 처음 보는 사람 앞에서도 자기 힘든 얘기를 다 한다는 거예요. 보통은 잘 모르는 사람한테는 자기 힘든 얘기를 잘 안 하잖아요. 보통 말하는 '품위'라고 하는 그 선이 무너지는 거죠. 빈곤 여성들의 삶 자체가 굉장히 힘든데, 그것을 언어화해야 하고 어떤 의제로 만들어야 하잖아요. 그런데 그럴 힘을 갖고 있는가, 생각을 많이 해요. 정말 처절한 경우는 가령 콘돔 살 돈이 없어서 늘 임신을 하게 되는 삶이라거나, 낙태할 돈이 없어서 계속 낳을 수밖에 없는 삶이라거나. 가정 폭력도 여전하잖아요. 며칠에 한 번꼴로 남성들의 폭력 때문에 죽어나가고 있는데……. 그 죽어나가는 여성들이 사실은 어떤 계급에 존재하고 있

나, 어떤 여성들이 더 쉽게 죽는가, 더 쉽게 죽을 수 있는 위치에 있는
가, 이런 것들을 생각해본 적은 있어요.

사회적 문제들이 개인 간의 문제로 치부되는 경향이 강하잖아요. 예를
들어 맘상모 활동의 경우에는 임차인과 임대인의 관계, 여성문제도 결
국 남편과 아내 사이. 이렇게 개인의 문제로 치부되고 있는데 활동가
들은 "이건 구조적인 문제야!"라고 말하는 것 같고, 그래서 어려운 것
같아요. 맘상모는 어떤 방식으로 이야기하나요?

일단 법과 제도의 문제로 이야기하고 있죠. 미비한 상가임대차보호법
의 문제와 지금의 제도 속에서 임차인이 '을'일 수밖에 없는 현실이 임
차인을 계속 내쫓고 있는 구조에 대한 이야기를 하고 있죠. 저는 누구
도 쉽게 쫓겨나지 않을 수 있는 세상을 원하거든요. 그런데 그건 이미
저의 문제가 되어버렸어요. 평생 임차인으로 살 수밖에 없기 때문에.
하지만 제가 꿈이 자영업자는 아니니까 임차 상인 문제가 내 문제는
아닐 수 있어요. 그런데 이렇게 사람들이 쫓겨나는 세상을 계속 유지
하다 보면 결국 어느 순간에는 그게 내 문제가 될 수 있겠죠. 지금까지
는 그렇게 쫓겨나는 상황들이 너무 당연시됐잖아요. 쫓겨나는 하나의
가게를 지키는 것도 중요하지만 그런 노력들이 쌓여서 결국 법을 바꾸
고 제도를 바꿀 수 있거든요. 그렇기 때문에 가게 하나하나를 지켜나
간다는 것은 우리가 법과 제도를 바꾸기 위한 노력의 과정이자 결과물
인 거죠. 이 문제를 강제집행과 같은 폭력적인 방식으로 해결할 게 아

니라 서로 대화하면서 상생하는 것이 우리가 앞으로 나아가야 할 사회적 방향이라고 생각을 해요. 결국 이 문제도 부동산 투기 문제와 연결되어 있어요. 가진 사람들이 더 많이 상가를 소유하고 그걸 통해서 부를 증식하고 있으니까. 건물주의 재산권을 흔드는 얘기라 반박을 당할까요? 그래도 임차인에게도 당신과 동등한 권리가 있다고 말하고 싶어요. 잠깐 빌리는 사람이라고 해도 그 건물의 가치를 올리는 사람은 결국 임차인이잖아요, 건물을 소유한 사람이 아니라. 열심히 그 상권을 이루고 그 가게를 일궈나가는 사람의 권리가 중요하고 그 권리를 인정받도록 하는 활동을 하는 거죠.

한국 사회 청년들이 처한 빈곤의 의미

같은 세대 활동가를 통해 돌아본 나, 우리

인터뷰를 마치고 우리는 각자 생각하고 있던 '빈곤'의 상이 서로 다르다는 것을 알게 되었다. 공기 활동가의 이야기를 매개로 우리들 각자에게 '빈곤'이 어떤 의미였는지 서로 이야기를 나눴다.

　강남에서 태어나 신도시 중산층 가정에서 성장하고 명문대에 진학해 표준적인 삶을 살아온 강민은 이런 이야기를 했다. "같은 나이대라도 나와 조금만 다른 삶을 살아가는 사람들에 대해서 나는 한없이 무지하다. 경제적으로 다른 사람들의 인생이나 다른 선택을 하는 사람들이 '있다'라는 것에는 관심을 가지지만 거리감이 느껴지고, 그들은 마치 다른 인생을 사는 것처럼 관심을 차단해버린다. 관심 없는 이 삶들에 무지해진 나는 더욱 그런 삶을 무서워하고, 더 관심을 끊어버린다. 내가 생각해 온 빈곤은 내 주변의 다양성의 빈곤, 관심의 빈곤이다."

마음에 맞는 친구들을 사귀고 열정적인 활동을 벌여온 공기 활동가의 이야기에 이간은 가족, 학교 등 자신에게 주어진 단순한 소속에만 안주했던 삶을 돌아보고, 외로움과 불안한 감정을 토로했다. "대인관계의 빈곤과 감정적인 빈곤이 매우 심각하다. 내가 겪는 관계의 빈곤, 소통의 빈곤을 얘기하면 사람들은 이것을 또 다른 종류의 빈곤이라 인정하기보다 '배부른 소리 하고 있네.'라고 반응한다. 감정적인 빈곤을 생각하면 '가난하다'는 느낌이 별로 안 들지만, 감정적인 빈곤도 실존하는 빈곤이라고 생각한다."

다예는 미래에 대한 불안 속에 사는 한국 사회 청년들이 세계의 불평등을 변화시키기 어려운 학습된 무기력 상태에 놓인다고 지적했다. "대학을 가든 가지 않든, 가난하든 부유하든 미래가 불확실하고 그로부터 느끼는 공허함과 불안은 모든 청년들이 비슷하게 느낄 것이라 생각한다……. 앞날도 불안정한 나와 같은 청년 세대가 무언가를 위해 끝까지 투쟁하거나 싸울 여력이 있을까? 사회적으로 어떤 문제를 해결하기를 바라지 않고, 내가 알아서 살길을 찾거나 새로운 대안을 찾는 것은 이미 신자유주의에 물든 나의 사고방식의 문제일까? 혹은 어떤 대안도 힘들다는 체념일까? 오히려 정치권과 사회적 변화를 기대하며 박탈감만 맛보기보다는 스스로 새로운 삶의 대안을 찾아볼 수 있지 않을까?"

어린 시절, 갑자기 어려워진 가정 형편으로 전기, 수도, 가스가 끊기는 빈곤의 '트리플 크라운'을 경험했다는 늦은 대학에 진학한 지금까지도 생활고에 시달리는 자신의 상황을 토로하며 인터뷰를 통해 자신을 돌아봤다. "(인터뷰를 통해) 나는 마주하고 싶지 않던, 주위의 환경과 달라 조용히 지워왔던 빈곤을 마주하게 되었다. 그리고 나의 빈곤은 비단 경제적인, 절대적인 빈곤뿐만은 아니라는 생각이 들었다. 나에게는 '용기의 빈곤'이 있었던 것이다. 공기 활동가님은 본인의 자리에서 본인의 목소리를 내며 세상을 바꾸고자 한다. 나는? 조용히 나의 존재를 지워가며 눈에 보이지 않게 그렇게 환경에 녹아들고자 했다. 내가 소속된 사회는 이러한 존재들을 모른다……. 나는 사회의 통념에 따라 어떠한 학교, 어떠한 직업, 어떠한 배우자 등 '안정된 길'을 추구하고 맞춰가며 나를 깎으면서까지 자신을 묵살한 채 살아가고 있다. 헌데 공기 활동가님을 보며 살아 있는, 숨 쉬는 사람이라는 생각이 들었다. 그리고 오랜만에 내가 잊고 있었던, 내가 꿈틀거리는 것을 느낄 수 있었다."

청년의 빈곤, 그리고 우리의 미래

인터뷰를 통해 우리는 이 시대의 '청년'임에도 시대가 지워내 버린 또 다른 청년을 만났다. 아무도 말하지 않아서 몰랐던, 하지만 존재하는 청년의 모습을 맞닥뜨린 우리는 당황했다. 인터뷰 후 우리들이 나눈 이야기에서 공통적으로 언급된 것은 바로 소통과 관계의 빈곤이다. 이것은 비단 우리 네 명의 이야기가 아니다. 바로 우리 세대 청년들의 빈곤 이야기다. 우리는 왜 다른 청년을 알지 못했을까? 왜 이토록 무지했을까? 사회 속에서의 청년의 모습은 우리의 모습 말고는 왜 보이지 않게 된 걸까?

우리는 자본주의적 경쟁 속에서 남들보다 우월하게, 남들보다 더 빠르게 노력해 경쟁에서 이겨야만 하는 그러한 삶에 익숙해져왔다. 불안한 세대인 우리에게는 우울이 지배적인 감정이 되어버렸고 자기 삶의 비극성에 대한 인식이 강하게 자리 잡아 타인의 비참에 눈을 돌릴 수 없게 되었다. 이러한 세대 안에서 각 개인의 빈곤이란 물질적인 빈곤보다 실존의 빈곤, 관계의 빈곤, 소통의 빈곤이 되었다. 그리고 빈곤은 단절을 낳기에 이르렀다.

우리는 단절되어가는 관계를 어떻게 회복할 수 있을까? 여러 가지 이유로 고통받고 있는 청년인 '나'와 다른 여러 가지 이유로 고통받고 있는 다른 사람들, '나'의 빈곤과 '당신'의 빈곤을 우리는 어떻게 엮어낼 수 있을까? 우리는 공기 활동가님을 보며 그 희망과 가능성을 발견하였다. 우리는 같은 공기를 마시면서도 몰랐지만, 끊임없는 소통과 대화를 시도하는 사람들, 목소리를 내는 사람들이 주변에 얼마든지 존재하고 있었다. 분명한 것은 그 목소리를 듣게 된 우리, 그리고 이 글을 읽고 있는 당신이 있다는 것이다. 그리고 서로의 목소리를 듣기 위한 노력이 많아질수록 '우리'의 범주는 달라지고 관계는 새롭게 맺어질 것이라는 점이다.

글: 김강민, 뢰이간, 오늘, 이다예

1. 용산참사 현장에서 미디어촛불 방송국을 운영하던 활동가들 상당수가 결합했던 두리반 철거반대 농성은 문화예술인, 종교인 등 각계의 사람들이 함께 음악회, 낭독회, 축제 등 다양한 실험적인 시도를 통해 농성장을 예술적인 장소로 승화시켰다. 이후 강제 퇴거에 맞선 세입자들의 싸움에 대해 지속적인 연대운동으로 이어졌다. 맘상모의 탄생 배경과 공기 활동가의 삶은 이러한 일련의 활동들과 긴밀히 관련되어 있다. 두리반 농성에 관해서는 유채림, 2012, 『매력만점 철거 농성장』, 실천문학사 참조.